铁路专用通信设备维护

周流平　杨　静◎主编

中国铁道出版社有限公司

2024年·北　京

内 容 简 介

本书采用“模块—任务”式编写体例，共 10 个模块，分别对应铁路专用通信的通信线路、传输、时钟同步、数据通信、数字调度通信、铁路会议通信、铁路综合视频监控、通信电源、通信电源及机房环境监控、铁路数字移动通信十个子系统。书中分模块介绍各铁路专用通信设备基本理论知识、系统构成、设备组成及维护、典型故障案例等，同时每个模块还配有同步练习。

本书突出铁路专用通信行业特色，可作为高等学校铁道通信与信息化专业及相近专业的教材，也可作为从事铁路通信专业工作人员的培训教材或参考书。

图书在版编目(CIP)数据

铁路专用通信设备维护 / 周流平，杨静主编.
北京 ：中国铁道出版社有限公司，2024. 12. -- ISBN
978-7-113-31880-2

Ⅰ. U285. 6

中国国家版本馆 CIP 数据核字第 2024Z3U490 号

书　　名：铁路专用通信设备维护
作　　者：周流平　杨　静

责任编辑：石华琨　吕继函　**编辑部电话：**(010)51873169　**电子邮箱：**3828746671@qq. com
封面设计：刘　莎
责任校对：安海燕
责任印制：樊启鹏

出版发行：中国铁道出版社有限公司(100054，北京市西城区右安门西街 8 号)
网　　址：https://www. tdpress. com
印　　刷：北京联兴盛业印刷股份有限公司
版　　次：2024 年 12 月第 1 版　2024 年 12 月第 1 次印刷
开　　本：787 mm×1 092 mm　1/16　**印张：**13. 5　**字数：**350 千
书　　号：ISBN 978-7-113-31880-2
定　　价：49. 00 元

前言

近年来，通信技术发展快速，在公共领域和许多行业都有广泛应用。铁路行业离不开通信技术，尤其是铁路专用通信在列车运行控制、调度指挥、设备监控、通信联络等方面越来越发挥着重要作用，它在保障系统安全运行、健全系统功能、提升铁路信息化应用及推动铁路运行的高质量发展有着重要的作用。与此同时，对铁路专用通信设备的维护和安全性也提出更高的要求，铁路通信从业人员应具备足够的专业知识和系统维护的能力。

本书紧扣国家职业教育的改革要求及行业技术技能型人才的培养需求，充分考虑高职学生的认知规律，结合铁路通信系统生产实际进行编写，采用“模块—任务”式结构，包含专用通信设备基本理论知识、系统构成、设备组成及维护、典型故障案例等，在每个模块还配有实操训练和同步练习。

本书共有十个模块，分别对应铁路的十个专用通信设备子系统：

模块一介绍通信线路，包括光纤特性、光缆结构及命名，以及通信线路维修及维护标准。

模块二介绍传输系统技术发展、设备工作原理、传输设备检修与维护等内容。

模块三结合实际设备，介绍时钟同步设备及其维护作业，主要包括设备日常检修作业及安全规章风险管控。

模块四介绍铁路数据通信系统组成、现网主用设备及设备配置和维护等。

模块五介绍数字调度通信系统设备组成、工作原理及设备日常工作维护检修等，主要以中软 CTT4000 型调度交换机、CTT4000 型调度台终端为例。

模块六至模块七介绍铁路信息化系统包括铁路会议通信系统及铁路综合视频监控系统的应用。

模块八介绍通信电源系统，包括 UPS、高频开关电源、蓄电池组等电源设备及其维护、故障分析及处理。

模块一　通信线路

通信线路作为业务系统的传输通道，包括光缆、电缆、明线线路及附属设施，按业务用途分为长途、地区（站场）线路。附属设施主要包括交接箱、终端盒、通话柱、光纤监测系统、电缆充气设备、气压监测设备等。

随着技术的发展，目前光纤通信已成为主要的通信方式。而通信电缆通常在短距离传输中使用，主要包括 2M 线、漏泄电缆、馈缆、市话电缆等。

任务一　通信线路设备认知

知识目标

1. 了解光纤的结构及导光原理。
2. 掌握光纤的传输特性。
3. 掌握光缆的结构及命名。

能力目标

1. 能识别光纤的结构，了解其导光原理。
2. 能掌握光纤的传输特性。
3. 能熟悉掌握光缆的结构及命名规则。

任务描述

参观实训室，了解通信线路工作状态，并对光纤、光缆进行观察和讨论，知道通信线路的多样性和复杂性，可以根据实际情况选择合适高效的通信线路。

知识准备

光纤通信是以光波作为信息载体，以光纤作为传输媒介的一种通信方式。光纤通信的优点主要有：通信容量大，传输距离长；抗电磁干扰，传输质量佳；信号串扰小，保密性能好；原材料丰富，节约有色金属，环保；光纤尺寸小，质量小，便于敷设和运输；光缆适应性强，寿命长等优点。

一、通信光纤

1. 光纤的结构及导光原理

(1)光纤的结构

光纤是光导纤维的简称，是用于约束并传导光的介质。目前通信用的光纤大多采用石英玻璃[二氧化硅(SiO_2)]制成的横截面很小的双层同心圆柱体，未经涂覆和套塑时称为裸光纤；光缆中的光纤一般是指经过两次涂覆后的光纤芯线。光纤由纤芯、包层和涂覆层三部分组成，如图 1-1 所示。

2. 光纤的传输特性

(1)光纤的损耗特性

光波在光纤中传输，随着传输距离的增加，而光功率强度逐渐减弱，光纤对光波产生衰减作用，称为光纤的损耗(或衰减)。光纤的损耗限制了光信号的传播距离。光纤的衰减系数是指光在单位长度光纤中传输时的衰耗量，单位一般用dB/km。它是描述光纤损耗的主要参数。在单模光纤中有两个低损耗区域，分别在1 310 nm和1 550 nm附近，即通常说的1 310 nm窗口和1 550 nm窗口。光纤的损耗主要取决于吸收损耗、散射损耗、弯曲损耗三种损耗。

①吸收损耗

光纤吸收损耗是制造光纤的材料本身造成的损耗，包括紫外吸收、红外吸收和杂质吸收等。

②散射损耗

由于材料的不均匀使光信号向四面八方散射而引起的损耗称为瑞利散射损耗。光纤制造中，结构上的缺陷会引起与波长无关的散射损耗。

③弯曲损耗

光纤的弯曲会引起辐射损耗。实际中，有两种情况的弯曲：一种是曲率半径比光纤直径大得多的弯曲；另一种是曲率半径与光纤直径相当的弯曲。

(2)光纤的色散特性

简单地说，光纤的色散就是由于光纤中光信号中的不同频率成分或不同的模式，在光纤中传输时，由于速度的不同而使得传播时间不同，因此造成光信号中的不同频率成分或不同模式到达光纤终端有先有后，从而产生波形畸变的一种现象，如图1-5所示。

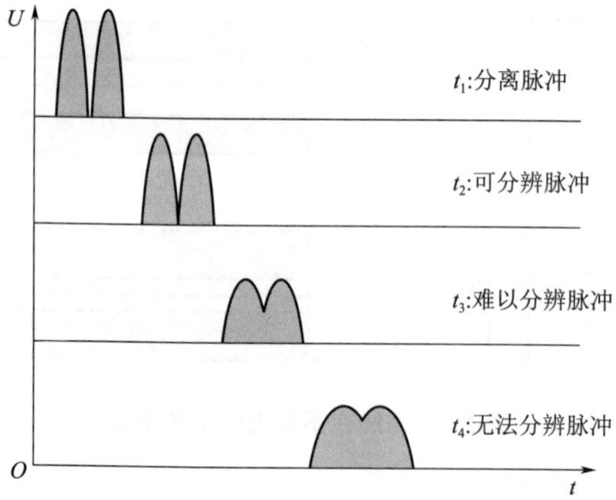

图1-5　色散示意

从光纤色散产生的机理来看，它包括模式色散、材料色散和波导色散三种。在单模光纤中只有基模传输，因此不存在模式色散，只有材料色散和波导色散。

材料色散是由于光纤材料本身的折射率随频率而变化，使得信号各频率成分的群速不同，从而引起的色散称为材料色散。

由于光纤的几何结构、形状等方面的不完善，使得光波一部分在纤芯中传输，而另一部分在包层中传输，由于纤芯和包层的折射率不同，这样造成脉冲展宽的现象，称为波导色散或结构色散。

由于光纤中色散的存在,会使得输入脉冲在传输过程中展宽,产生码间干扰,增加误码率,这样就限制了通信容量和传输距离。

3. 光纤的分类

光纤的分类方法很多,可以按照光纤的传输模数、传输波长或套塑结构来分类。

(1)按传输模数分类

按传输模式的数量不同,光纤分为单模光纤(SMF)和多模光纤(MMF)。

多模光纤又可分为突变型多模光纤(SIF)和渐变型多模光纤(GIF)。

单模光纤是只能传输一种模式的光纤,单模光纤只能传输基模(最低阶模)。多模光纤和单模光纤是由光纤中传输的模式数决定的,判断一根光纤是不是单模传输,除了光纤自身的结构参数外,还与光纤中传输的光波长有关。

ITU-T 建议规范了 G. 652、G. 653、G. 654 和 G. 655 四种单模光纤。

从折射率来分,多模光纤可分为两种,一种是梯度型(graded),另一种是阶跃型(stepped),单模光纤都是阶跃型。

G. 652 单模光纤,称为非色散位移光纤,因其色散零点(即色散为零的波长)在 1 310 nm 附近,也被称作 1 310 nm 波长性能最佳的单模光纤,其零色散波长在 1 310 nm,在波长为 1 550 nm 时衰减最少,但有较大的正色散,其色散系数为 18 ps · nm^{-1} · km^{-1},所以 G. 652 工作波长既可选 1 310 nm,也可选 1 510 nm,是目前应用最广泛的单模光纤,也称标准单模光纤,其传输特性曲线如图 1-6 所示。

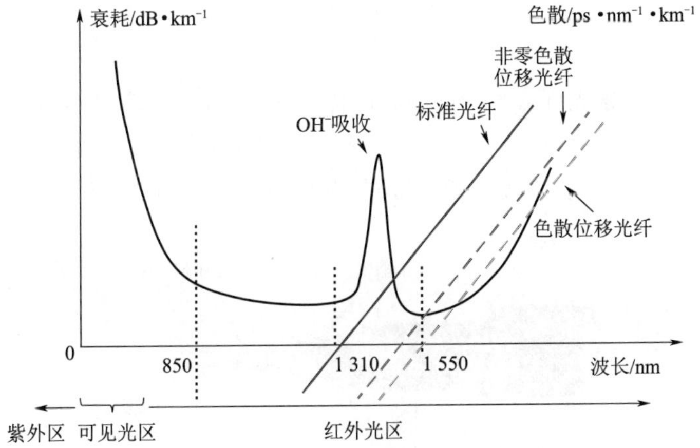

图 1-6　G. 652 光纤传输特性曲线

G. 652 单模光纤按特性分为 A、B、C、D 四类,主要区别在宏弯损耗、衰减系数、PMD 系数上有所差异。形成这种差异的原因在于生产制造技术,1998 年朗讯公司采用新的生产技术尽可能消除原料中的 OH^-形成的 1 383 nm 附近的水吸收峰,使光纤的损耗完全由坡墩的本征损耗所决定:G. 652. A 支持 10 Gbit/s 系统的传输距离可达 400 km,10 Gbit/s 以太网的传输距离达 40 km,支持 40 Gbit/s 系统的传输距离为 2 km;G. 652. B 型光纤,支持 10 Gbit/s 系统的传输距离可达 3 000 km 以上,40 Gbit /s 系统的传输距离为 80 km;G. 652. C 型光纤,基本属性与 G. 652A 相同,但在 1 550 nm 的衰减系数更低,而且消除了 1 380 nm 附近的水吸收峰,即系统可以工作在 1 360~1 530 nm 波段;G. 652D 型光纤的属性与 G. 652B 光纤基本相同,而衰减系数与 G. 652C 光纤相同,即系统可以工作在 1 360~1 530 nm 波段。G. 652. D 是所有 G. 652 级别中指标最严格的并且完全向下兼容,结构上与普通的 G. 652 光纤没有区别。

G. 653 光纤也称色散位移光纤(DSF),是指色散零点在 1 550 nm 附近的光纤,它相对于 G. 652 光纤,色散零点发生了移动,所以叫色散位移光纤。

G. 654 光纤是截止波长移位的单模光纤,其设计重点是降低 1 550 nm 的衰减,零色散点仍然在 1 310 nm 附近,因而 1 550 nm 窗口的色散较高。G. 654 光纤主要应用于海底光纤通信。

G. 655 光纤是非零色散位移光纤(NDSF)。由于 G. 653 光纤的色散零点在 1 550 nm 附近,DWDM 系统在零色散波长处工作易引起四波混频效应。为了避免该效应,将色散零点的位置从 1 550 nm 附近移开一定波长数,使色散零点不在 1 550 nm 附近的 DWDM 工作波长范围内。

(2)按传输波长分类

光纤可分为短波长光纤和长波长光纤。

短波长光纤的波长为 850 nm(800~900 nm)。

长波长光纤的波长为 1 300~1 600 nm,主要有 1 310 nm 和 1 550 nm 两个窗口。

(3)按套塑结构分类

按套塑结构不同,光纤可分为紧套光纤和松套光纤。

二、通信光缆

1. 光缆的组成

(1)光缆的结构

光缆是以一根或多根光纤或光纤束制成符合化学、机械和环境特性的结构。不论何种结构形式的光缆,基本上都是由缆芯(光纤芯、光纤松套管)、护层(聚酯带、阻水环、光纤外保护套)和加强元件(金属加强芯、双面涂覆钢带)三部分组成,如图 1-7 所示。

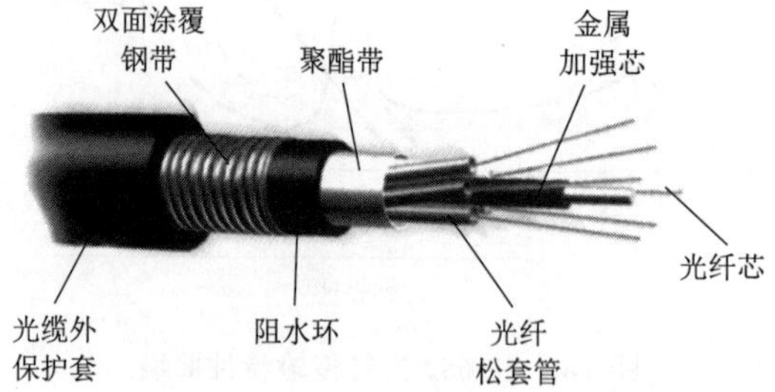

图 1-7　光缆结构

①缆芯

缆芯结构应满足以下基本要求:

a. 使光纤在缆内处于最佳位置和状态,保证光纤传输性能稳定。在光缆受到一定拉伸、侧压等外力时,光纤不应受外力影响。

b. 缆芯中的加强元件应能经受允许拉力。

c. 缆芯截面应尽可能小,以降低成本。

缆芯内有光纤、套管或骨架和加强元件，在缆芯内还需填充油膏，从而获得可靠的防潮性能，防止潮气在缆芯中扩散。

②护层

光缆的护层主要是对已成缆的光纤芯起保护作用，避免受外界机械力和环境损坏，使光纤能适应于各种敷设场合，因此要求护层具有耐压力、防潮、温度特性好、重量轻、耐化学侵蚀和阻燃等特点。

光缆的护层可分为内护层和外护层。内护层一般采用聚乙烯或聚氯乙烯等；外护层可根据敷设条件而定，采用铝带和聚乙烯组成的 LAP 外护套加钢丝铠装等。

③加强元件

加强元件主要是承受敷设安装时所加的外力。光缆加强元件的配置方式一般分为“中心加强元件”方式和“外周加强元件”方式。一般层绞式和骨架式光缆的加强元件均处于缆芯中央，属于“中心加强元件”（加强芯）；中心管式光缆的加强元件从缆芯移到护层，属于“外周加强元件”。加强元件一般有金属钢线和非金属玻璃纤维增强塑料（FRP）。使用非金属加强元件的非金属光缆能有效地防止雷击。

（2）缆芯的基本结构

按缆芯组件的不同一般可以分为层绞式、骨架式、束管式和带状式四种，比较常见的是传统结构的层绞式。

①层绞式

层绞式光缆是把松套光纤绕在中心加强件周围绞合而构成。这种结构的缆芯制造设备简单，工艺相当成熟，得到广泛应用。采用松套光纤的缆芯可以增强抗拉强度，改善温度特性。

层绞式结构光缆，收容光纤数有限，多数为 6～12 芯，也有 24 芯的。随着光纤数的增多，出现单元式绞合：一个松套管就是一个单元，其内可有多根光纤。生产时先绞合成单元，再挤制松套管，然后再绞合成缆。

②骨架式

骨架式光缆是将紧套光纤或一次涂覆光纤放入螺旋形塑料骨架凹槽内而构成，骨架的中心是加强元件。在骨架式光缆的一个凹槽内，可放置一根或几根涂覆光纤，也可放置光纤带，从而构成大容量的光缆。骨架式光缆对光纤保护较好，耐压、抗弯性能较好，但制造工艺复杂。

③束管式

束管式光缆是将数根一次涂覆光纤或光纤束放入一个大塑料套管中，加强元件配置在塑料套管周围而构成。这种结构的加强件同时起着护套的部分作用，有利于减轻光缆的重量。

④带状式

带状式光缆结构是将多根一次涂覆光纤排列成行制成带状光纤单元，然后再把带状光纤单元放入塑料套管中，形成中心束管式结构；也可以把带状光纤单元放入凹槽内或松套管内，形成骨架式或层绞式结构。带状结构光缆的优点是可容纳大量的光纤（一般在 100 芯以上），满足作为用户光缆的需要；同时每个带状光缆单元的接续可以一次完成，以适应大量光纤接续、安装的需要。

带状式缆芯有利于制造容纳几百根光纤的高密度光缆,这种光缆已广泛应用于接入网。

(3)护套

护套起着对缆芯的机械保护和环境保护作用,要求具有良好的抗侧压力性能及密封防潮和耐腐蚀的能力。护套通常由聚乙烯(PE)或聚氯乙烯(PVC)和铝带或钢带构成。不同使用环境和敷设方式对护套的材料和结构有不同的要求。

(4)光纤的纤序色谱

目前,光缆内的光纤和光纤松套管的颜色一般采用全色谱识别,在不影响识别的情况下容许使用本身。光缆内的套管颜色和光纤颜色排列情况见表 1-1、表 1-2。缆芯内没有填充绳时,套管色谱将从 1 号起依次截取。

表 1-1　套管颜色序号对应

套管号	1	2	3	4	5	6	7	8	9	10	11	12
颜色	蓝	橙	绿	棕	灰	白	红	黑	黄	紫	粉红	青绿

表 1-2　光纤颜色序号对应

光纤号	1	2	3	4	5	6	7	8	9	10	11	12
颜色	蓝	橙	绿	棕	灰	白	红	黑	黄	紫	粉红	青绿

2. 光缆型号及命名方法

(1)型号的组成

光缆的型号由型式、规格和特殊性能标识(可缺省)三大部分组成。

型号组成的格式如图 1-8 所示。型式代号和规格代号之间应空一个格,规格代号和特殊性能标识(可缺省)之间应用"-"连接。

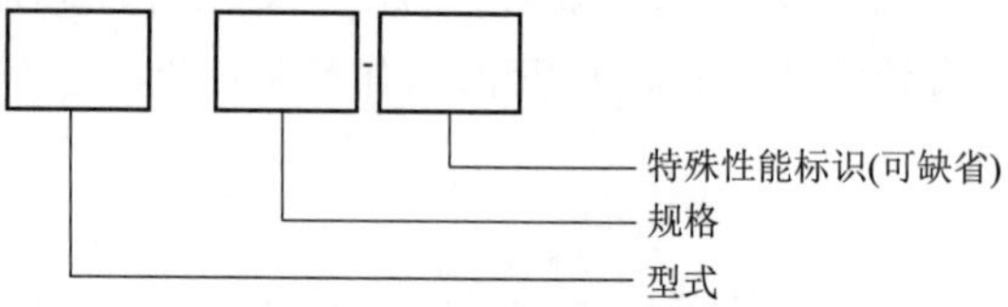

图 1-8　光缆型号的组成

(2)型式的组成内容、代号及含义

型式由 5 个部分组成,各部分均用代号表示,如图 1-9 所示。其中,结构特征指缆芯结构和光缆派生结构特征。

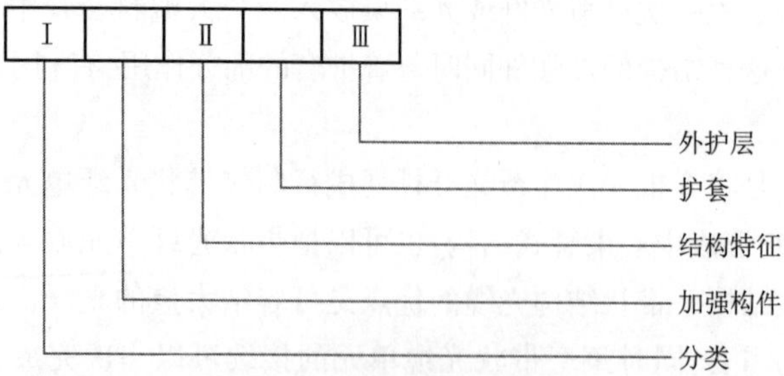

图 1-9　光缆型式的构成

①分类的代号及含义

光缆按适用场合分为室外、室内和其他类型等几大类,每一大类下面还细分成小类。

当现有分类代号不能满足新型光缆命名需要时,应在相应位置增加新字符以方便表达。加入的新字符应符合下列规定:

a. 优先使用大写拼音字母。

b. 使用的字符与下面相应的同一大类内列出的字符不重复。

c. 尽可能采用与新分类名称相关的词汇的拼音或英文的首字母。

(a)室外型

GY——通信用室(野)外光缆。

GYC——通信用气吹微型室外光缆。

GYL——通信用室外路面微槽敷设光缆。

GYP——通信用室外防鼠啃排水管道光缆。

GYQ——通信用轻型室外光缆。

(b)室内型

GJ——通信用室(局)内光缆。

GJA——通信用终端组件用室内光缆。

GJC——通信用气吹微型室内光缆。

GJB——通信用室内分支光缆。

GJP——通信用室内配线光缆。

GJI——通信用室内设备互联用光缆。

GJH——隐形光缆。

GJR——通信用室内圆形引入光缆。

GJX——通信用室内蝶形引入光缆。

(c)其他类型

GH——通信用海底光缆。

GM——通信用移动光缆。

GS——通信用设备光缆。

GT——通信用特殊光缆。

GD——通信用光电混合缆。

GDJ——通信用室内光电混合缆。

注:GD默认为通信用室外光电混合缆,也可适用于通信用室内外光电混合缆。

②加强构件的代号及含义

加强构件指护套以内或嵌入护套中用于增强光缆抗拉力的构件。

当遇到以下代号不能准确表达光缆的加强构件特征时,需增加新字符以方便表达。新字符应符合下列规定:

a. 优先使用一个大写拼音字母。

b. 使用的字符与下面列出的字符不重复。

c. 尽可能采用与新构件特征相关的词汇的拼音或英文的首字母。

加强构件的代号及含义如下:
(无符号)——金属加强构件。
F——非金属加强构件。
N——无加强构件。

③结构特征的代号及含义

光缆结构特征应表示出缆芯的主要结构类型和光缆的派生结构。当光缆型式有几个结构特征需要表明时,可用组合代号表示,其组合代号按下列相应的各代号自上而下的顺序排列。

当遇到以下代号不能准确表达光缆的缆芯结构和派生结构特征时,应在相应位置加入新字符以方便表达。加入的新字符应符合下列规定:

a. 使用一个大写拼音字母或阿拉伯数字。

b. 使用的字符与下面列出的字符不重复。

c. 尽可能采用与新结构特征相关的词汇的拼音或英文的首字母。

(a)缆芯光纤结构
(无符号)——分立式。
D——光纤带式。
S——固化光纤束式。

(b)二次被覆结构
(无符号)——塑料松套被覆结构。
J——紧套被覆结构。
E——无被覆结构。
M——金属松套被覆结构。

(c)缆芯结构
(无符号)——层绞结构。
G——骨架式结构。
R——束状式结构。
X——中心管式结构。

(d)阻水结构特征
(无符号)——全干式。
T——填充式。
HT——半干式。

(e)承载结构
(无符号)——非自承式结构。
C——自承式结构。

(f)吊线材料
(无符号)——金属加强吊线或无吊线。
F——非金属加强吊线。

(g)截面形状
(无符号)——圆形。

8——“8”字形状。

B——扁平形状。

E——椭圆形状。

④护套的代号及含义

护套的代号表示出护套的结构和材料特征，当护套有几个特征需要表明时，可用组合代号表示，其组合代号按下列相应的各代号自上而下的顺序排列。

当遇到下列代号不能准确表达光缆的护套特征时，应增加新字符以方便表达。增加的新字符应符合下列规定：

a. 优先使用一个大写拼音字母。

b. 位用的字符与下面列出的字符不重复。

c. 尽可能采用新护套特征相关词汇的拼音或英文的首字母。

(a)护套阻燃特性

(无符号)——非阻燃材料护套。

Z——阻燃材料护套。

(b)护套结构

(无符号)——单一材质的护套。

A——铝-塑料粘接护套。

S——钢-塑料粘接护套。

W——夹带平行加强件的钢-塑料粘接护套。

P——夹带平行加强件的塑料护套。

K——螺旋钢管-塑料护套。

(c)护套材料

(无符号)——当与护套结构代号组合时，表示聚乙烯护套。

Y——聚乙烯护套。

V——聚氯乙烯护套。

U——聚氨酯护套。

H——低烟无卤护套。

N——尼龙护套。

L——铝护套。

G——钢护套。

⑤外护层的代号及含义

当有外护层时，它可包括垫层、铠装层和外被层，其代号用两组数字表示(垫层不需表示)，第一组表示铠装层，它可以是一位或两位数字；第二组表示外被层，它应是一位或两位数字。

a. 铠装层的代号及含义见表1-3。

表1-3　铠装层的代号及含义

代　号	含　义
0或(无符号)	无铠装层
1	钢管

续上表

代　号	含　义
2	绕包钢带
3	单层圆钢丝
33	双层圆钢丝
4	不锈钢带
5	镀铬钢带
6	非金属丝
7	非金属带
8	非金属杆
88	双层非金属杆

注:当光缆有外被层时,用代号"0"表示"无铠装层";光缆无外被层时,用代号"(无符号)"表示"无铠装层"。

b. 外被层的代号及含义见表 1-4。

表 1-4　外被层的代号及含义

代　号	含　义
0 或(无符号)	无外被层
1	纤维外被
2	聚氯乙烯套
3	聚乙烯套
4	聚乙烯套加覆尼龙套
5	尼龙套
6	阻燃聚乙烯套
7	尼龙套加覆聚乙烯套
8	低烟无卤阻燃聚烯烃套
9	聚氨酯套

3. 光纤规格

光纤的规格由光纤数和光纤类别组成,如果同一根光缆中含有两种或两种以上规格(光纤数和类别)的光纤时,中间应用"+"号连接。

光纤数的代号:用光缆中同类别光纤的实际有效数目的数字表示。

光纤类别的代号:应采用光纤产品的分类代号表示,即用大写字母 A 表示多模光纤,用大写字母 B 表示单模光纤,再以数字和小写字母表示不同种类型光纤。多模光纤代号和单模光纤代号分别见表 1-5 和表 1-6。具体的光纤类别代号应符合 GB/T 12357 及 GB/T 9771 中的规定。

表 1-5　多模光纤代号

分类代号	特性	纤芯直径/μm	包层直径/μm	材料
A1a. 1	渐变折射率	50	125	二氧化硅
A1a. 2	渐变折射率	50	125	二氧化硅
A1a. 3	渐变折射率	50	125	二氧化硅

续上表

分类代号	特性	纤芯直径/μm	包层直径/μm	材料
A1b	渐变折射率	62.5	125	二氧化硅
A1d	渐变折射率	100	140	二氧化硅
A2a	突变折射率	100	140	二氧化硅
A2b	突变折射率	200	240	二氧化硅
A2c	突变折射率	200	280	二氧化硅
A3a	突变折射率	200	300	二氧化硅塑料包层
A3b	突变折射率	200	380	二氧化硅塑料包层
A3c	突变折射率	200	230	二氧化硅塑料包层
A4a	突变折射率	965~985	1 000	塑料
A4b	突变折射率	715~735	750	塑料
A4c	突变折射率	465~485	500	塑料
A4d	突变折射率	965~985	1 000	塑料
A4e	渐变或多阶折射率	≥500	750	塑料
A4f	渐变折射率	200	490	塑料
A4g	渐变折射率	120	490	塑料
A4h	渐变折射率	62.5	245	塑料

表 1-6　单模光纤代号

分类代号	名　　称	ITU 分类代号
B1.1	非色散位移光纤	G.652.A,B
B1.2	截止波长位移光纤	G.654
B1.3	波长段扩展的非色散位移光纤	G.652.C,D
B2	色散位移光纤	G.653
B4a	非零色散位移光纤	G.655.A
B4b		G.655.B
B4c		G.655.C
B4d		G.655.D
B4e		G.655.E
B5	宽波长段光传输用非零色散光纤	G.656
B6a1	接入网用弯曲损耗不敏感光纤	G.657.A1
B6a2		G.657.A2
B6b2		G.657.B2
B6b3		G.657.B3

现场测评

1. 光纤按传输波长是如何分类的？

2. 写出光缆的型式中5个组成部分的含义。

任务评价

项目	评价内容	掌握程度		
		未掌握	基本掌握	熟练掌握
通信光纤	光纤的结构及导光原理			
	光纤的传输特性			
	光纤的分类			
通信光缆	光缆的组成			
	光缆的型号及命名方法			
	光缆的应用			
学习体会				

任务二　通信线路维护作业

知识目标

1. 了解通信线路的主要风险源。
2. 掌握通信线路的维修作业内容。
3. 掌握通信线路的质量标准。

能力目标

1. 能识别通信线路的主要风险源。
2. 能掌握通信线路的维修作业内容。
3. 能掌握通信线路的质量标准及相关规定。

任务描述

参观实训室，了解通信线路的模拟状态，讨论通信线路存在安全风险的原因，并对照原因提出相关的防控措施；分组讨论光、电缆的质量标准。

知识准备

一、安全风险提示

通信线路是保障各项通信业务正常传送的基础，良好的通信线路对于列车的运行畅通和安全高效至关重要。在通信光、电缆日常维护与管理中,必须提高对通信光、电缆的重视,采取有效的维护措施和管理手段,有效地降低通信光、电缆发生故障的概率,压缩光、电缆故障延时,提高铁路通信线路运行的安全性与可靠性。目前主要风险源如下。

1. 光、电缆径路防护不当导致大通道中断

(1) 简要原因

①未完成径路探测确认、除草、培土任务。

②未制订径路强度整治计划。

③径路选择不合理。

④桥槽损坏。

⑤标石、警示牌不足。

⑥过沟钢管、电缆槽盖板等防护设施不完善。

(2) 防控措施

①按规定完成检修任务。

②建立问题库并及时处理。

③迁改径路。

④更换、加固桥槽。

⑤补足标石、警示牌。

⑥完善、加固防护措施。

⑦建设时严把设计、施工关。

2. 巡检不到位,导致光、电缆中断

(1) 简要原因

①未按规定进行步巡和车巡。

②对径路不熟悉,未沿径路巡视。

③未按指定车次添乘巡视。

④未建立联防互控制度。

(2) 防控措施

①按规定进行步巡和车巡。

②沿径路进行巡视。

③按照指定车次添乘巡视。

④巡视人员要与沿线村委会、工务部门、公安护路队建立联系制度,每周联系一次。

⑤建立突发施工举报制度,对有关人员给予奖励。

3. 光缆光特性劣化导致大通道中断

(1) 简要原因

①光缆纤芯特性自然劣化。

②鼠、虫害。

③接头盒质量劣化。

④环境变化。

⑤外界损伤。

⑥光缆频繁割接,导致接头数量增加。

(2)防控措施

①定期对纤芯测试、分析及处理。

②做好线路巡视及防护。

③线路迁改。

4. 电缆电气特性劣化导致业务中断

(1)简要原因

①电缆线路特性自然劣化。

②电缆或接头进水。

③雷电击坏。

④鼠害、虫害。

⑤环境变化。

⑥外界损伤。

(2)防控措施

①做好线路巡视及防护。

②定期对电缆线对测试、分析及处理。

③线路迁改。

④定期检查防雷设施。

5. 线路附属设施问题引起光、电缆中断

(1)简要原因

①终端盒、交接箱等附属设备损坏。

②电缆气压监测系统失效。

③电缆充气系统损坏。

④地线劣化。

(2)防控措施

①定期检查附属设施。

②建立问题库及时处理。

③巡检气压监测系统。

④定期检查电缆充气系统。

⑤定期检查整治防雷地线设施。

二、维护作业

铁路通信线路是承载铁路各类通信信息重要基础设施,是传输网、数据网等通信设备正常运行基础条件。通信线路发生性能劣化甚至出现中断,将严重干扰正常行车秩序。为预防自然灾害、人为施工等外界因素及通信线路自身劣化等内部因素对通信线路的影响,应重点加强可能发生灾害区段和薄弱环节的维护工作,加强季节性检查,及时排除故障隐患,以增强抗灾和抗干扰能力。通信线路设备维护包括光缆线路、电缆线路及线路附属设施,维修修程分为一、二、三级修,其中巡视检查为一级修,周期检修为二级修,专项整治、中修、大修为三级修。为提高线路维修效率、降低维修成本,应不断推行完善线路监测监控设备的设置,严格落实标

准化作业要求,确保通信线路安全稳定。

1. 一级修作业内容

(1)巡视线路周围有无异状和外界影响,发现问题及时处理。

①步行巡视:巡视外界施工情况,检查外界施工是否对通信线路安全造成的威胁,或是否按照施工协议配备安全监督员;巡视时遇到突发的临时性施工时,对通信线路安全有影响的施工要现场要拉好防护带并全程配合,同时报告车间及段调度。

②车巡检查:按规定的车次登乘机车,在机车上加强瞭望,检查通信光、电缆径路,漏缆杆路及附属设施是否有异常情况,发现威胁通信线路的外界隐患,及时电话汇报调度和车间,具体里程可在 LKJ 上读出。汇报时需说明登乘机车号、车次及发现的问题。

(2)巡视检查标桩,人(手)孔,桥、隧、涵、线路防护设施及线路附属设施。

①直埋线路起点、终点、转弯、预留、过道处标桩数量足够、埋设稳固。

②标石顶部标志符合以下要求:直通标顶部"-",预留标顶部"Ω",过轨拐弯标顶部"┘",分歧标顶部"┴",接头标顶部"→←"。标石及警示牌联系电话准确、清晰。

③清除标桩(含警示牌)周边杂草,以及扶正、培固标桩。作业时携带除草和培土工具,要求周围 0.5 m^2 范围内无杂草、杂物。

④核对现场实物和光、电缆平面示意图是否相符。在有人居住的线路区域开展护线宣传及对外联系工作,要求每月一次。

(3)巡视检查杆路、导线、光缆、电缆及线路附属设施,清除异物。

①巡视检查电杆、拉线、承力索、横担、终端杆引下钢管防护设施及线路附属设施。

a. 检查电杆无倾斜、根基牢固无腐蚀;横担无锈蚀;承力索吊夹无脱落。

吊线无锈蚀,吊挂牢固,挂钩间距均匀无脱落,一般为 0.5 m;各股张力平衡无断股、无跳股、不松缓。

b. 巡视杆路时,电杆随径路正直,电杆牢固整洁、电杆周围培土坚实牢固。木杆杆根周围 500 mm 内无杂草,无积水坑。普通土地带的电杆埋深不少于 1.3 m,并按要求做好相应的防腐处理。

直线杆根部偏移小于根径的 1/2;顶部倾斜小于稍径;角杆根部内移一般为 100~300 mm。

钢筋混凝土电杆,由于外力损伤造成横向裂纹宽度不超过 0.2 mm,长度不超过 2/3 圆周长。纵向裂纹不超过一条,宽度不超过 0.2 mm,长度不大于 1 m。裂纹宽度在 0.2~1.0 mm 的应进行修补或加强处理。

c. 拉线上、中、下把缠绕紧密完好,张力平衡、无断股、无跳股、不松缓、地锚培土坚实、不浮起、无锈蚀、拉线上无攀藤植物。钢绞线拉线强度适合不松缓、锚爪紧固不松动。

②巡视漏缆径路。

a. 沿着漏缆径路砍青,确保无树枝、杂物等侵入缆身。

b. 沿着漏缆径路巡视漏缆主承索、自承索、支架无锈蚀、无松塌,漏缆吊夹无锈蚀、无脱落。

c. 沿着漏缆径路巡视各隧道口的天线的外观强度、地线。

d. 通话试验,沿漏缆径路用对讲机与车站进行呼叫通话试验,话音应清晰、良好。

③检查桥、隧道、路基段槽道盖板齐全、稳固;直埋、包封径路无排水冲刷危害。

通信桥上电缆槽的抱箍数量要求按0.5 m间距要有抱箍或不锈钢扎带。每块桥槽盖板至少有两处抱箍或不锈钢扎带固定，如有缺失则现场整改，用不锈钢扎带绑扎的方式在相应位置进行绑扎加固。

(4)试验区间通话柱各项通话业务及区间其他联络电话。

①现场作业人员逐台检查通话柱外观紧固程度，固定部件无松动缺失。

②现场作业人员逐台检查通话柱的话机是否良好，清扫灰尘；用皮包机配合室内试验摘机、呼出、呼入、通话、挂机功能，试验事故救援线的通话质量。

③长大隧道内应急电话分机紧固检查及功能试验。现场作业人员逐台检查分机外观紧固程度，固定部件无松动缺失；配合室内总机试验摘机、呼出、呼入、通话、挂机功能。

④现场作业人员逐台检查通话柱外观紧固程度，固定部件无松动缺失。

⑤现场作业人员逐台检查通话柱的话机是否良好，清扫灰尘；用皮包机配合室内试验摘机、呼出、呼入、通话、挂机功能，试验事故救援线的通话质量。

⑥长大隧道内应急电话分机紧固检查及功能试验。现场作业人员逐台检查分机外观紧固程度，固定部件无松动缺失；配合室内总机试验摘机、呼出、呼入、通话、挂机功能。

(5)检查电气化区段机房电缆接头盒屏蔽地线连接处温度和强度。

(6)清除标桩、警示牌周边杂草，以及扶正、培固标桩、警示牌。

(7)通过光纤监测系统分析光纤特性变化。

(8)检查电缆充气设备、充气系统及气体干燥度。

①查测电缆气门、气压并做记录。长途电缆气压日常保护气压为50~70 kPa。

②充气机保气量，高压600 kPa时，24 h气压下降量应不大于20 kPa分路，在200 kPa时，24 h气压下降量应不大于10 kPa。控制部分应保证自动及手动供气系统正常，不正常时能强制停止工作。空压机启动与停止应能控制；输出压力大于700 kPa时能自动停止工作并发出声光报警。除湿装置主要采用分子筛吸附剂，干燥露点优于-40 ℃，气水分离器游于有自动排水功能。

③储气罐应有700 kPa安全阀，超限时自动放气并能发出告警，自动停止充气。罐上装有气压表。低压分路应有可调告警性能的流量计、减压阀(0~200 kPa)、单向阀、压力表、截止阀等，并且性能稳定、良好。

2. 二级修作业内容

(1)径路探测确认及埋深检查，培土捣固。普通土埋深≥1.2 m，地形限制地段采用钢管防护、径路水泥补强方式。

(2)电气化区段电缆屏蔽保护地线测试、整治、检查。

(3)光、电缆标桩、警示牌补充。

线路标桩、警示牌埋设位置准确、标志清楚、正直完整，直线标以50 m距离为宜，拐弯、过轨、过沟、上下坡视地形而定。

(4)设施加固，桥、隧、涵水泥槽及防护钢管整修。

槽道盖板平整、稳固、无缺损，隧道口两端各5 m槽道盖板应用水泥勾缝。桥涵有防护、防盗措施，严禁防护钢管外露，钢槽入地处应砌护墩。

(5)整正电杆、去腐涂油、整修帮桩、接腿、拉线、地线、护杆桩、撑杆及防雷装置等。

(6)区间电话检查、整修,整理通话柱内部配线、测试电缆电特性、紧固通话柱部分构件,油漆通话柱体。

(7)整理、更换杆路挂钩,检修吊线。

3. 三级检修项目

(1)光缆特性不合格点或区段整修。

①当发现光通道衰耗增大或者后向散射曲线上有大台阶(大于0.5 dB)时,作为不合格衰耗点。

②衰耗点在接头内,利用预留缆长重新开剥熔接。

③衰耗点在本缆且无预留时,采用充缆方式(200 m),割接故障段光缆线路。

(2)电缆电特性整修。

①对电缆电特性测试环阻、绝缘不合格区段进行整修。

②问题在电缆接头内,对电缆接头绝缘、混线和密封不严造成化学腐蚀电缆接头进行整修。

③问题在电缆缆身上,采用更换一段电缆的方式进行处理。

(3)光、电缆埋深不够及护坡整修。

①水土流失地段及护坡采用新砌护墙防护方式。

②径路塌陷地面采用水泥硬化,硬化标准宽度和厚度以50 cm×15 cm为宜。

(4)径路塌陷填充。

(5)漏气段查漏整修:采用气压监测手段或手工测量气压三点法来分析。对漏气段电缆进行整治。

(6)保安装置及地线补充和整修。

(7)光缆接头盒、交接箱、终端盒整修,电缆接头盒、交接箱、分线箱、转换箱整修。

(8)通话柱整修:整理通话柱内部配线、测试电缆电特性、紧固通话柱部分构件,油漆通话柱体。

(9)标桩、警示牌、通话柱油饰。

(10)抽除积水,渗水、漏水整修。

抽除管道线路人孔内积水。要求人孔内积水不超过10 cm;人孔内检修作业时需先通风确定已无有害气体存在,方可下孔内作业,作业过程需保持通风,并且有专人在井外防护。

(11)管孔检查疏通,人(手)孔、槽道杂物清理。

(12)人(手)孔井盖和槽道盖板更换、补充。

(13)更换电杆,新设、更换帮桩及接腿,钢筋混凝土电杆裂纹加固,新设、更换拉线、地锚和撑杆,更换线担,光缆预留架,调整垂度,整修终端、分歧、引入杆。

(14)电杆基础及防洪处所加固。

(15)架空线路砍伐树枝,电杆培土、除草(木杆)。

4. 质量标准

(1)长途直埋通信光、电缆埋深标准应符合表1-7中规定。

表 1-7 长途直埋通信光、电缆埋深标准

<table>
<tr><th>序号</th><th colspan="2">敷设地区及土壤分类</th><th>最小埋深 L/m</th><th>附加规定</th></tr>
<tr><td>1</td><td colspan="2">普通土、硬土</td><td>1.2</td><td></td></tr>
<tr><td>2</td><td colspan="2">半石质(砂砾土、风化石)</td><td>0.9</td><td></td></tr>
<tr><td>3</td><td colspan="2">全石质、流沙</td><td>0.7</td><td></td></tr>
<tr><td>4</td><td colspan="2">水田</td><td>1.4</td><td></td></tr>
<tr><td>5</td><td colspan="2">穿越主要公路(距路面基底)、铁路(距路基面)</td><td>1.2</td><td></td></tr>
<tr><td>6</td><td colspan="2">穿越沟渠</td><td>1.2</td><td></td></tr>
<tr><td>7</td><td colspan="2">市区人行道</td><td>1.0</td><td></td></tr>
<tr><td rowspan="2">8</td><td rowspan="2">铁路路肩</td><td>普通土、硬土、半石质</td><td>0.8</td><td rowspan="2">特殊困难地段采用水泥槽防护时,不小于 0.4 m</td></tr>
<tr><td>全石质</td><td>0.5</td></tr>
</table>

(2)地区(站场)通信光、电缆最小埋深 L 标准如下:

①普通土、硬土、半石质地区,$L \geqslant 0.7$ m。

②全石质地区,$L \geqslant 0.5$ m。

③水质地区,$L \geqslant 1.2$ m。

④穿越主要公路(距路面基底)、铁路(距路基面)时,$L \geqslant 0.7$ m。

因条件所限,达不到规定深度时,应加以防护。采用电缆槽防护时,电缆槽盖板距地面的深度不小于 0.2 m。

(3)直埋光、电缆与其他设施的最小接近限界标准如下,括号内的数值是光、电缆采用外加强防护措施的数值。

①电压小于 35 kV 的电力电缆,平行距离≥0.5 m,交叉距离≥0.5 m(0.25 m);电压大于或等于 35 kV 的电力电缆,平行距离≥2.0 m(1.0 m),交叉距离≥0.5 m(0.25 m)。

②市话管道边线,平行距离≥0.5 m(0.25 m),交叉距离≥0.25 m(0.15 m)。

③一般地段给水管,平行距离≥1.0 m(0.50 m),交叉距离≥0.5 m(0.15 m);特殊困难地段给水管,平行距离≥0.5 m,交叉距离≥0.5 m(0.15 m)。

④管压小于 300 kPa 的燃气管,平行距离≥1.0 m(0.50 m),交叉距离≥0.5 m(0.15 m);管压 300~1 600 kPa 的燃气管,平行距离≥2.0 m(1.0 m),交叉距离≥0.5 m(0.15 m)。

(4)线路标桩、警示牌埋设位置准确、标志清楚、端正完整。

线路标桩偏离光缆的距离不大于 10 cm,周围 0.5 m 范围内无杂草和杂物。在路肩、站台等不宜设置独立标桩的地段,可以在护网围栏、附近房屋等永久性建(构)筑物上喷涂相应标志,或在地面喷涂管道、光缆路径标志,注明通信线路管道位置。独立线路标桩、警示牌的埋设与内容标准如图 1-10 所示。

(5)光缆径路应满足以下要求:

光缆径路应稳固,槽道盖板平整、稳固、无缺损,隧道口两端各 5 m,槽道盖板应用水泥勾缝。桥涵有防护、防盗措施,严禁防护钢管外露(钢槽入地处应砌护墩)。穿越渠栏、河流、上下坡、岸滩和危险地段时,应采取片石履坡(护坡)进行加固。

(6)光缆应具有以下防护措施:

①穿越铁路、通车繁忙或开挖路面受到限制的公路,采用下穿方式,并采用钢管等保护措施。

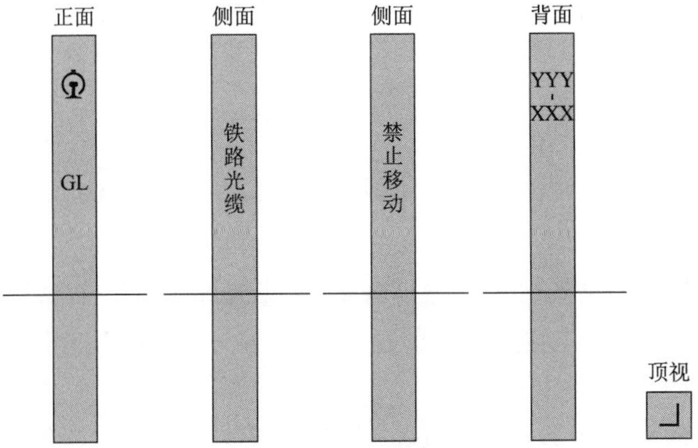

图 1-10 线路标桩图例

②埋设在路肩或埋设不达标的困难地段,应设水泥槽或阻燃复合材料槽进行防护。

③跨越断沟而无法直埋时,应采用钢管防护。

④穿越居民密集的城镇及动土较多的地段时,应采用砖或水泥槽进行防护。

⑤穿越或沿山涧、水溪等易受冲刷的地段时,根据实际情况设置漫水坡、挡土墙或水泥槽进行防护。

⑥通过无预留沟槽的铁路桥梁时,根据具体情况选择钢槽或钢管进行防护,并考虑环境温度、振动的影响;在桥墩上敷设时,严禁使用强度不足、非阻燃性复合材料槽。

⑦直埋光缆的接头应采用水泥槽防护。

⑧架空光、电缆经电杆或墙壁引入地下直埋时,采用涂塑钢管防护,钢管漏出地面不低于 3 m。架空光、电缆在可能遭到撞击的局部地段,应采用堵料管进行防护。

⑨架空光缆在不可避免跨越或靠近易失火的建筑物时,应采取防火保护措施。

⑩在寒冷、严寒地区,对光缆应采取防冻害措施。

(7)光缆线路技术维护项目、指标应符合如下的要求:

①中继段光纤通道后向散射信号曲线检查,应小于或等于竣工值 0.1 dB/km(最大变动量应小于或等于 5 dB)。

②光缆线路光纤衰减,应小于或等于竣工值 0.1 dB/km(最大变动量应小于或等于 5 dB)。

③直埋接头盒检测电极间绝缘电阻,应大于或等于 5 MΩ。

(8)光、电缆中的弯曲小径应符合下列要求:

①光缆接头弯曲处弯曲半径不小于护套外径的 20 倍,其他位置光缆弯曲半径不应小于光缆外径的 15 倍。

②铝护套电缆弯曲半径不应小于电缆外径的 15 倍。

③铅护套电缆弯曲半径不应小于电缆外径的 7.5 倍。

(9)光缆冗余量、接头衰耗及迁改、整修应符合以下要求:

①接续后的光纤,收容余长单端引入引出不应小于 0.8 m,两端引入引出不应小于 1.2 m,对水底光缆不应小于 1.5 m。光纤收容时的弯曲半径不应小于 40 mm。

②G.652 光纤接头衰减限值最大值不大于 0.12 dB,平均值不大于 0.08 dB;G.655 光纤接

头衰减限值最大值不大于 0. 14 dB,平均值不大于 0. 08 dB。

③在光纤迁改、整修时,新敷设光缆宜布放至原光缆最近接头盒处,原则上只允许增加 1 个光缆接头。

(10)光、电缆应具有以下防雷措施:

①两条以上的电缆同沟敷设时,在相距较近的接头处,应做横连线。

②电缆应做防雷保护接地,其接地间距宜为 4 km 左右。对于雷害严重的地段,防雷保护接地的间距宜适当缩短。电气化区段,通信电缆的屏蔽地线可以代替防雷地线。

③防雷保护接地装置应与电缆垂直布置,接地体与电缆间距不宜小于 10 m,接地标石上应有地线断开测试的条件。

④在落雷较广的地段,宜设防雷屏蔽线。防雷屏蔽线不宜与光、电缆的金属护套连通,也不另作接地,但应将防雷屏蔽线延长至土壤电阻率较小的地方。

⑤雷害严重地段,可采用非金属加强构件的光缆。

⑥直埋光缆不设屏蔽地线,但接头两侧的金属护套及金属加强件应相互绝缘。

三、检修记录

根据学习内容填写线路检修记录表(表 1-8~表 1-10)。

表 1-8 通信线路的检修记录

设备名称:××通信线路　　　　年　月　日

类别	序号	项目与内容	周期	完成情况
日常检修	1	巡视光、电缆和管道径路有无异状和外界影响,发现问题及时处理	1~2 次/月	
	2	通过光纤监测系统分析光纤特性变化	月	
集中维修	1	光、电缆槽道及附属设施强度检修	季	
	2	光、电缆引下防护设施检修	年	
	3	直埋光缆径路探测确认及埋深检查,培土、捣固		
	4	标桩、警示牌扶正、培固,清除周边杂草		
	5	人(手)孔、管道、槽道检修		
	6	光缆引入机房绝缘接地检查		
重点检修	1	光缆特性不合格点或区段的整修	根据需要	
	2	电缆电特性整修		
	3	直埋光、电缆埋深不够整治		
	4	光、电缆接头盒整修		
	5	人(手)孔井盖和槽道盖板更换、补充		
	6	标桩、警示牌油饰		
	7	抽除积水,渗水、漏水整修		
	8	管孔检查疏通,人(手)孔、槽道杂物清理		
备注				
执表人		检查人		

表 1-9　光缆线路检修记录

设备名称:××光缆　　　　年　月　日

类别	序号	项目与内容	周期	完成情况
集中检修	1	光纤通道后向散射信号曲线测试	主用按需,备用长途1次/半年,地区1次/年	
	2	光缆线路光纤衰减测试		
	3	直埋接头盒监测电极间绝缘电阻测试	半年	
备注				
执表人			检查人	

表 1-10　电缆线路检修记录

设备名称:××电缆　　　　年　月　日

类别	序号	项目与内容	周期	完成情况
集中检修	1	防护接地装置地线电阻	半年	
	2	绝缘电阻	年	
	3	环路电阻、不平衡电阻		
备注				
执表人			检查人	

现场测评

1. 简述光缆特性不合格点或区段整修的内容。

2. 地区(站场)通信光、电缆最小埋深(L)标准是什么?

任务评价

项目	评价内容	掌握程度		
		未掌握	基本掌握	熟练掌握
风险提示	径路防护			
	巡检巡视			
	性能分析			
维修作业	一级			
	二级			
	三级			
质量标准	质量标准的参考值及规定			
学习体会				

同步练习

一、填空题

1. 光纤由________、________和________三部分组成，其中________和________可以导光。

2. 若一种光纤只允许传输一个模式的光波，则称它为________光纤。如果一种光纤允许同时传输多个模式的光波，这种光纤为________光纤。

3. 光纤的损耗主要取决于________损耗、________损耗和________损耗三种损耗。

4. 单模光纤中有两个低损耗区域，即通常说的________窗口和________窗口。

5. 光纤的传输特性参数是________和________。

6. 多模光纤按折射率分布可分为________和________光纤。

7. 单模光纤的色散可分为________色散和________色散，其中，主要受________色散的影响。

8. 光缆基本上都是由________、________和________三部分组成。

9. 光缆按缆芯组件的不同一般可以分为________、________、________和________四种。

10. 通信用室(野)外光缆的分类代号是________。

11. 光纤和光纤松套管的颜色一般采用全色谱识别，其色谱是：________________________________。

12. 光缆缆芯内含有填充绳和套管时，套管色谱将从________起依次截取，填充绳为________色。

13. 光缆的护套通常由________或________和铝带或钢带构成。

14. 光缆的加强构件是金属加强构件时的代号是________。

15. 当套管内光纤不足12芯时，光纤的色谱从________起依次截取。

16. 铝-聚乙烯粘接护套的代号是________。

17. 光缆的型号由________、________和特殊性能标识(可缺省)三大部分组成。

二、选择题

1. 干线光缆工程中，绝大多数为(　　)光纤；而尾巴光纤都是(　　)光纤。

A. 紧套，松套　　B. 松套，紧套　　C. 紧套，紧套　　D. 松套，松套

2. 通常，各种色散的大小顺序是(　　)。

A. 模式色散>波导色散>材料色散　　B. 模式色散>材料色散>波导色散

C. 材料色散>模式色散>波导色散　　D. 材料色散>波导色散>模式色散

3. 下面(　　)选项满足全反射必须满足的条件(n_1 为纤芯的折射率，n_2 为包层的折射率)。

A. 折射率 n_1 必须大于折射率 n_2；光线向界面的入射角应大于临界角

B. 折射率 n_1 必须大于折射率 n_2；光线向界面的入射角应小于临界角

C. 折射率 n_1 必须小于折射率 n_2；光线向界面的入射角应大于临界角

D. 折射率 n_1 必须小于折射率 n_2；光线向界面的入射角应小于临界角

4. 在目前最常用的 G.652 光纤中，波长为(　　)的光具有最小损耗。

A. 850 nm　　B. 1 310 nm　　C. 1 550 nm　　D. 1 720 nm

5. 通信用光纤的外径为(　　)。

A. 50 μm　　B. 100 μm　　C. 125 μm　　D. 150 μm

6. 单模光纤的纤芯直径为(　　)。

A. 7~8 μm　　B. 9~10 μm　　C. 11~12 μm　　D. 12~13 μm

7. 紧套光纤结构从里至外的排列顺序为(　　)。

A. 纤芯、缓冲层、包层、二次涂覆层、预涂覆层

B. 纤芯、预涂覆层、包层、缓冲层、二次涂覆层

C. 纤芯、包层、预涂覆层、缓冲层、二次涂覆层

D. 纤芯、二次涂覆层、缓冲层、包层、预涂覆层

8. 单模光纤是(　　)光纤。

A. 梯度型　　B. 阶跃型　　C. 渐变型　　D. 自聚焦型

9. 单模光纤的带宽比多模光纤带宽(　　)。

A. 小　　B. 一样　　C. 大　　D. 有时大有时小

10. 多模光纤引起脉冲展宽的主要因素是(　　)。

A. 材料色散　　B. 结构色散　　C. 模式畸变　　D. 入射角过大

三、简答题

1. 简单解释光纤的导光原理。

2. 当光缆型号为 GYTA53 32B1+8B4 时,用文字说明其型式及规格。

四、实操题

现场分辨 FC、SC、ST、LC 连接头。

模块二　传输系统

铁路传输系统主要用于承载铁路通信中专用的语音、数据和图像等通信信息的基础承载平台,主要承载 CTC、防灾、GSM-R、数字调度通信、客票、电力 SCADA、办公网等重要铁路业务,是铁路通信网中的重要组成部分。铁路传输系统由传输设备、网管服务器及网管终端、传输线路组成。传输设备通过光缆或者电缆互联实现业务的接入及长距离信号传输;通过网管服务器和网管终端实现传输设备的配置、数据存储、设备管理及日常维护功能。传输系统运用质量的好坏直接影响着传输系统承载的铁路重要行车业务的运行质量,直接影响行车安全。因此传输系统在铁路通信中发挥着非常重要的作用。

任务一　传输技术认知

知识目标

1. 了解传输设备的发展过程。
2. 掌握常见的传输技术。

能力目标

1. 通过任务,掌握常用的传输技术。
2. 认识常见的传输设备,对传输速率有最基本的认知。

任务描述

到实训室进行学习,观察现场的传输设备,通过对传输技术的学习,了解不同传输技术的特点、使用场景,为学习传输系统打下基础。

知识准备

一、传输系统演进

铁路传输网进入光传输时代后经历了几次技术迭代,如图 2-1 所示。传输技术经历了从准同步数字体系(PDH)、同步数字体系(SDH)、多业务传输平台(MSTP)、波分复用(WDM)和光传送网(OTN)的演进过程。为适应铁路现代化体系发展,5G-R 通信系统将拉开建设的序幕,铁路传输网也会逐步引进 MS-OTN、SPN 等新一代传输技术。

二、传输技术介绍

1. PDH 传输系统

准同步数字系列(plesiochronous digital hierarchy,PDH)的系统,是在数字通信网的每个节点上都分别设置高精度的时钟,这些时钟的信号都具有统一的标准速率。尽管每个时钟的精度都很高,但总还是有一些微小的差别。为了保证通信的质量,要求这些时钟的差别不能超过规定的范围。因此,这种同步方式严格来说不是真正的同步,所以叫作"准同步"。常见的PDH设备如图2-2所示。

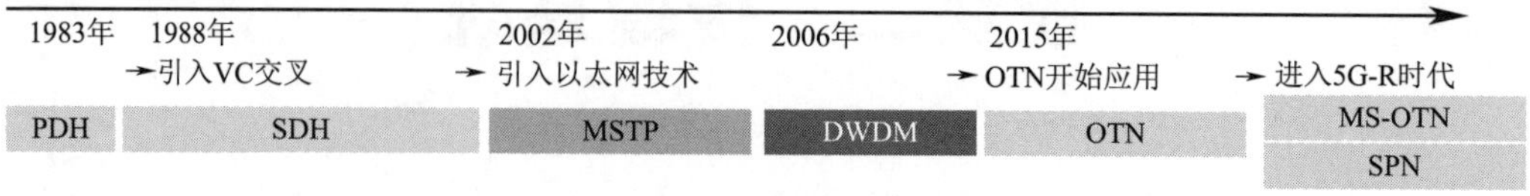

图 2-1　传输网络的演进过程

图 2-2　常见的 PDH 设备

2. PDH 复用和解复用技术

复用是指将多个低速信号复用进高速信号的过程,如图2-3所示,多个2M信号可以通过复用器放入140 Mbit/s的高速信号中再通过电光转换把业务转换成光信号,实现高速长距离传输。解复用是复用的逆过程如图2-3所示。PDH设备是以超大规模集成电路构成的传输设备,一般是成对应用,也叫点到点应用,容量一般为4E1,8E1,16E1;适用于小容量交换机组网、用户环路网,移动通信(基站)、专网等。但由于PDH传输容量较小、传输距离短、没有网管系统,因此不利于大规模组网,所以PDH设备常用于边缘地区实现最后1 km的业务接入。

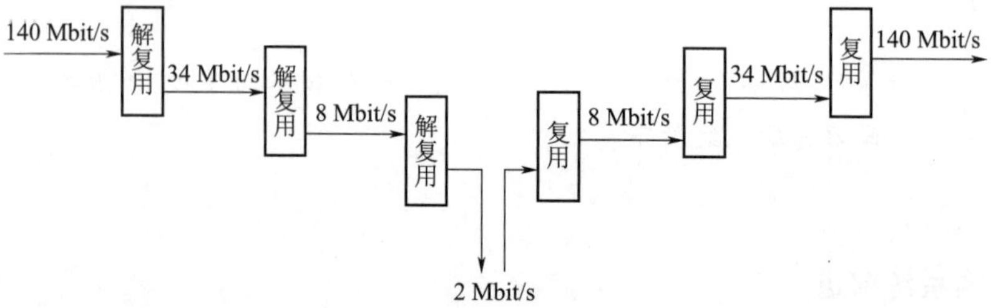

图 2-3　PDH 复用和解复用过程

3. SDH 和 MSTP 技术

同步数字体系(synchronous digital hierarchy,SDH)是一种光纤通信系统中的数字通信体系,简称SDH。SDH采用的信息结构等级称为同步传送模块STM-N,N的取值必须是4的整数倍,如(N=1,4,16,64),其中最基本的模块为STM-1。

SDH采用块状的帧结构来承载信息,每帧由纵向9行和横向270×N列字节组成,每个字节含8 bit,整个帧结构分成段开销(section overhead,SOH)区、STM-N净负荷区和管理单元指针(AU PTR)区三个区域,其中段开销区主要用于网络的运行、管理、维护及指配以保证信息能够正常灵活地传送,它又分为再生段开销(regenerator section overhead,RSOH)和复用段开销

(multiplex section overhead, MSOH);净负荷区用于存放真正用于信息业务的比特和少量的用于通道维护管理的通道开销字节;管理单元指针用来指示净负荷区内的信息首字节在 STM-*N* 帧内的准确位置以便接收时能正确分离净负荷。SDH 的帧传输时按由左到右、由上到下的顺序排成串型码流依次传输,每帧传输时间为 125 μs,每秒传输 8 000 帧,对 STM-1 而言每帧比特数为 8 bit×(9×270×1)= 19 440 bit,则 STM-1 的传输速率为 19 440×8 000 = 155.520 Mbit/s;而 STM-4 的传输速率为 622.080 Mbit/s;STM-16 的传输速率为 2 488.320 Mbit/s;STM-64 的速率为 9 953.280 Mbit/s。SDH 帧结构如图 2-4 所示。

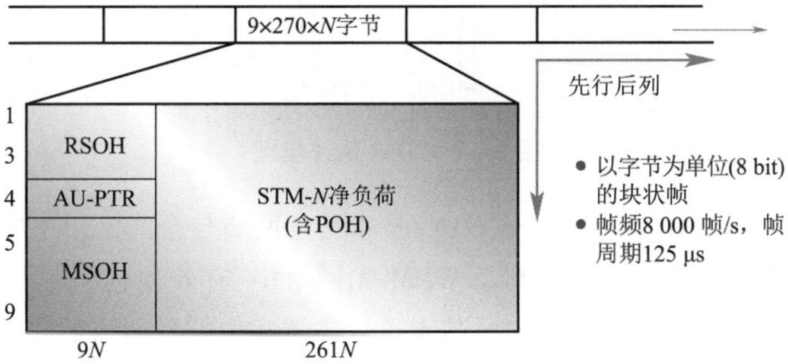

图 2-4　SDH 帧结构

MSTP 即多业务传输平台,它是基于 SDH 平台同时实现 TDM、ATM、以太网等业务的接入、处理和传送,提供统一网管的多业务节点。MSTP 依托于 SDH 平台,一方面 MSTP 保留了 SDH 固有的交叉能力和传统的 PDH 业务接口与低速 SDH 业务接口,继续满足 TDM 业务的需求;另一方面,MSTP 提供 ATM 处理、以太网透传、以太网二层交换、RPR 处理、MPLS 处理等功能来满足对数据业务的汇聚、整合的需求。目前 MSTP 单通道最大的传输速率为 STM-64。华为 MSTP 设备如图 2-5 所示。

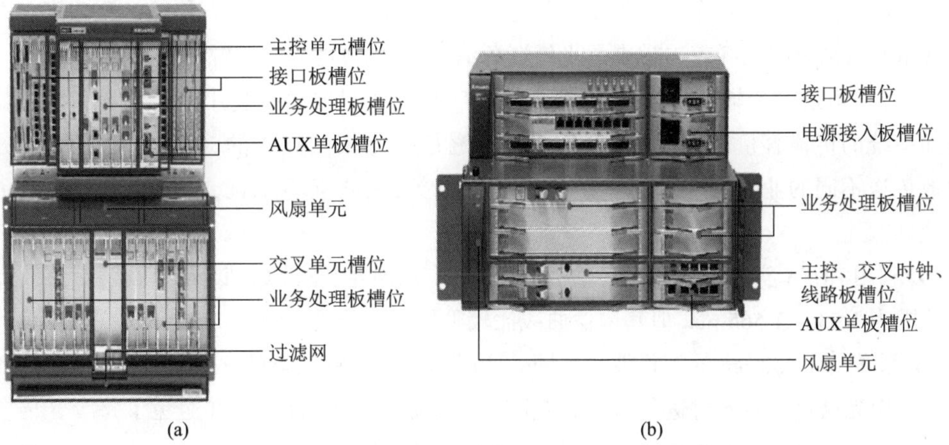

图 2-5　华为 MSTP 设备

4. WDM 和 OTN 技术

波分复用技术(wavelength division multiplexing, WDM)是将两种或多种不同波长的光载波信号(携带各种信息)在发送端经复用器(亦称合波器, multiplexer)汇合在一起,并耦合到光线路的同一根光纤中进行传输的技术;在接收端,经解复用器(亦称分波器或称去复用器,demultiplexer)将各种波长的光载波分离,然后由光接收机做进一步处理以恢复原信号,系统模型如图 2-6 所示。波分复用技术作为一种系统概念,通常有稀疏波分复用(coarse wavelength division multiplexing,CWDM)和密集波分复用(dense wavelength division multiplexing,DWDM)。

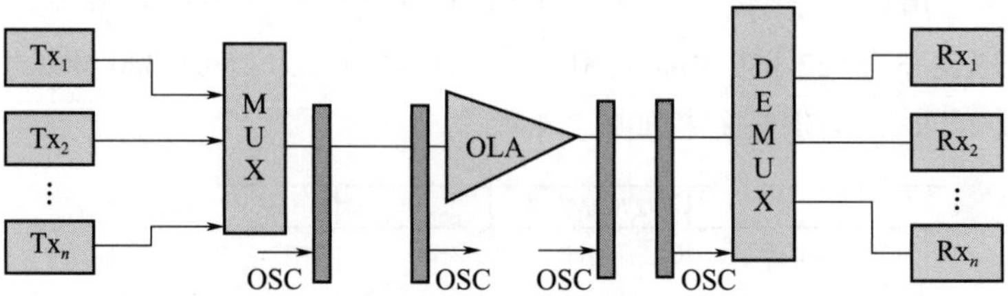

图 2-6 WDM 系统模型

光传送网(optical transport network,OTN)技术是电网络与全光网折中的产物,将 SDH 强大完善的运维管理理念和功能移植到了 WDM 光网络中,有效地弥补了现有 WDM 系统在性能监控和维护管理方面的不足。OTN 技术可以支持客户信号的透明传送、高带宽的复用交换和配置(最小交叉颗粒为 ODU0,约为 1.25 Gbit/s),具有强大的开销支持能力,提供强大的 OAM 功能,支持多层嵌套的串联连接监视(TCM)功能、具有前向纠错(FEC)支持能力。

OTN 系统特点如下:

(1)传输容量大。由于 WDM 系统的单个光通道速率可以为 2.5 Gbit/s、10 Gbit/s 等,而复用光通道的数量可以是 4、8、16、32、40、80 路,因此系统的传输容量可以达到 300~400 Gbit/s,甚至更大。

(2)节约光纤资源。每个 SDH 或者数据通信网的通道都可以利用 OTH 系统中单个光波信号进行承载,而 OTH 系统可以把多个光波信号复用进一对光纤中进行传输。因此可以减少各类铁路通信系统因光纤直连带来的光纤资源消耗,达到节约光纤资源的目的。

(3)各信道透明传输,扩容简单。WDM 或 OTN 系统只要增加复用信道数量和设备就可以增加系统的传输容量以实现扩容,各复用信道是彼此相互独立的,所以各信道可以分别透明地传送不同的业务信号,如语音、数据和图像等,彼此互不干扰,这给使用者带来了极大的便利。

(4)利用 EDFA 实现超长距离传输。EDFA 具有高增益、宽带宽、低噪声等优点,并且其光放大范围为 1 530~1 565 nm,但其增益曲线比较平坦的部分是 1 540~1 560 nm,它几乎可以覆盖 WDM 系统的 1 550 nm 的工作波长范围。所以用一个带宽很宽的 EDFA 就可以对 WDM 系统的各复用光通道信号同时进行放大,以实现系统的超长距离传输,并避免了每个光传输系统都需要一个光放大器的情况。WDM 系统的超长传输距离可达数百千米,可以减少光纤直放站的数量,降低建设成本。

由于 OTN 具有传输容量大、传输距离远等特征。因此铁路通信系统中常把 OTN 网络定义为骨干网或者局干网,用于承载大颗粒的业务,如 10G 传输网和 10G 数据网都可以用 OTN 来进行承载。常用的 OTN 设备如图 2-7 所示。

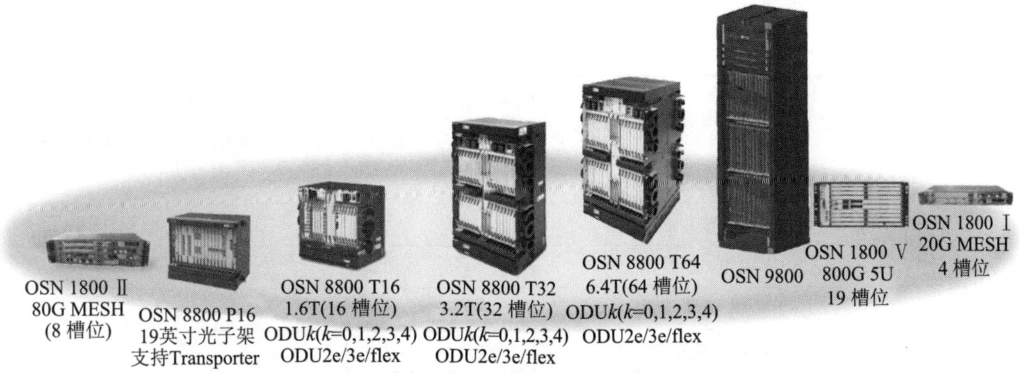

图 2-7　常用 OTN 设备

5. 铁路传输系统使用的产品

常用铁路传输设备见表 2-1。

表 2-1　常用铁路传输设备

设备类型	代　表　产　品	运　用　情　况
PDH	PDH 光端机	少部分车站在用
SDH	Metro1000、Optix 2500+；中兴的 S320、S360 等	已退网
MSTP	华为 OSN1500/2500/3500/7500；中兴 S330/S385 等	目前在现网中大量运用
DWDM	华为 Optix BWS 320C、Optix BWS 1600G 等	已退网
OTN	华为 OSN6800、OSN8800；中兴 8700	目前在现网中大量运用

现场测评

1. 在几种常见的传输技术中，哪一种传输容量最大？为什么？

2. OTN 设备是用什么技术实现长距离传输的？

任务评价

项目	评价内容	掌握程度		
		未掌握	基本掌握	熟练掌握
传输技术介绍	传输系统演进过程			
	PDH 传输系统			
	SDH 和 MSTP 技术			
	WDM 和 OTN 技术			
	铁路传输系统使用的产品			
学习体会				

任务二　传输设备认知

知识目标

1. 熟悉铁路传输系统的设备类型。
2. 掌握常见板卡的基本用途。

能力目标

1. 能根据板件的告警灯区分告警等级。
2. 能辨认不同功能板件的类型与应用。

任务描述

到实训室进行学习,通过观察现场的传输设备并结合本节的知识点,对传输设备板卡的功能、告警指示灯的含义进行讨论,实现理论和实际相结合,达到认识传输设备的目的。

知识准备

一、传输网的网络层次

传输网络是通过光纤相互连接的多个网络节点(网元)组合而成的实际网络,其功能是完成信息的传送。

铁路传输网分为骨干传输网和局内传输网。骨干传输网主要承载中国国家铁路集团有限公司(简称国铁集团)到各铁路局集团公司和各铁路局集团公司之间的长途通信信息;局内传输网主要承载铁路局集团公司内的长途通信信息和本地通信信息。局内传输网通常分为(局干/汇聚层、接入层),高速铁路线路接入层通常由基数基站环、偶数基站环、电牵环组成。局干/汇聚层通常是 10G 或 2.5G 通过构建四纤线性 1+1 保护来实现业务保护,接入层通常是构建 2.5G 或者 622M 复用段环来实现业务保护。铁路 SDH 的网络层次如图 2-8 所示。

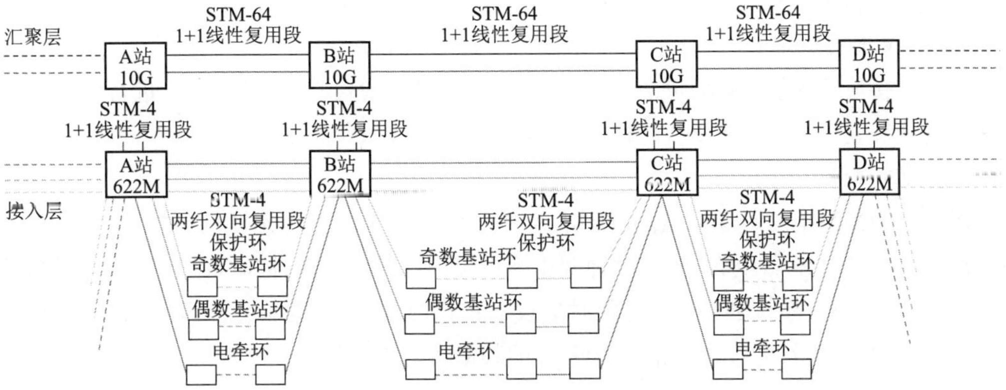

图 2-8　铁路 SDH 的网络层次

二、设备介绍

1. MSTP 传输设备系统结构

MSTP 设备整体结构包括的功能单元有:支路单元(TU)、线路单元(LU)、交叉连接单元、时钟单元、辅助单元及主控单元,各单元之间通过业务总线、开销总线、时钟总线等相连。各单元之间有机组合,共同构成了 MSTP 设备的硬件系统,如图 2-9 所示。本节中 MSTP 设备的功能单元将以铁路传输网中部署的华为 E9624X 设备为例进行讲解。

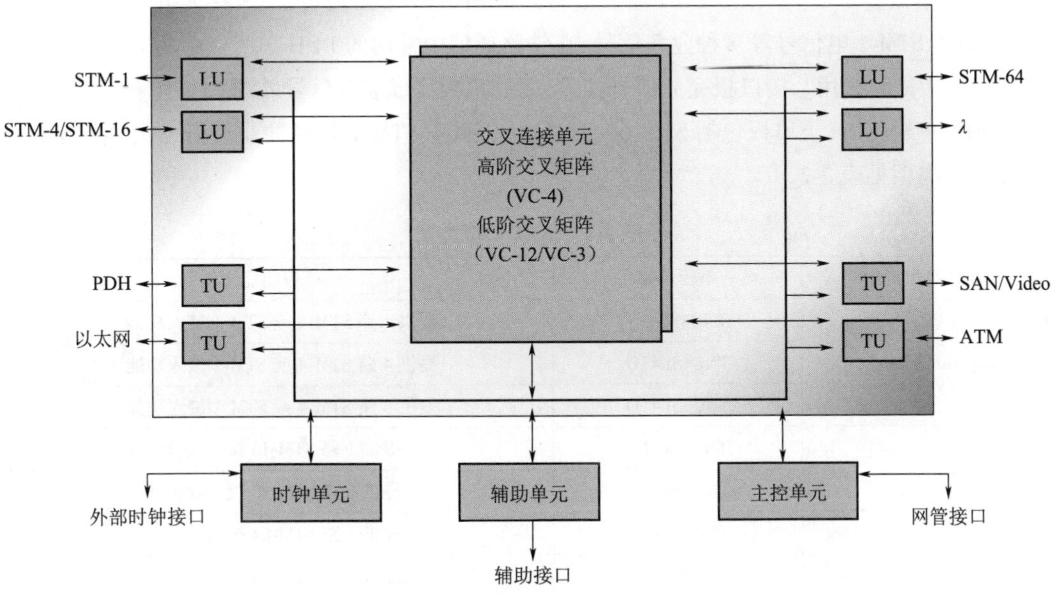

图 2-9　传输设备系统结构

(1)支路单元

支路单元可以是 PDH 单元、以太网单元、ATM 单元等,用于提供各种速率信号的接口,实现多种业务的接入和处理功能。

(2)线路单元

线路单元即 SDH 单元,接入并处理高速信号(STM-1/STM-4/STM-16/STM-64 的 SDH 信

号),为设备提供了各种速率的光/电接口及相应的信号处理功能。

(3)交叉连接单元

交叉连接单元提供业务的灵活调度能力,是整个设备的核心,它对信号不进行处理,仅仅用来实现业务基于VC-4、VC-3、VC-12级别的路由选择。

(4)时钟单元

时钟单元是系统的定时单元,主要作用是为系统中各个功能单元提供定时信号。时钟单元可以通过外部时钟接口接入外部时钟源作为系统的定时信号源,同时可以将处理后的时钟进行输出,向系统外部其他需要进行定时的设备提供时钟源;时钟单元还可以跟踪系统中的SDH单元或PDH单元引入的时钟,作为系统的其他功能单元的定时时钟。

(5)辅助单元

辅助单元为系统提供公务电话、串行数据的相关接口,并为系统提供电源接入和处理、光路放大等功能。

(6)主控单元

主控单元的主要功能是实现对系统的控制和通信,主控单元收集系统各个功能单元产生的各种告警和性能数据,并通过网管接口上报给操作终端,同时接收网管下发的各种配置命令。

2. MSTP设备的单板

PDH单板:PDH单板包括PDH业务接口板和PDH业务处理板,用于接入和处理E1/T1、E3/T3、E4/STM-1电信号等多种业务信号,在铁路通信中常用的PDH单板通常需要PDH处理板和接口板配套使用。接口板完成信号接入,而处理板完成业务信号处理。

SDH单板:SDH类单板包括STM-64、STM-16、STM-4、STM-1等多种业务信号类别的单板。SDH单板类型见表2-2。

表2-2　SDH单板类型

SDH单板速率	单板名称	单板功能
STM-1/STM-4	TNG4SL41S	提供1路STM-4或STM-1接入功能
	TNG4SL41Q	提供4路STM-4或STM-1接入功能
	TNG3SL41O	提供8路STM-4或STM-1接入功能
STM-16	TNG4SL16S	提供1路STM-16接入功能
	TNG3SL16Q	提供4路STM-16接入功能
STM-64	TNG4SL64S	提供1路STM-64接入功能
	TNG4SL64D	提供2路STM-64接入功能

主控/交叉单元:主控单元实现网元监控、公务处理、监测业务性能、收集性能事件和告警信息功能;交叉单元实现业务调度、时钟信号处理功能。原来的传输设备通常主控板和交叉板是不同的板卡,随着传输设备集成度越来越高,目前的传输设备基本实现主控和交叉单元合并在一块板卡上。

以太网单板:以太网单板支持二层交换、MPLS、组播等功能和特性,实现以太网业务的接入及信号处理,以太网单板类型见表2-3。

表 2-3　以太网单板类型

单板名称	单板功能	工作模式
TNG1EMS12	提供 12 个以太网端口，支持接入以太网业务，封装映射为 SDH 信号，转发到 SDH 平面进行传输	GE 电口：支持自协商、1000M 全双工、100M 全双工、10M 全双工。 FE 光口：100M 全双工。 GE 光口：支持自协商、1000M 全双工。 10GE 光口：10GE 全双工 LAN
TNG1EFS8	支持接入 8 路 FE 业务，封装映射为 SDH 信号，转发到 SDH 平面进行传输	FE 电口：10M 全双工、100M 全双工、自协商。 FE 光口：100M 全双工
TNG1EGS4	支持接入 4 路 FE/GE 业务，封装映射为 SDH 信号，转发到 SDH 平面进行传输	GE 电口：10M 全双工、100M 全双工、1000M 全双工、自协商。 GE 光口：1000M 全双工、自协商。 FE 光口：100M 全双工

电源板：电源板为系统接入 DC -40～-72 V 的电源，并对接入电源进行防雷保护、滤波。以华为 E9624X 设备为例，4 块 PIU 单板为整个设备提供电源，供电分区如图 2-10 所示。100 和 105 槽 PIU 为浅色区域槽位单板供电，101 和 106 槽 PIU 为深色区域槽位单板供电，子架左右两边的 PIU 互为备份，IU100 和 IU105 PIU 互为备份，IU101 和 IU106 PIU 互为备份。互为备份的两个 PIU 中一路 PIU 发生故障不会影响设备的正常工作。

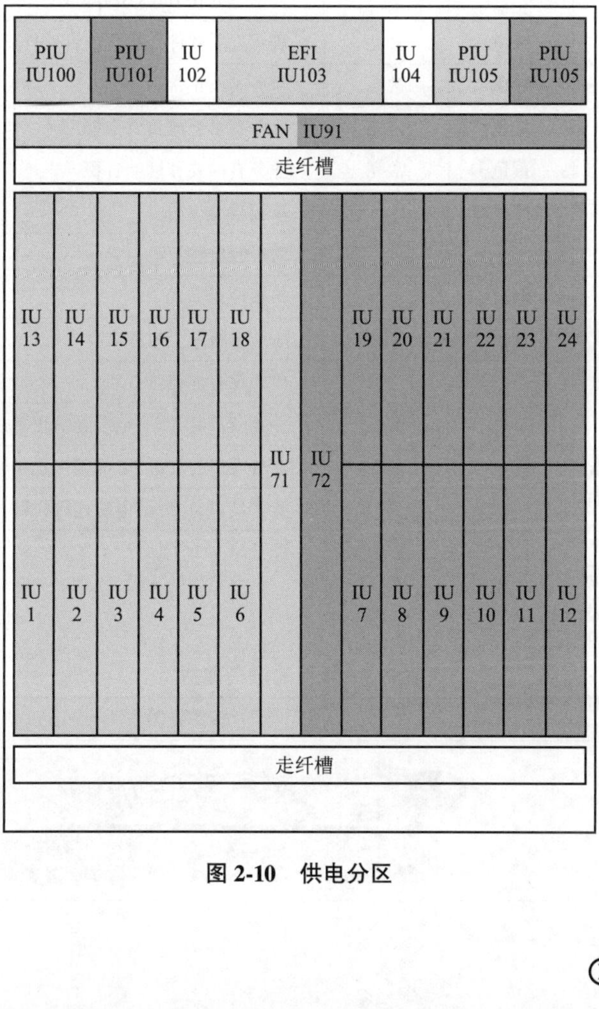

图 2-10　供电分区

3. 单板指示灯的含义

单板指示灯的含义见表 2-4。

表 2-4 单板指示灯的含义

指示灯符号	指示灯名称	指示灯颜色	指示灯状态	状 态 描 述
STAT	硬件状态灯	绿色	常亮	无硬件类告警
		红色	常亮	有硬件类告警
		绿色	闪烁	单板处于维护状态,提示单板的位置
		黄色	常亮	单板有次要告警产生(仅 TNV2E224 和 TNV2E402 单板支持该指示灯状态)
		—	灭	单板处于没有上电状态
PROG	软件状态灯	红色	常亮	表示内存自检失败、上层软件加载不成功、逻辑文件 FPGA 丢失或者上层软件丢失
		红色	快闪	100 ms 亮 100 ms 灭
				BootROM 自检失败
		绿色	快闪	100 ms 亮 100 ms 灭
				正在进行写 flash 操作或软件加载
		绿色	慢闪	300 ms 亮 300 ms 灭
				表示正处在 BIOS 引导阶段
		绿色	常亮	表示上层软件初始化或者软件正常运行
SRV	业务告警指示灯	绿色	常亮	业务工作正常
		红色	常亮	业务有紧急或重要告警
		黄色	常亮	业务有次要和远端告警
		—	灭	单板没有注册
				软/硬复位过程
ACT	业务激活状态灯	绿色	常亮	单板注册完成
		黄色	常亮	表示单板未上电或者供电不足
		—	灭	单板没有注册
L/A	以太网端口连接/数据收发指示灯	绿色	常亮	业务端口与光纤/电缆连接正常
		绿色	闪烁	业务端口与光纤/电缆连接正常,且端口有数据收发
		—	灭	业务端口与光纤/电缆连接失败

4. 设备单板认识

一些常用的设备单板见表 2-5。

表 2-5 常用的设备单板

<table>
<tr><th>单板名称</th><th>单板实物图</th></tr>
<tr><td>TNG2PD1
(2M 处理板)</td><td>
</td></tr>
</table>

续上表

单板名称	单板实物图
TNG1DMS （2M 接口板）	
TNG4SL41S 单端口 155M/622M 光板	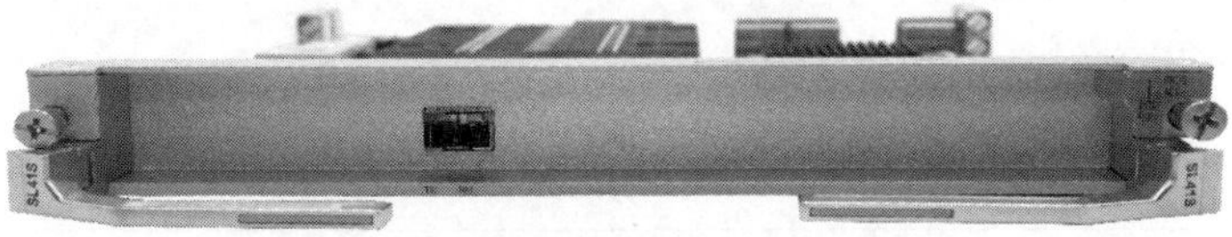
TNG4SL41Q 4 端口 155M/622M 光板	
TNG4SL41O 8 端口 155M/622M 光板	
TNG4SL16S 单端口 2.5G 光板	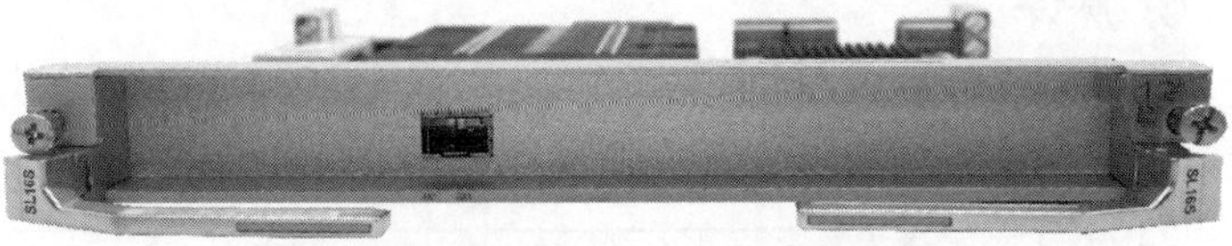
TNG3SL16Q 4 端口 2.5G 光板	
TNG4SL64S 单端口 10G 光板	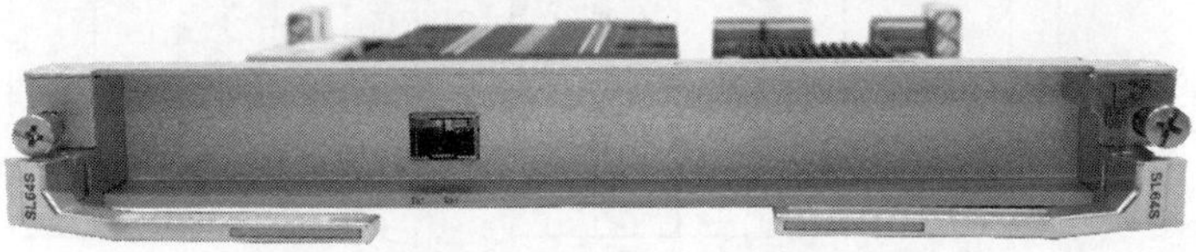
TNG4SL64D 2 端口 10G 光板	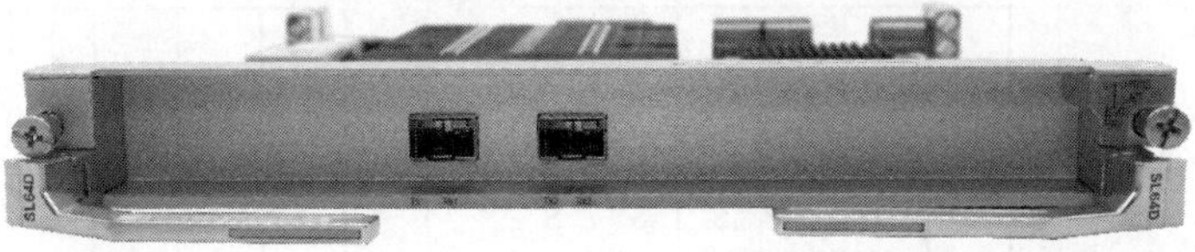
TNG1HCXP 通用 交叉控制板	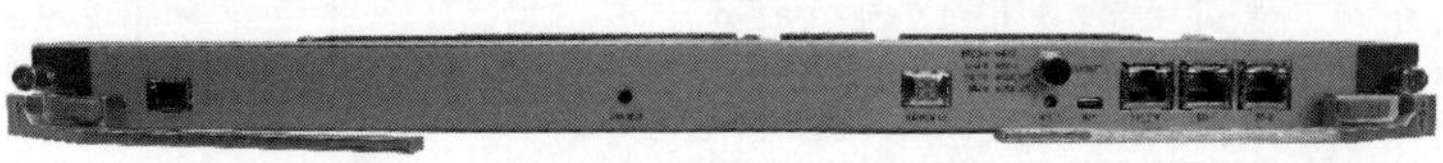

续上表

单板名称	单板实物图
TNG1EFS8 8 路交换式以太网板	
TNG1EGS4 4 路交换式以太网板	
TNG1EMS12 12 路交换式以太网板	
PIU 电源板	

现场测评

分辨图 2-11 中华为 E9624X 设备的单板，并讨论各类单板的作用。

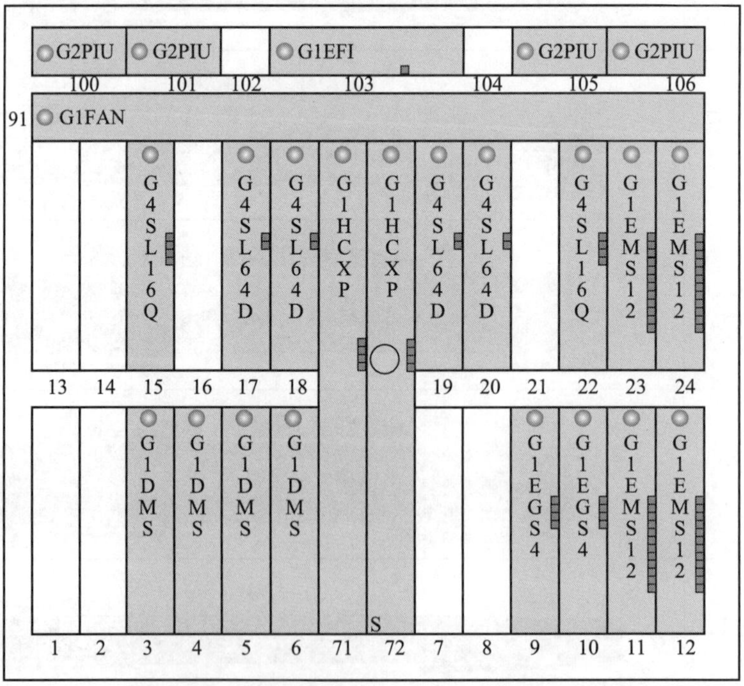

图 2-11　华为 E9624X 传输网元面板

任务评价

项目	评价内容	掌握程度		
		未掌握	基本掌握	熟练掌握
传输设备认知	设备单板及功能			
	设备单板指示灯含义			
	认识设备板卡告警灯			
学习体会				

任务三 传输设备维护作业

知识目标

1. 掌握传输设备检修内容及流程。
2. 熟练利用网管完成传输设备性能查询。
3. 了解传输故障处理。

能力目标

1. 能独立完成传输系统的网管维护。
2. 能独立完成传输设备的维护。
3. 能够了解传输故障处理流程。

任务描述

到实训室进行实作训练,结合本节学习的知识点,在网管上完成网管项目的日常维护操作和现场设备的维护操作,并掌握操作的关键点。

知识准备

一、检修维护

传输系统的维护分为传输网管的维护和现场设备的维护。

1. MSTP 传输网管维护

(1)作业前准备

作业人员作业前应先完成将网管数据进行备份和记录的工作。

(2)检修内容及流程

①告警事件检查分析处理

网管界面下选择“监控”>“当前告警”或“历史告警”,对告警进行查看,如图 2-12 所示。

②误码性能事件检查分析处理

双击“网元”打开网元面板,右键选择需要查看性能的板卡,选择“SDH 性能浏览”进行性能查询。在性能分析界面可以对当前 15 min 性能、当前 24 h 性能、历史 15 min 性能、历史 24 h

性能进行分析,如图 2-13 所示。如果有误码则需要立即组织处理。

图 2-12　查询告警

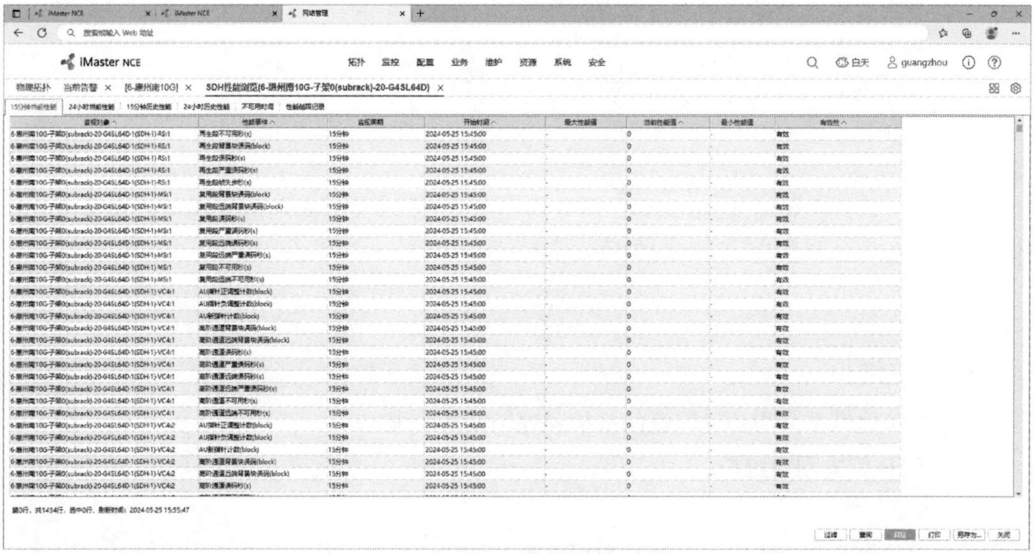

图 2-13　误码查询

③光功率查询

在网管监控界面选择“监控”>“SDH 性能”,在弹出的对话框左边的“资源树”中可以选择需要查询光功率的对象,勾选后单击“查询”就可以进行光功率值分析,如图 2-14 所示。在日常维护中为防止激光器受损,光口输入光功率通常根据“高接收灵敏度 3 dB,低过载点 5 dB”原则进行处置。例如激光器接收灵敏度为-28 dB,过载点位-8 dB,那么根据上述原则,输入光功率保持在-11 dB至-23 dB即可。

图 2-14　光功率管理

④网元时间调整检查

a. 在系统菜单中选择“配置”>“网元时间同步”，如图 2-15 所示。

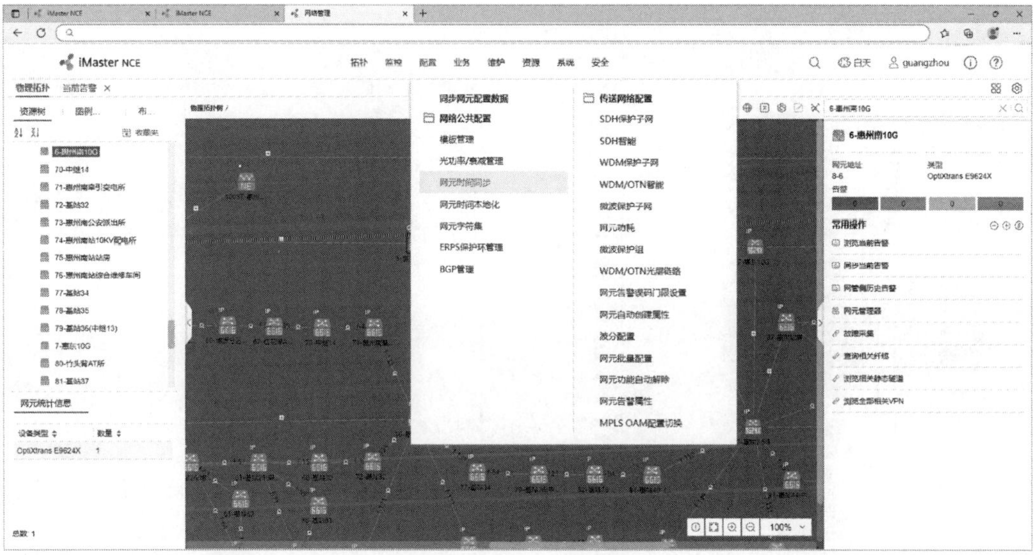

图 2-15　时间同步管理

b. 在弹出的对话框中，选择“资源树”，单击左侧方框的箭头，选择需要进行同步的网元，单击右下角“与网管时间同步”就可以对网元时间进行校对，如图 2-16 所示。

⑤时钟质量状态检查

a. 双击“网元”打开网元面板，单击左上角第一个图标进入网元管理器，如图 2-17 所示。

b. 在弹出的窗口中，依次选择配置菜单下>“时钟”>“物理层时钟”>“物理层时钟子网设置”，然后右侧界面单击“时钟质量”，可查询当前时钟跟踪情况，如图2-18所示。正常状态时，时钟源质量应该为G.811。如果时钟质量下降为G.812或G.813时应按照“故障处理流程”进行处理。

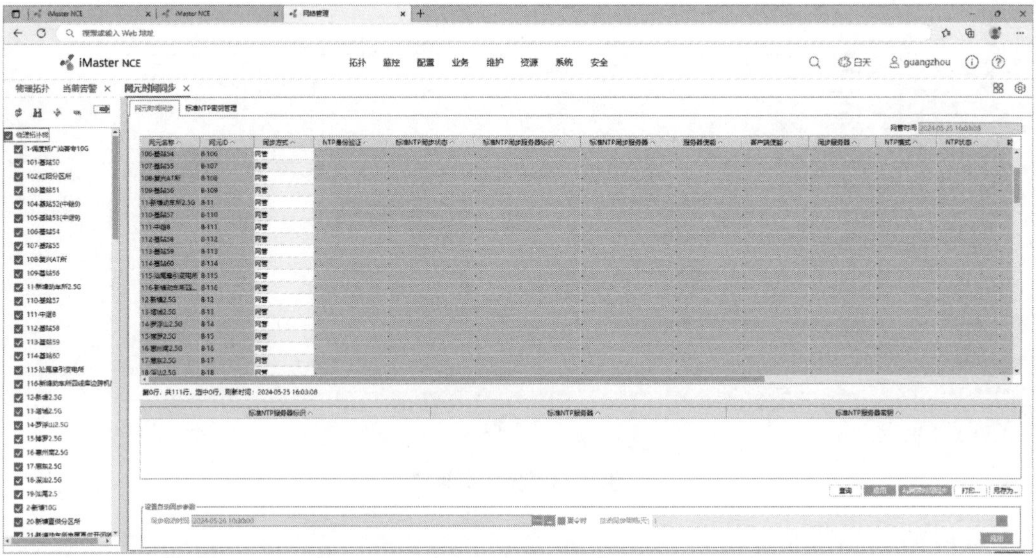

图2-16 网元时间校对

图2-17 时钟质量状态检查

(3)记录总结

作业负责人员对当次作业进行登记，相关资料归档。

2. 现场设备维护

(1)作业前准备

①工长(或作业负责人)召开班前布置会、检查作业人员有无不适合作业情况(如饮酒、发

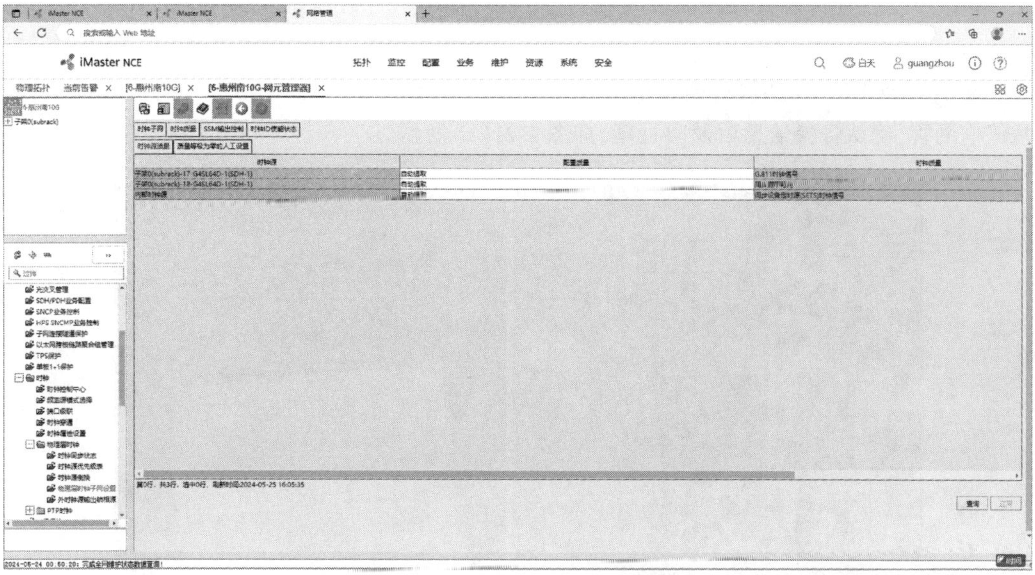

图 2-18　查询当前时钟跟踪情况

烧）、确认调整人员后填发派工单；作业人员检查、试验仪器仪表，确认维修工具准备齐全，并携带常用板件和维修材料；需上道作业的人员按规定穿戴防护用品，携带防护用具。

②作业人员记录好设备运行状态及当前告警，并检查、试验仪表和通信工具。

③有影响外单位业务的，须提前联系外单位调度，在得到对方允许的情况下方可进行。

（2）登记联系

①检修作业前须与网管联系，向网管汇报单位部门、姓名、作业内容，网管同意后方可进行作业。

②由现场作业人员填写“入室登记本”。

③涉及影响业务的，必须按规定指定一名联络员按规定时间在运统 46（天窗点内作业）或“行车设备检查登记簿”（天窗点外作业）登记，到点后由联络员通知现场作业人员，方可进行作业。

（3）检修内容及流程

①DDF/ODF 检查核对

a. 检查 DDF 架是否干净整洁，查看 2M 头是否松动、未接线的 2M 口的帽盖是否齐全，查看 2M 线是否脱落、弯曲、有折痕，如图 2-19（a）所示。

b. 核对 DDF 标签、面板台账是否与技术台账相符，如果有变化，及时核实并修改台账、标签，如图 2-19（b）所示。

c. 检查 ODF 架是否干净整洁，查看法兰盘是否紧固、无尾纤的法兰头是否帽盖齐全，查看尾纤是否整齐、无折痕、弯曲幅度平缓，如图 2-20（a）所示。

d. 核对 ODF 标签、面板台账是否与技术台账相符，如果有变化，及时核实并修改台账、标签，如图 2-20（b）所示。

②设备运行指示检查确认

a. 查看机柜的指示灯，正常状态没有告警，只有电源指示灯绿灯亮。如果机柜告警指示灯亮，则需打开机柜门，查看设备面板指示灯，并与网管确认告警信息、及时处理，如图 2-21(a)所示。

b. 打开机柜门，观察设备面板指示灯状态，如有告警信息、参照单板指示灯显示状态，联系传输网管，确认告警信息后及时处理，如图 2-21(b)所示。

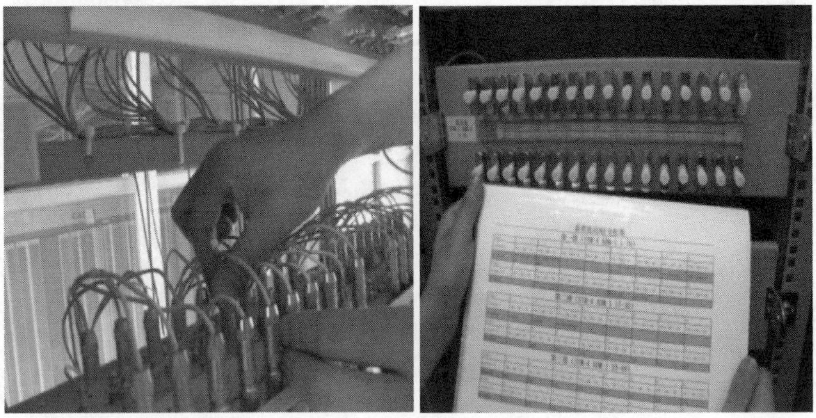

(a) (b)

图 2-19 DDF 检查核对

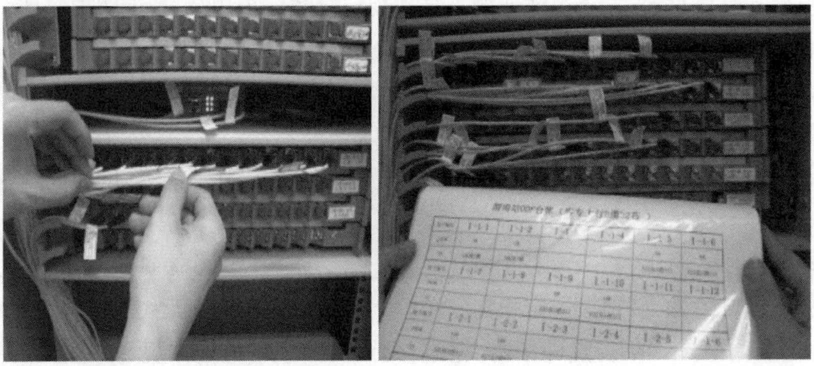

(a) (b)

图 2-20 ODF 检查核对

(a) (b)

图 2-21 设备运行指示检查

③设备地线检查

a. 打开机柜门，检查机柜地线端子处的主地线是否连接紧固，另一端是否在地线排上连接紧固，并且地线是否完好无破损。

b. 检查机柜内，设备与机柜的地线是否连接良好，如图2-22(a)所示。

c. 检查机柜前后柜门处的地线是否连接良好，如图2-22(b)所示。

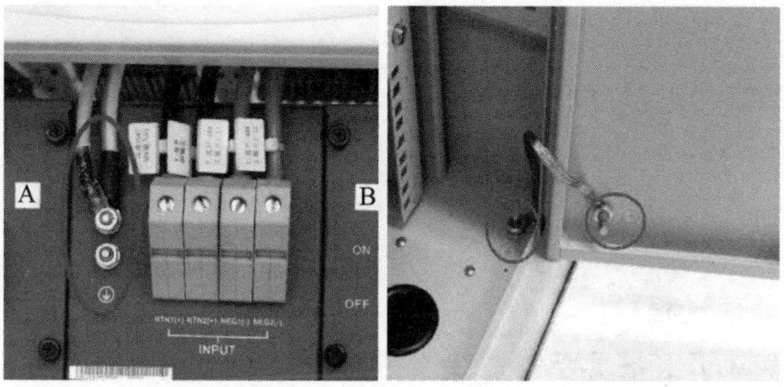

(a)　　(b)

图2-22　设备地线检查

④设备风扇清扫(点内项目)

a. 打开机柜门，佩戴防静电手环，如图2-23(a)所示。

b. 按顺序先取出一个风扇模块，如图2-23(b)所示。

c. 将风扇模块拿到机房外进行清扫检查(注意：风扇禁止用水冲洗)。

d. 将清扫完的风扇模块插回子架中(需卡到位)，待工作灯亮、确认风扇运转后再取出第二块，重复前面的步骤，直至所有风扇模块清扫完毕。

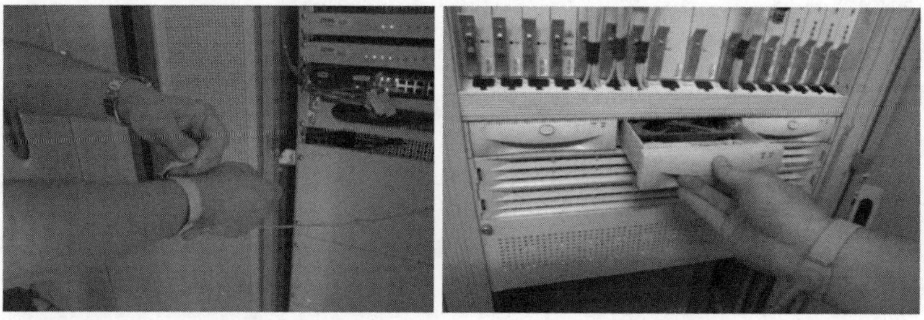

(a)　　(b)

图2-23　设备风扇清扫

(4)销记确认

①现场作业人员确认所有作业设备运行良好，与网管确认无异常。

②现场作业人员在“入室登记本”登记离开时间，确认所有人员、机具、材料全部撤离至安全地带，查看机械室内无异常现象后离开。

③驻站(驻调安所)联络员在运统46或“行车设备检查登记簿”上销记。

(5)记录总结

①作业负责人员对当次施工(天窗)作业质量标准、安全措施执行、联络防护等情况进行小结、点评。

②作业负责人总结注意事项，相关资料归档。

二、典型案例

1. 典型案例一——设备温度过高导致风扇上报 FAN_FAIL 告警

(1)故障现象

某铁路局集团公司新线在建某站 OSN3500 设备上报 FAN_FAIL 告警，现场查看风扇正常转动，指示灯正常。

(2)原因分析

①环境因素。

②风扇故障。

③告警误报。

(3)故障定位及处理过程

①查看网管，网管除了上报重要告警 FAN_FAIL 外，还上报次要告警 TEMP_OVER。

②查看各单板状态，发现温度均在 50~60 ℃。

③去机房查看，风扇正常转动，并且指示灯正常，但由于此设备所属项目为新线在建项目，机房空调暂不具备加电条件，室内温度较高，湿度过大。

④检查设备防尘网，发现防尘网上有大量泥土，严重影响设备内空气流通，进行防尘网清洁处理。

⑤检查设备风扇，发现风扇扇叶上也有大量泥土，进行风扇清洁处理。

⑥完成上述操作后，设备单板温度恢复正常，FAN_FAIL 和 TEMP_OVER 告警消失。

⑦将机房进行临时通风和降温处理，并告知现场尽快恢复空调使用。

(4)总结和建议

新建设备在加电调试前一定要确认机房环境是否满足设备加电及运行条件。

2. 典型案例二——线路板故障导致支路 2M 业务中断

(1)故障现象

A 站 2-PQ1 的 1-15 通道上报 TU_AIS 告警，到 C 站的 15×2M 业务中断，A 站线路没有任何异常告警，A 站 2-PQ1 上还有到其他方向的业务，其他时隙业务运行正常没有受到影响。

组网情况：设备组网如图 2-24 所示。

图 2-24　设备组网

(2)原因分析

①PQ1 板故障。

②交叉板故障。

③S16 板故障。

(3)故障定位及处理过程

①查询告警，A 站 2-PQ1 的 1-15 通道上报 TU_AIS 告警，而全网没有其他任何异常告警，

排除由于光板等高级别告警引发业务中断的可能。

②对C站15×2M的中断业务进行内环回，A站2-PQ1的1-15通道上的TU_AIS告警不消失。

③经查询，中断业务的15×2M的通道业务全程承载在第8号VC-4上，无其他业务占用，怀疑由某站VC-4通道故障引起，因此对C站OSN3500网元的11-S16的第8号VC-4做外环回，TU_AIS不消失。

④A站配置交叉环回，从2-PQ1-1-15配置到2-PQ1-16-30，不产生TU_AIS告警。

⑤对A站8槽位的第8个VC-4做内环回，TU_AIS不消失，排除B站和C站的问题，定位为A站交叉板或者光板故障。

⑥倒换交叉板，故障依旧，更改业务配置，将原来的第8个VC-4配置到第10个VC-4后，业务恢复，定位为A站S16板故障。

⑦更换S16板，业务仍用第8号VC-4进行配置，业务正常，问题解决。

(4)总结

2M业务发生故障时，先确定业务通道路由后，将业务的路由画出来，标注出源、宿站点及业务所经过的站点、该业务所占用的VC-4通道和时隙，逐段进行业务环回测试，根据环回测试结果，将故障初步定位到单板，然后使用替换法排除故障单板。

现场测评

通过网管完成VC-4、VC-12误码性能监测作业、时钟跟踪状态，并简述操作过程的注意事项。

任务评价

<table>
<tr><th rowspan="2">项目</th><th rowspan="2">评价内容</th><th colspan="3">掌握程度</th></tr>
<tr><th>未掌握</th><th>基本掌握</th><th>熟练掌握</th></tr>
<tr><td rowspan="6">传输设备维护作业</td><td>常用网管的操作</td><td></td><td></td><td></td></tr>
<tr><td>告警事件检查的分析与处理</td><td></td><td></td><td></td></tr>
<tr><td>误码性能事件检查分析与处理</td><td></td><td></td><td></td></tr>
<tr><td>线路板发送、接收光功率查询</td><td></td><td></td><td></td></tr>
<tr><td>保护倒换检查</td><td></td><td></td><td></td></tr>
<tr><td>传输故障处理过程</td><td></td><td></td><td></td></tr>
<tr><td>学习体会</td><td colspan="4"></td></tr>
</table>

任务四　传输业务开通

知识目标

1. 掌握传输系统承载业务的类型。
2. 掌握传输数据配置流程。

能力目标

1. 掌握电路名称和电路路径的含义。
2. 能根据业务工单完成传输 2M 业务数据制作。

任务描述

到实训室进行实作训练，通过网管查询配置数据，学习传输系统承载业务的类型；根据电路工单，进行简单的 2M 数据制作；从而掌握数据配置的基本操作和认识业务信号在传输设备内部传递的过程。

知识准备

一、传输业务

1. 传输业务类型

传输业务根据业务接口类型不同，分为 PDH 业务、以太网业务和 155M 光信号业务。在铁路通信中 PDH 业务主要是 2M 业务，从 2M 接口通过 75 Ω 非平衡同轴电缆和用户实现互联，带宽为 2M，主要用于传输 FAS、G 网等重要行车业务；以太网业务根据以太网接口不同分为以太网电接口业务、以太网光接口业务、GE 光业务，带宽根据实际需求来定，比如以太网电力 SCADA 通常使用 2M 带宽，电子客票业务根据实际运营情况，配置带宽由 10M、50M、100M 甚至 1000M 等。155M 光信号主要用于承载业务量不大的数据网通道，用 SLQ1 等 155M 光接口板通过尾纤和用户互联实现业务接入。

2. 传输电路命名规则

(1)电路=[电路起始点简称/名称]+[电路终止点简称/名称]+[电路速率等级标识]+[左小括号]+[业务简称]+[序号]+[右小括号]。以部成 2DL(TDCS-A01)这个电路为例，"部成"代表该电路起点是国铁集团，终点是成都；2DL 代表速率为 2 Mbit/s，；(TDCS-A01)代表业务是 TDCS 业务 A 网中的第一条。

(2)电路起点、终点简称城市名称表示为：电路起始点/终止点=[城市简称]，例如：国铁集团/北京通信技术中心简称为"部"，广州表示为"广"；例如：国铁集团到广州的一条 2M 调度通信电路会命名为部广 2DL(干调 01)。

其他城市=[城市名称第一个字]+[左中括号]+[城市名称第二个字至最后一个字]+[右中括号]，例如：潮[汕]、长[沙]。比如广州至长沙的一条 155M 数据网电路会这样命名：广长[沙]155DL(京广高铁数据网 01)。

二、传输数据操作

本节将以华为的 NCE-T 网管为例，讲解如何在网管上配置 2M 业务和以太网业务。

1. 华为 NCE-T 网管 2M 传输电路制作步骤

(1)在 NCE-T 网管菜单栏选择"业务">"SDH 路径-自动"，进入业务配置菜单，如图 2-25 所示。

(2)在弹出的对话框中选择源、宿网元，指定对应的 2M 单板和 2M 端口，然后选择指定路由时隙,在弹出的对话框中选择可用的高阶 VC-4 时隙和低阶 VC-12 时隙。单击左下角“应用”按钮完成时隙配置,如图 2-26 所示。2M 业务通常给 BTS、FAS 等专网业务使用,通过 2M 同轴电缆和用户对接。

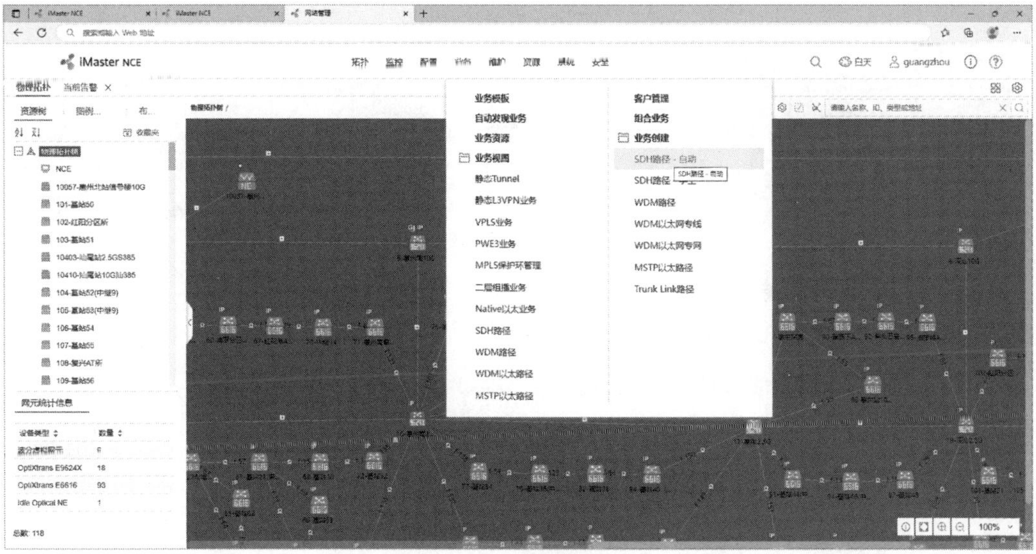

图 2-25　业务配置

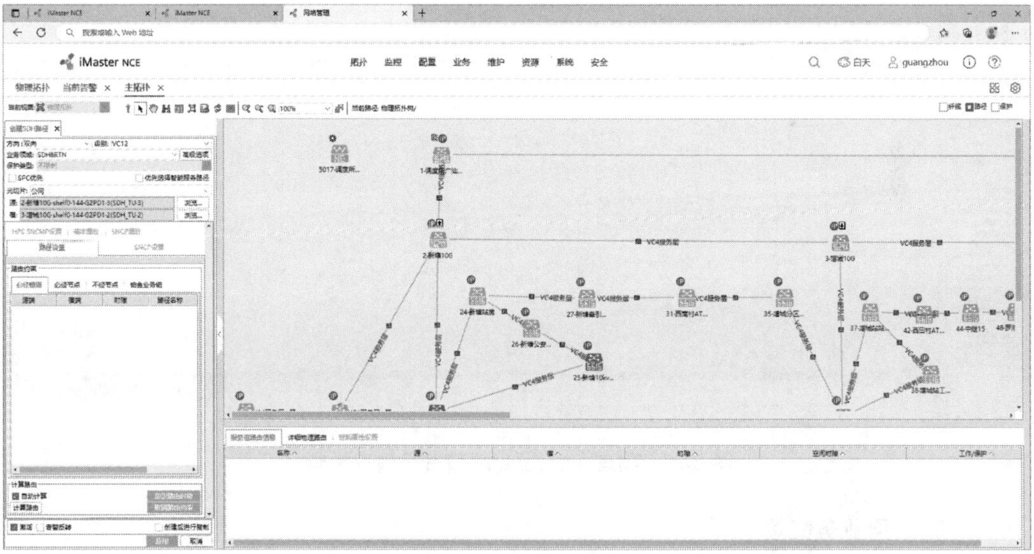

图 2-26　时隙配置

2. 华为 NCE-T 网管配置以太网传输电路

(1) 端口占用情况检查

进入“网元管理”界面,在左侧“功能树”中选择“配置”>“以太网接口管理”>“以太网接口”。需要核对以太网物理端口和内部 VCtrunk 端口是否被占用,未被占用的端口才可以用于新开通业务,如图 2-27、图 2-28 所示。

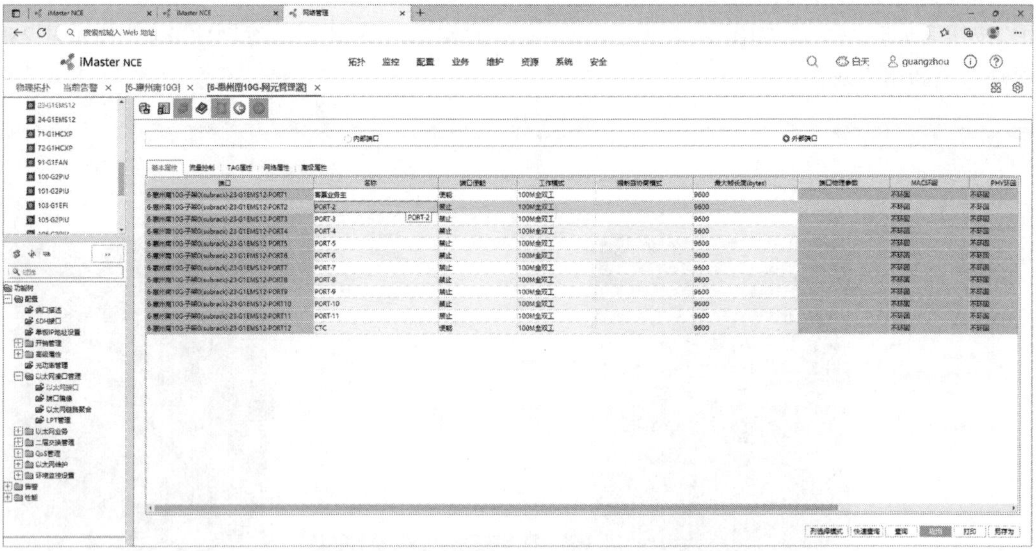

图 2-27　物理端口占用情况检查

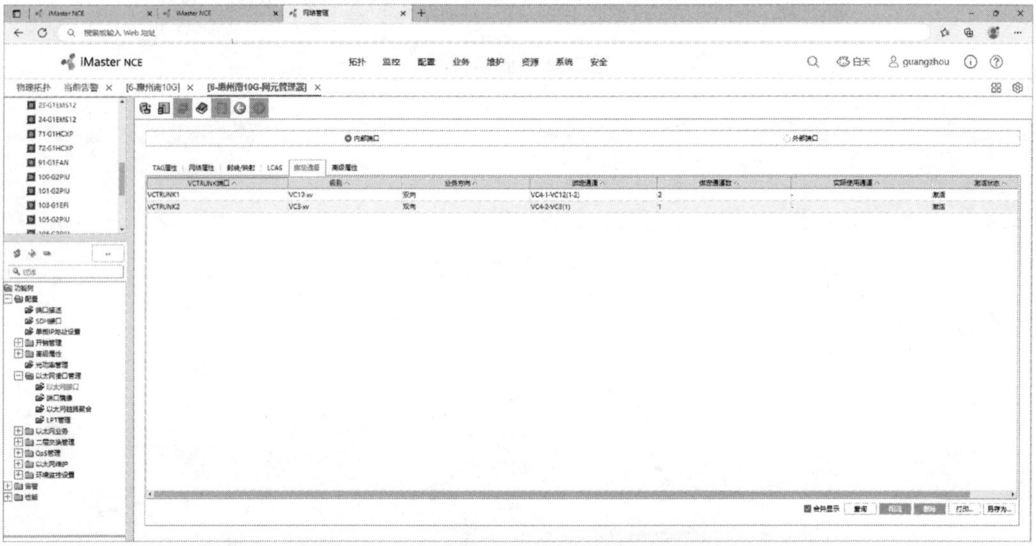

图 2-28　物理 VCtrunk 端口占用情况检查

(2)以太网业务配置

进入“网元管理”界面,在左侧“功能树”中选择“配置”>“以太网业务”>“以太网 LAN 业务”(如果是专线点对点业务则选择“以太网专线业务”);单击“新建”按钮,在弹出的对话框中的 VB 名称栏填写业务名称,网桥属性选择“802. 1Q”;选择配置挂接按钮,在弹出的对话框中选择需要配置的物理端口和内部 VCtrunk;单击“配置”按钮,在弹出的对话框中选择对应的 VCtrunk 和对应的以太网板时隙,单击“确认”完成带宽配置,如图 2-29 所示。

(3)配置 VLAN 过滤表

在“以太网 LAN 业务”菜单下选择“VLAN 过滤表”菜单,选择新建,选择对应的 VCtrunk

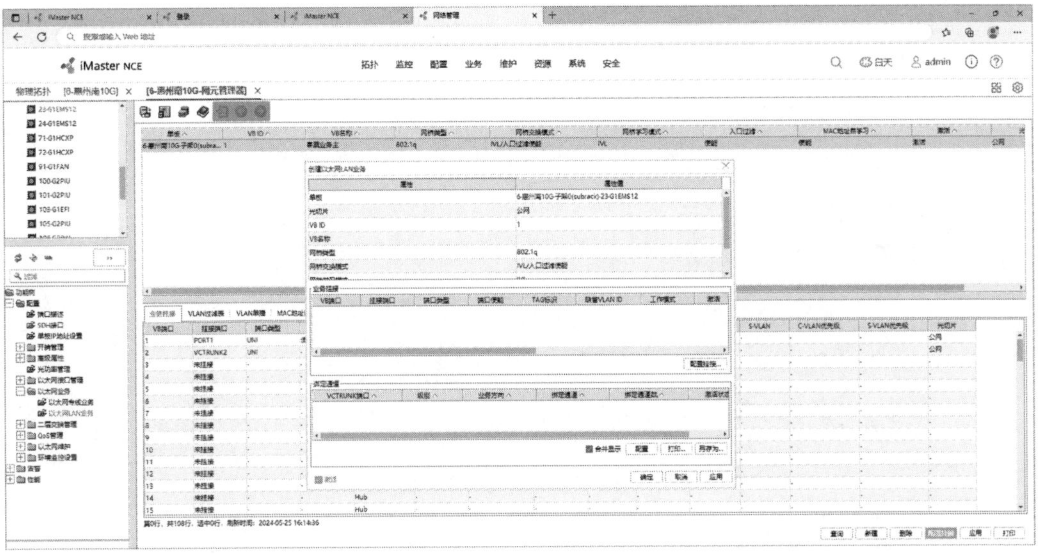

图 2-29　以太网业务创建

和物理端口，并按业务需求填写 VLAN 号，如果业务未携带 VLAN 标识，VLAN 号默认填 1，如图 2-30 所示。

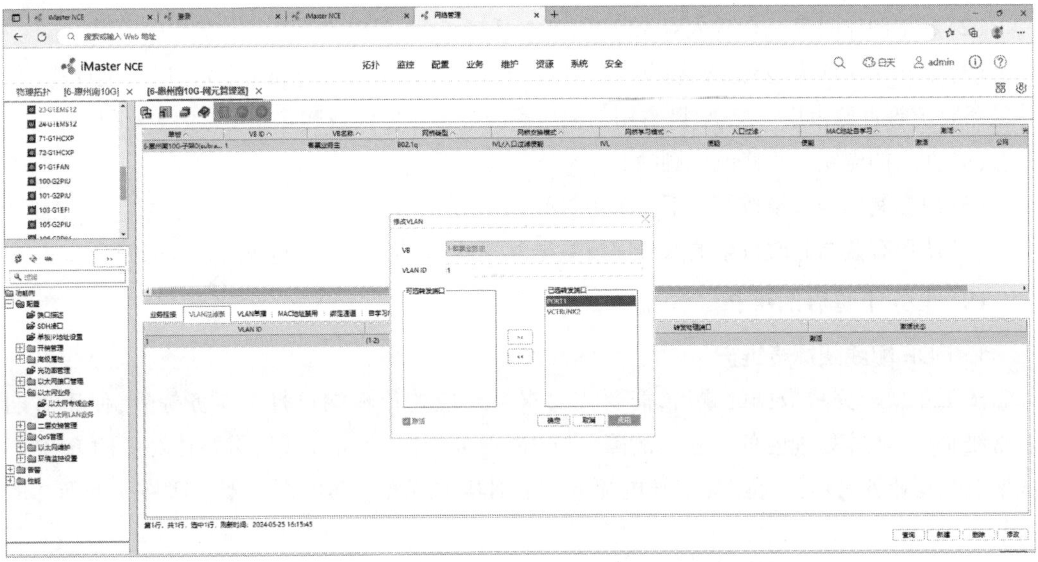

图 2-30　VLAN 创建

（4）配置以太网路径和时隙

本次操作和 2M 业务配置类似，只是 2M 业务通常选择 PQ1 板，而以太网业务的路径需要选择对应的以太网单板，具体操作如下。

在 NCE-T 网管菜单栏选择“业务”>“SDH 路径-自动”，进入配置界面，选择源网元和宿网元对应的以太网板内部时隙，选择指定路由，选择对应的高阶 VC-4 线路时隙和低阶 VC-12 时隙。选好后单击“应用”，完成线路时隙配置，如图 2-31 所示。

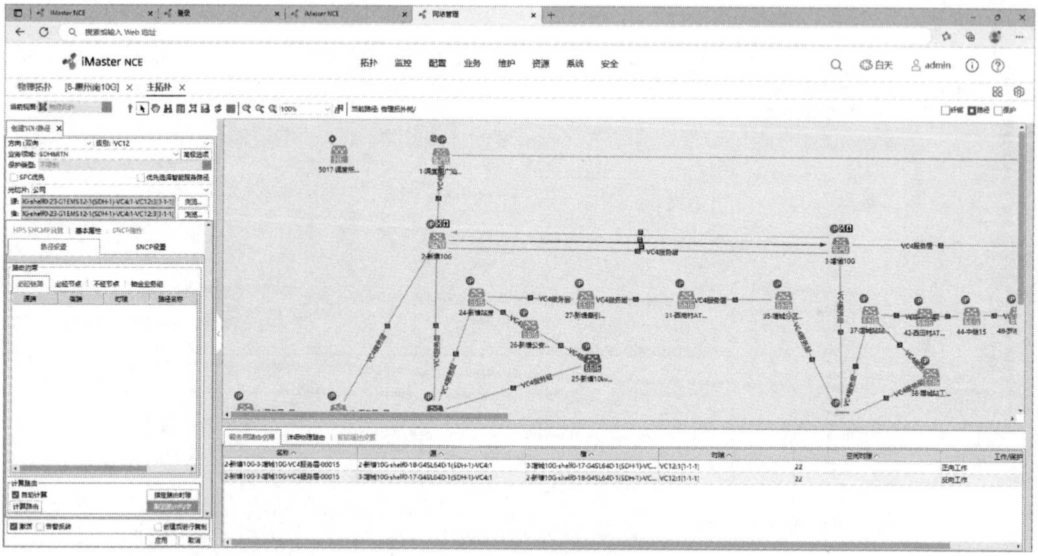

图 2-31　以太网业务线路时隙配置

三、安全关键点

(1)严格遵守“三不动,三不离,电路纪律十不准”制度,不可违章违规操作。

(2)数据制作时需执行双人双岗制度,一人盯控,一人复核。

(3)电路制作前需核对 2M 端口、以太网物理端口、以太网 VCtrunk 端口、以太网时隙、传输线路时隙等资源占用情况,对已占用的端口和时隙不可修改或删除。

(4)在用的电路禁止修改或删除。

(5)数据制作需严格按照段下发工单执行。

(6)使用有数据修改权限的账号完成数据配置后,需及时退出,确保网管数据安全。

四、业务开通后的维护

1. DDF 配线架标签维护

按工单要求完成数据配置后,需要按要求给对应的传输端口打上业务标签,便于后期日常维护,在故障处理时便于查找故障。以 2M 业务为例,业务完成后需要在对应的 DDF 配线架上填写业务名称,并在 2M 同轴电缆上打上对应的标签。DDF 配线架台账格式如图 2-32 所示。

2. 配线架标签打印和粘贴

(1)标签位置:线缆两端(DDF/ODF 端、设备端)均应加贴标签,线缆端子标签应贴在距端子与线缆连接处 20 mm 的线缆部分。

(2)标签规格:背胶标签纸。

(3)标签内容:承载业务/电路名、本端连接端子号/设备端口、对端连接端子号/设备端口。

(4)格式规范:行车有关的标签,红底黑字;其他业务标签,白底黑字;字体:黑体。

(5)格式示范:标签纸需要按图 2-33 格式进行打印。

××机房DDF配线架台账

	1	2	3	4
15	××网元 4PQ1-53	××网元 4PQ1-54	××网元 4PQ1-55	××网元 4PQ1-56
	Rx DDF12B-15-1 下孔设备 Tx	Rx DDF12B-15-2 下孔设备 Tx	Rx DDF12B-15-3 下孔设备 Tx	Rx DDF12B-15-4 下孔设备 Tx
	电路名称	电路名称		
16	××网元 4PQ1-63	××网元 4PQ1-64	××网元 5PQ1-1	××网元 5PQ1-2
	Rx DDF12B-16-1 下孔设备 Tx	Rx DDF12B-16-2 下孔设备 Tx	Rx DDF12B-16-3 下孔设备 Tx	Rx DDF12B-16-4 下孔设备 Tx
17	××网元 5PQ1-9	××网元 5PQ1-10	××网元 5PQ1-11	××网元 5PQ1-12
	Rx DDF12B-17-1 下孔设备 Tx	Rx DDF12B-13-2 下孔设备 Tx	Rx DDF12B-13-3 下孔设备 Tx	Rx DDF12B-13-4 下孔设备 Tx
18	××网元 5PQ1-19	××网元 5PQ1-20	××网元 5PQ1-21	××网元 5PQ1-22
	Rx DDF12B-18-1 下孔设备 Tx	Rx DDF12B-18-2 下孔设备 Tx	Rx DDF12B-18-3 下孔设备 Tx	Rx DDF12B-18-4 下孔设备 Tx
19	××网元 5PQ1-29	××网元 5PQ1-30	××网元 5PQ1-31	××网元 5PQ1-32
	Rx DDF12B-19-1 下孔设备 Tx	Rx DDF12B-19-2 下孔设备 Tx	Rx DDF12B-19-3 下孔设备 Tx	Rx DDF12B-19-4 下孔设备 Tx
20	××网元 5PQ1-39	××网元 5PQ1-40	××网元 5PQ1-41	××网元 5PQ1-42
	Rx DDF12B-20-1 下孔设备 Tx	Rx DDF12B-20-2 下孔设备 Tx	Rx DDF12B-20-3 下孔设备 Tx	Rx DDF12B-20-4 下孔设备 Tx

图 2-32 DDF 配线架台账格式

承载业务/电路名
TO: DDF1-2-1-16 Fr: DDF8-2-1-16

图 2-33 标签格式

现场测评

在实训室完成一条 2M 传输网业务数据制作。

任务评价

项目	评价内容	掌握程度		
		未掌握	基本掌握	熟练掌握
业务接入	传输业务的类型			
	传输网组网现状			
	网管开通传输业务操作			
	2M 业务接入配置			
	以太网业务接入配置			
学习体会				

同步练习

一、选择题

1. 机柜顶红灯亮是由于设备发生了(　　)。

A. 紧急告警　　B. 主要告警　　C. 次要告警　　D. 提示告警

2. 时钟同步及时间同步系统设备,为铁路各专业系统及地面电子时间显示设备提供统一的(　　)、时间同步基准信号源。

A. 时钟　　B. 频率　　C. 信号　　D. 通道

3. ITU-T G707 建议规范的 STM-1 的速率为(　　)。

A. 149. 76 Mbit/s　　B. 139. 261 Mbit/s　　C. 155. 52 Mbit/s　　D. 139. 266 Mbit/s

4. L-16. 1 表示的光接口类型是(　　)。

A. 短距离局间通信,信号级别为 STM-1 工作窗口为 1 310 nm

B. 长距离局间通信,信号级别为 STM-1 工作窗口为 1 310 nm

C. 长距离局间通信,信号级别为 STM-16 工作窗口为 1 550 nm

D. 长距离局间通信,信号级别为 STM-16 工作窗口为 1 310 nm

5. OSN3500 单板在正常状态下,单板的运行灯和告警灯的状态是:(　　)。

A. 运行灯 100 ms 亮,100 ms 灭,告警灯 100 ms 亮,100 ms 灭

B. 运行灯 1 s 亮,1 s 灭,告警灯熄灭

C. 运行灯熄灭,告警灯 1 s 亮,1 s 灭

D. 两个等均常亮

二、填空题

1. 2M 接口的阻抗特性一般有平衡式的________和________。

2. SDH 帧结构分为________、________和________。

3. 光纤传输系统采用的主要传输技术有 SDH、MSTP、WDM 技术等,其中,SDH 的中文全称是________,MSTP 的中文全称是________。

4. SDH 具有网络自愈的功能,其网络保护主要有________保护和________保护。

5. 华为传输设备单板上 ACT 灯为业务激活状态灯,其状态各有含义:绿色常亮表示________;灰色表示________。

三、简答题

1. E9624X 设备有几块 PIU 单板? 当 105 槽和 106 槽 PIU 同时故障,是否会影响业务使用?

2. SDH 帧结构由哪几部分构成,帧频率是多少?

模块三　时钟同步系统

一个完整的通信网除了有传递通信业务为主的业务网之外,还需有若干个用来保障业务网正常运行、增强网络功能、提高网络服务质量的支撑网络。支撑网是现代通信网运行的支撑系统。支撑网中传递相应的监测和控制信号,包括公共信道信令网、同步网、管理网。

同步网负责实现网络节点设备之间和节点设备与传输设备之间信号的时钟同步、帧同步及全网的网同步,保证地理位置分散的物理设备之间的数字信号的正确接收和发送。

时钟同步即频率同步。时钟频率和相位差超出允许的误差范围时,会发生误码、抖动等,从而导致网络传输性能下降;通过时钟同步可以使数字网中各网元的时钟频率和相位差限制在允许的误差范围内。

任务一　时钟同步设备认知

知识目标

1. 掌握 SYNLOCKV3 同步系统的组成。
2. 掌握主要板卡的功能作用。
3. 掌握相关的网管操作。

能力目标

1. 能区分设备各板卡。
2. 能掌握各板卡主要功能。
3. 能熟练操作网管设备。

任务描述

到实训室进行学习,通过观察现场的时钟同步设备并结合本任务的知识点掌握时钟同步设备组成,实现理论和实际相结合,达到认识时钟同步设备的目的。

知识准备

目前同步网节点设备主要是华为的通信楼综合定时供给系统(BITS),铁路时钟同步网使用华为的 BITS 设备——SYNLOCKV3 和新一代 SYNLOCK T8010 Ⅱ型设备。SYNLOCKV3 设备不仅提供优异的频率同步功能,还提供时钟监测和时间同步功能,是一个多功能时钟平台。

SYNLOCKV3 由以下四部分组成:主机箱、网管终端、室外天线及连接主机箱和室外天线的馈线,如图 3-1 所示。

(1)主机箱

主机箱是系统的主要部分,主机箱的上半部分为接口区,下半部分为主机框。主机框一般配置 MITU 板、SRCU 板、LCIM 板、TSOU 板和 TDRV 板;接口区主要包括输入输出端口、扩展输入端口、扩展输出端口、维护接口、TOD 时间同步接口。

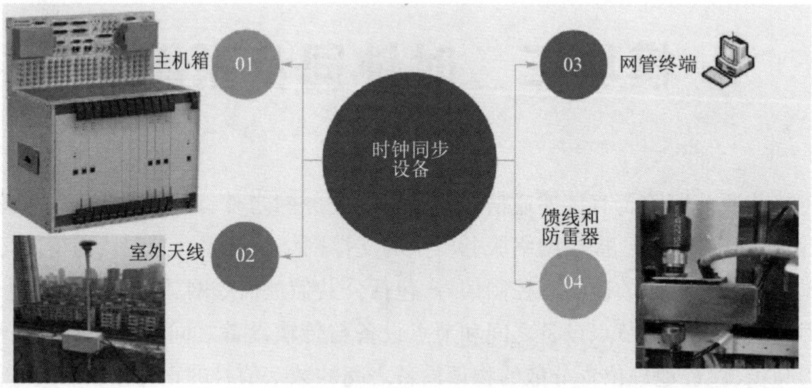

图 3-1　时钟同步设备组成示意

(2)室外天线

GPS 天线是能够有效接收卫星发送的电磁波的装置,其安装示意如图 3-2 所示,安装要求如下。

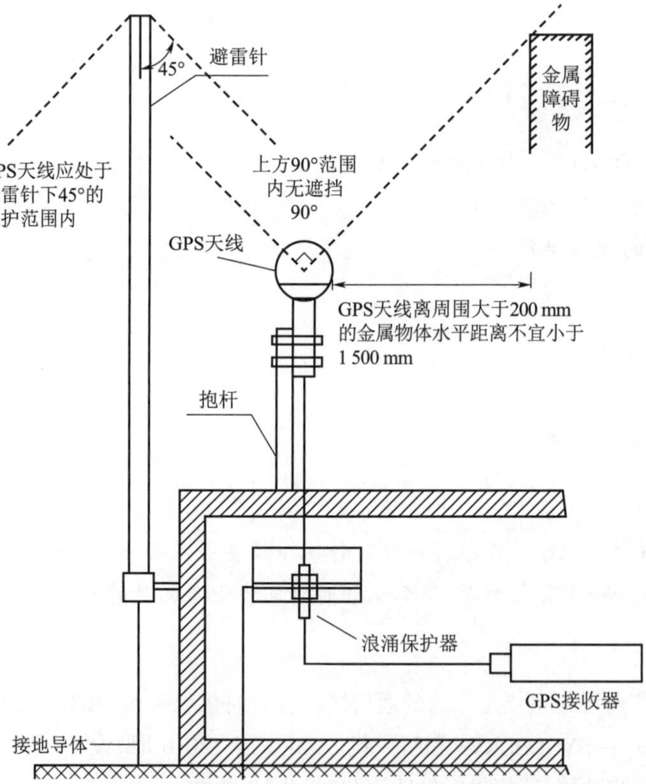

图 3-2　GPS 安装示意

①GPS 天线应安装在较空旷位置,上方 90°范围内(至少南向 45°)应无建筑物遮挡。GPS 天线离周围尺寸大于 200 mm 的金属物体的水平距离不宜小于 1 500 mm。

②GPS 天线应处在避雷针顶点下倾 45°保护范围内。

③GPS 天线应垂直安装,垂直度各项偏差应不超过 1°。

④正常情况下应安装两套 GPS 天馈系统，两个 GPS 天线水平隔离距离应大于 2 m。

(3) 时钟同步网管

时钟同步网管维护终端的组成部分有操作维护主框架模块、告警模块、性能模块、数据配置模块、监视维护模块、用户管理模块、日志管理模块、网元视图模块、数据库维护模块、NTP管理模块和 PTP 管理模块，如图 3-3 所示。

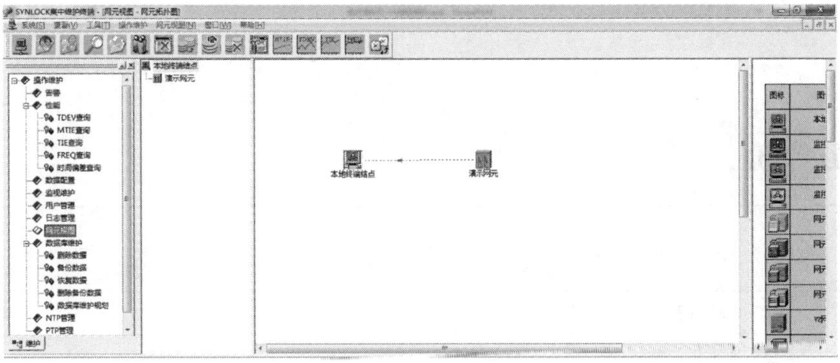

图 3-3　网管维护界面

(4) 馈线和避雷器

馈线是连接天线与收发信机之间的电磁传输线，对馈线的要求有：馈线不向外辐射能量、损耗小和效率高，使发射机的能量尽可能多地馈送到天线、有足够的功率容量和耐压。避雷器安装在馈线和设备侧软跳线连接处，目的是当设备受雷击时，能在极短的时间内导通分流，从而避免强电流对室内设备造成损害。

安装要求：馈线进入机房前应有防水弯，防止雨水进入机房。馈线拐弯应圆滑均匀，弯曲半径应大于或等于馈线外径的 20 倍（软馈线的弯曲半径应大于或等于其外径的 10 倍），馈线与天线连接处、与设备侧软跳线连接处应装有避雷器；馈线在室外部分的外屏蔽层应接地，接地线一端用铜鼻子与室外走线架或接地排可靠连接，另一端用接地卡子卡在开剥外皮的馈线外屏蔽层（或屏蔽网）上，应保持接触牢靠并做防水处理，电缆和接地线应保持夹角小于或等于 15°。V3 天馈系统结构如图 3-4 所示。

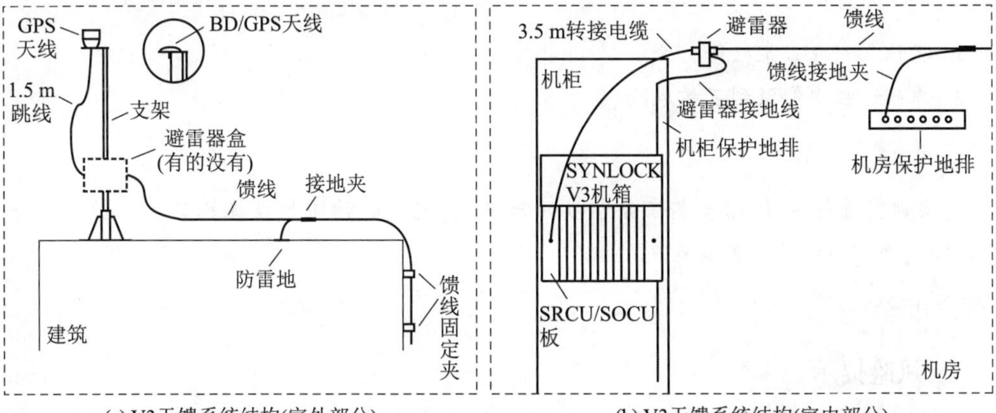

(a) V3天馈系统结构(室外部分)　　(b) V3天馈系统结构(室内部分)

图 3-4　V3 天馈系统结构

现场测评

根据学习内容画出时钟同步设备组网示意图。

任务评价

项目	评价内容	掌握程度		
		未掌握	基本掌握	熟练掌握
时钟同步设备认知	SYNLOCKV3 同步系统的组成			
	主要板卡的功能作用			
	天线的作用和安装要求			
	相关的网管操作			
学习体会				

任务二 时钟同步设备维护作业

知识目标

1. 掌握时钟同步设备日常检修内容。
2. 掌握日常检修作业要求和标准。
3. 掌握日常检修的安全风险。

能力目标

1. 能独立完成日常检修作业。
2. 作业过程中能做到互控风险。

任务描述

到实训室进行学习，结合本任务学习的知识点，完成时钟同步设备的日常维护和现场设备的维护，并掌握操作的关键点。

知识准备

一、风险提示

时钟同步系统的天线一般架设在通信楼楼顶，在执行集中检修项目中的卫星接收机天馈线及周边环境检查、天馈线防雷装置检查项目时需要登高，目前主要风险源有如下两点。

1. 执行集中检修项目人身安全风险

(1) 高处跌落伤害

简要原因：

①对登高可能造成的跌落伤害认识不足。

②登高时使用的防护装备准备不充分。

防控措施：

①加强安全规章学习、培训，定期进行考试，提高安全意识。

②规范着装，不穿拖鞋、高跟鞋、短裙等衣物使用梯子。

③登高作业时，必须双人作业，一人操作，一人负责安全盯控。

④使用登高扶梯时，必须做到撑杆锁牢，要有防滑措施，禁止将工具和材料等放置在扶梯上。

(2) 雷雨、暴风天气作业伤害

简要原因：

①对雷雨、暴风天气可能造成的雷击伤害认识不足。

②极端恶劣天气防护装备准备不充分。

防控措施：

①加强日常安全教育，提高职工自我防范意识。

②风力达到5级以上时，禁止进行高处作业；雷雨天气禁止上塔作业。

2. 时钟同步设备损坏风险

设备检修不彻底造成设备被雷击

简要原因：

①检修时未发现天馈线接地不良。

②检修时未发现设备机框接地不良。

③检修时未发现天馈线防雷器损坏。

防控措施：

①严格按《铁路通信维护规则》要求对天馈线接地进行定期检修，保证接地电阻小于1 Ω。

②定期对天馈线接地进行检修，保证设备机框接地电阻小于1 Ω。

③定期对天馈线防雷器损坏进行检修，保证防雷器性能良好。

二、作业前准备

(1) 作业人员做好检修前准备工作，检查维修工具及通信工具。

(2) 检查设备运用状态，做好重要数据的备份、记录和采集工作。

三、登记联系

检修作业前需与机房管理方联系，向其报告单位、部门、姓名、作业内容，机房管理方同意后方可作业。

四、检修项目及操作流程（以华为 SYNLOCK V3 为例，其他设备可以参考该检修步骤）

1. 设备状态检查

观察机柜指示灯显示，正常时应只有绿灯长亮。如果告警指示灯亮，打开机柜柜门观察设备面板指示灯状态,确认告警出处再做处理。

2. 告警等事件检查分析处理

(1)使用网管计算机登录维护终端系统。

(2)进入维护终端系统,在网络视图中,选中需查询的网元,单击右键,在弹出的菜单条中选择“告警查询”,查询当前告警。正常时无告警信息,有告警则告警窗口显示具体告警信息,依据告警信息进行分析处理,如图 3-5 所示。

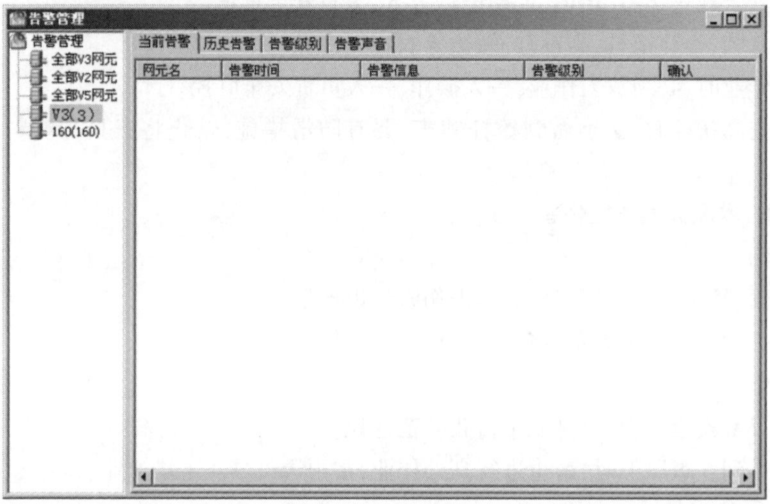

图 3-5　告警管理界面

3. 卫星接收机运行状态检查

(1)使用网管计算机登录维护终端系统。

(2)选中操作维护菜单下的“监视维护”,选中需检查的网元后单击“确定”,在出现的网元面板图中选中 SRCU/SOCU 单板单击右键,在弹出的菜单条中选择“查询卫星信息”>“查询天线状态”和“查询卫星卡状态”。正常运行状态显示正常,如图 3-6 所示。

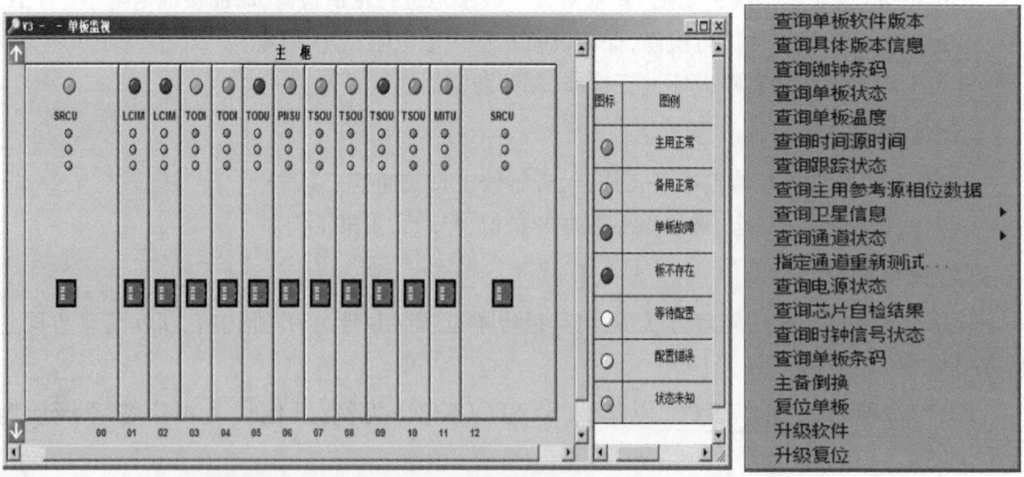

图 3-6　网管的网元面板图和右键菜单

(3)主备 SRCU 板天线状态、卫星卡状态正常。正常工作情况下,卫星接收机应同时跟踪不少于 4 颗卫星。

4. 设备表面清扫

(1)打开机柜门,佩戴防静电手环。

注意:清扫时,严禁用力过猛、拉扯配线和碰触开关。

(2)清扫设备表面浮灰,使用干毛刷自上而下(顺着配线方向)清扫配线和端口时力度要轻盈。同时查看设备外观有无异物及异常现象。

(3)检查机柜外观有无异物、变形情况,将湿抹布拧干后,擦拭机柜,如图 3-7 所示。

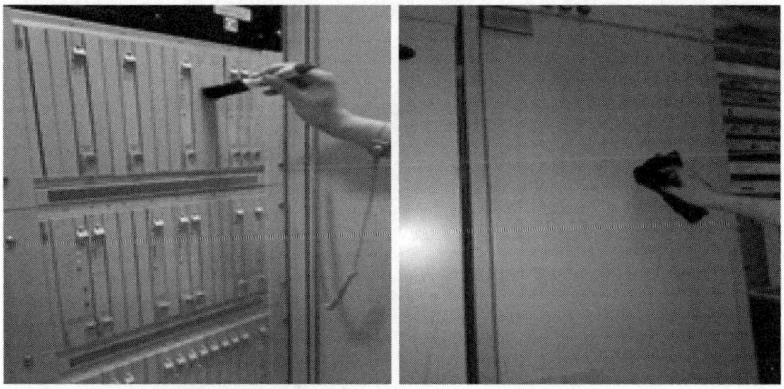

(a)　　　　(b)

图 3-7　设备表面清扫

5. 时钟设备(含卫星信号)频率偏差检查

(1)使用网管计算机登录维护终端系统。

(2)在操作维护菜单中选择 FREQ 查询,依次选中网元、单板和通道查询该通道频率偏差。频率偏差应在其模板值内正常,如图 3-8 所示。

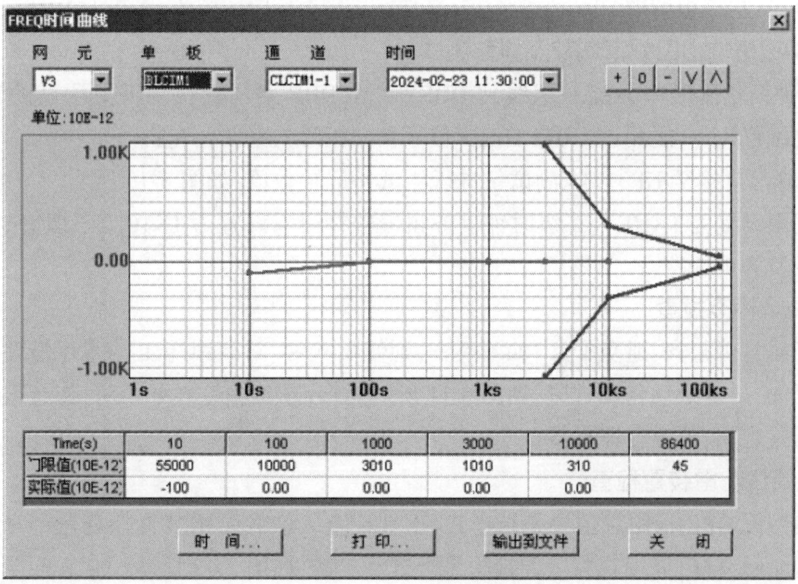

图 3-8　FREQ 时间折线

6. 卫星接收机天馈线及周边环境检查

(1)检查 GPS 天馈线接口、馈线及接收头无损坏、老化。

(2)检查馈线接地点连接可靠且地线完好、无破损。

(3)检查天馈线周围环境是否有遮挡物。GPS 天线应安装在较空旷位置,上方 90°范围内(至少南向 45°)应无建筑物遮挡。GPS 天线离周围尺寸大于 200 mm 的金属物体的水平距离不宜小于 1 500 mm。

7. 系统数据备份并转储

(1)使用网管计算机登录维护终端系统。

(2)在操作维护菜单下选择“备份数据”,弹出备份数据对话框,分别选择“告警信息”“性能数据”“事件记录”“其他信息”,选择要备份的网元和时间,单击“备份”, 如图 3-9 所示。

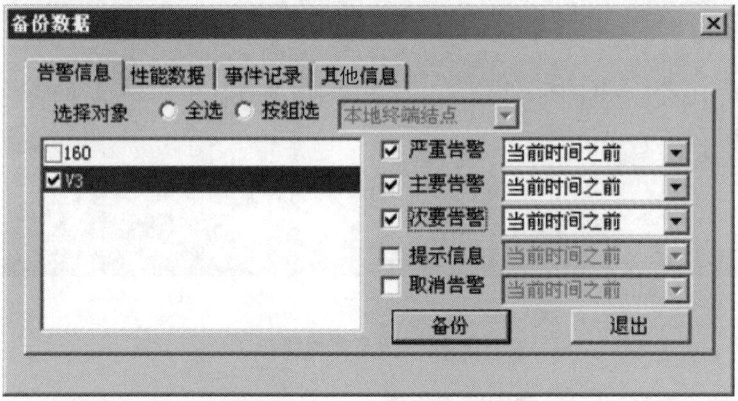

图 3-9　备份数据界面

(3)网管系统备份数据存储在 C:\programfiles\Huawei\Synlock\Date\SynNet. mdb 中,将该文件复制到移动硬盘时钟系统备份文件夹中(网管上不存储各网元的配置信息,由各网元主控板存储,可从主控板读取)。

8. 时钟设备输出口频率偏差及抖动测试

(1)时钟设备输出口会统一配线到 DDF 架,在 DDF 架位置找到需要测试的输出口(以 HP37718 测试仪为例,能测试 2 048 kbit/s 信号输出板的频率偏差和抖动)。

(2)将输出口接至 HP37718 测试仪进行测试并记录数值,如图 3-10 所示。一级时钟设备频偏告警门限设置为 1×10^{-11},二级时钟设备频偏告警门限设置为 1×10^{-9},三级时钟设备频偏告警门限设置为 1×10^{-8}。

9. 配线及标签检查

观察配线是否整齐,避免交叉;如不整齐,则使用扎带、斜口钳等工具进行整理;检查接头插接是否紧固,如有松动将其拧紧,如图 3-11 所示;将台账与标签逐条核对,如有出入,进一步查找确认实际应用,更改台账标签。

10. 天馈线防雷装置检查

先查询网元 GPR 板跟踪卫星是否正常,正常检查天馈线防雷装置外观是否完好,与馈线接头处是否接触良好,仔细观察室外接头是否进水生锈,如图 3-12 所示。若有问题,按如下方法检查。

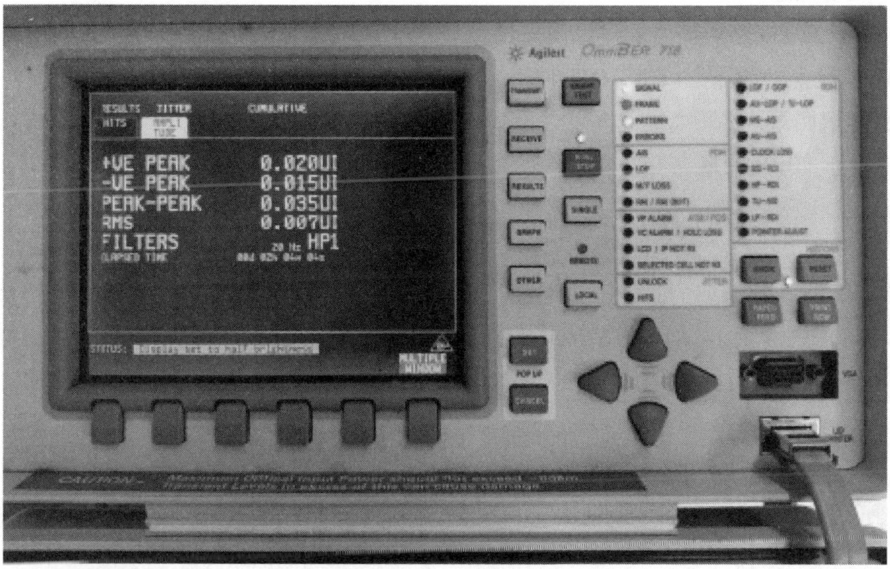

图 3-10　抖动测试界面

图 3-11　配线及标签检查

图 3-12　天馈线防雷装置检查

避雷器检查:将避雷器两端的电缆拆下来,测量避雷器两端的芯,正常状态是导通的,电阻为零。测量芯线和外壳之间的电阻,该电阻跟表笔的测试方向有关,最小约 100 kΩ 量级。

五、记录总结

(1)作业负责人员对当次施工(天窗)作业质量标准、安全措施执行、联络防护等情况进行小结、点评。

(2)作业负责人总结注意事项,相关资料归档。

六、典型案例

1. 典型案例一——重点维护工单

(1)任务描述

2023 年 3 月铁路现场要求对管内时钟设备状态及输出质量进行一次检查。具体要求如下:对 PRC 设备时钟输出口进行 MTIE 和 TDEV 测试。

(2)知识回顾

MTIE 和 TDEV 的概念:

TIE 是指被测时钟信号相对于理想时钟信号之间的相位差随时间的变化(或简称为相位变化),单位是时间单位。

MTIE 是指在一系列的时间段内 TIE 变化的最大值。时间段是 TIE 采样周期的整数倍。例如时间段的长度是 1 s 时,1 s 的 MTIE 就是指 TIE 出现在 1 s 宽度内的最大差值。MTIE 的单位是时间单位。MTIE 的取值示意如图 3-13 所示。

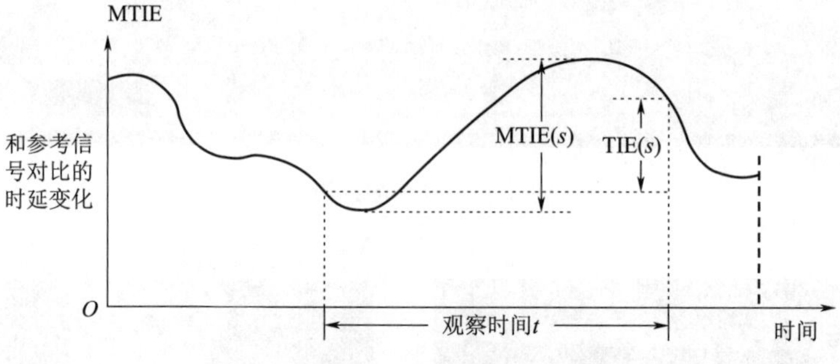

图 3-13　MTIE 的取值示意

$$\mathrm{MTIE}(s)=\max_{j=1}^{N-n+1}\left[\max_{i=j}^{n+j-1}(X_i)-\min_{i=j}^{n+j-1}(X_i)\right]$$

式中,X_i 是时延的抽样数据;N 是抽样数据的总数;s 是观察时间;n 是观察时间内的抽样数。

TDEV 是阿伦方差的开方,表示相位噪声的频谱相对含量。单位是时间单位,计算公式为

$$\mathrm{TDEV}(\tau)=\sqrt{\frac{1}{6n^2(N-3n+1)}\sum_{j=1}^{N-3n+1}\left(\sum_{k=0}^{n-1}(x_{j+2n+k}-2x_{j+n+k}+x_{j+k})\right)^2}$$

其中:x_i 是时延的抽样数据;N 是抽样数据的总数;τ_0 是相邻样值间的时间间隔;n 是积分时间内的抽样数;τ 是积分时间,$\tau=n\tau_0$。

(3)维护规则标准

PRC 设备输出漂移网络限值(MTIE)见表 3-1。

表 3-1　PRC 设备输出漂移网络限值(MTIE)

观察时间 τ/s	MTIE/ns
$0.1<\tau\leqslant 1\ 000$	$25+0.275\tau$
$\tau>1\ 000$	$290+0.01\tau$

PRC 设备时钟输出口漂移限值(MTIE) 如图 3-14 所示。

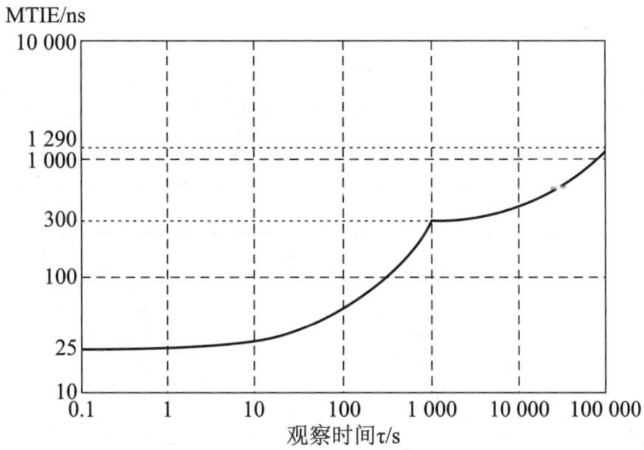

图 3-14　PRC 设备时钟输出口漂移限值(MTIE)

PRC 设备输出口漂移的网络限值(TDEV)见表 3-2。

表 3-2　PRC 设备输出口漂移的网络限值(TDEV)

观察时间 τ/s	TDEV/ns
$0.1<\tau\leqslant100$	3
$100<\tau\leqslant1\ 000$	0.03τ
$1\ 000<\tau\leqslant10\ 000$	30
$10\ 000<\tau\leqslant100\ 000$	$27+0.000\ 3\tau$

PRC 设备输出口漂移网络限值(TDEV)如图 3-15 所示。

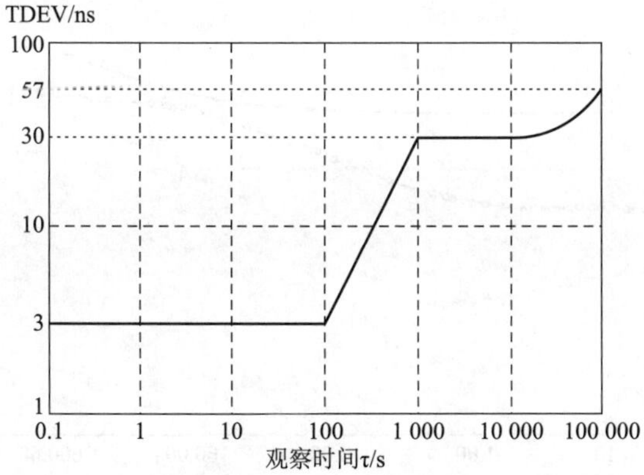

图 3-15　PRC 设备输出口漂移网络限值(TDEV)

(4)工单实施过程

①将时钟设备输出口会统一配线到 DDF 架,在 DDF 架位置找到需要测试的输出口。

②将输出口接至夏光 XG7050 精密时间综合分析仪,测试 24 h 并记录数值。

③24 h 后仪表自动输出下列测试结果,如图 3-16 所示,与维护标准模板相比,测试结果合格(通过)。

XG7050 时钟分析测试报表

制表时间：	2024-03-20 09:23:27	编号：	20240320001	记录名称：	0318-24

TIE 数据

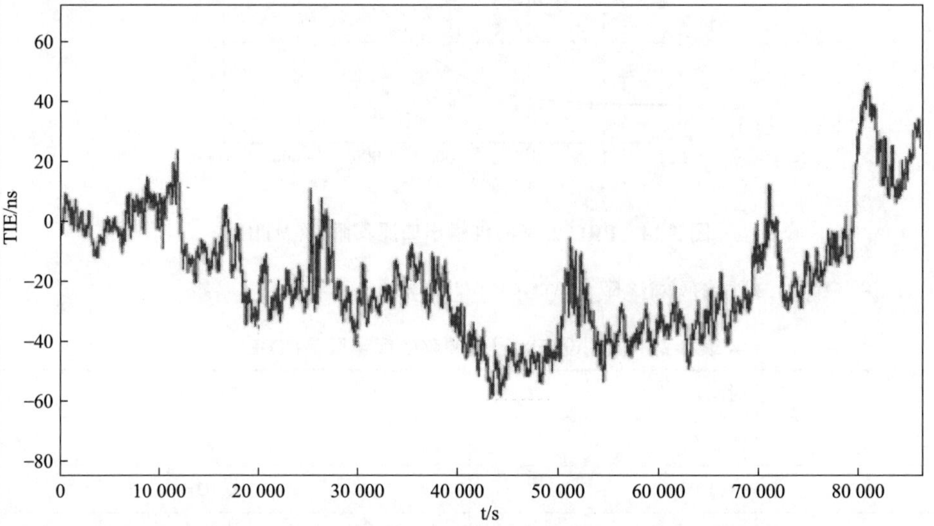

时间范围：	0~86 399 s	频率偏移：	-2.0563×10^{-5} ppb	频率漂移率：	5.8450×10^{-8} ppb/s

MTIE/TDEV

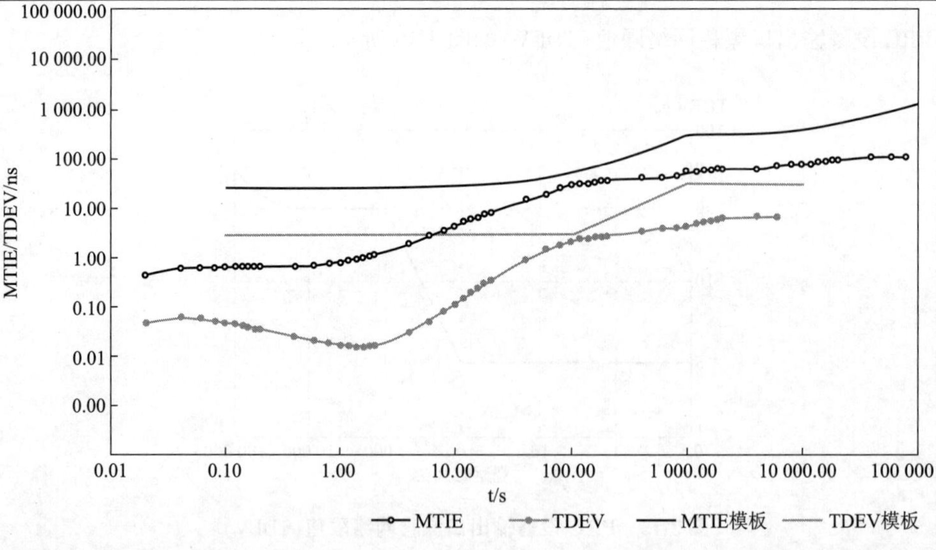

时间范围：	0~86 399 s		
MTIE 模板：	ITU-T, G.811,G.823	结果：	通过
TDEV 模板：	ITU-T, G.811	结果：	通过

图 3-16　MTIE／TDEV 测试结果

2. 典型案例二——信号丢失

(1)故障描述

某日时钟设备卫星接收信号 CSSR1/CSSR2 闪报参考源丢失、时间参考源丢失。师父老张让小王回顾所学的知识，并运用掌握的相关的知识来处理此故障。

(2)知识回顾

卫星接收信号 CSSR1/CSSR2 闪报参考源丢失、时间参考源丢失告警处理流程如图 3-17 所示。

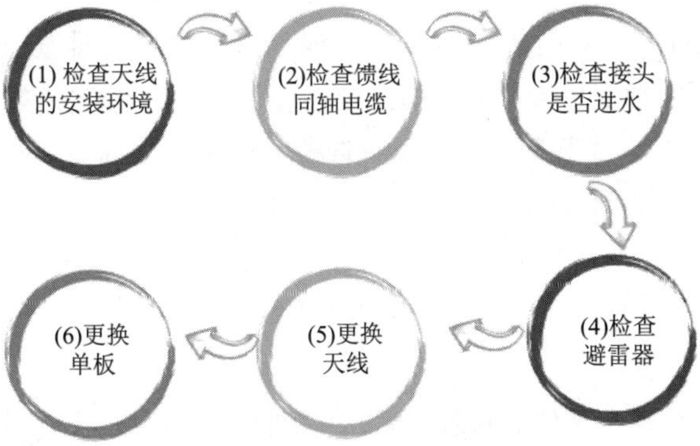

图 3-17　告警处理流程

①检查天线的安装环境

a. 遮挡。天线的接收方向是垂直向上的，应该保证天线向上的视野开阔。

b. 干扰。很多种射频干扰都可能影响卫星信号的接收，常见的干扰源包括微波天线、卫星发射天线、移动基站天线、电厂、广播电视塔等。如果怀疑周围有干扰源，可以试着移动天线，远离干扰源，或利用建筑物遮挡干扰源，逐渐找到可以跟踪卫星的位置。

②检查馈线同轴电缆

同轴电缆受重压或过度弯折会损坏。检查方法是把同轴电缆两端都断开，用万用表测量同轴电缆一端的内导体与外导体，应是绝缘的。再将同轴电缆一端的内导体与外导体用一小段铜线短路，测另一端的内导体与外导体，应是导通的，电阻在 10 Ω 以下。如果确认电缆有问题，则需要更换。

③检查接头是否进水

室外接口密封不严可能会导致进水，进而导致金属部件生锈。可将各接头拧开，检查是否有进水。有两个部位容易进水，一个是天线和电缆的接头，另一个是室外同轴电缆和接地夹连接处。如果检查有进水，可以用吸水纸将水吸干，晾干。如果金属有锈蚀，可以用砂纸打磨。处理完成后，重新安装，注意接头要连接牢固，并用自黏胶带和防水胶带仔细密封。在接头处缠防水胶带时必须自下而上缠绕，使接头防水可靠。

④检查避雷器

如果当地近期雷电较多，可能避雷器损坏，可用万用表检查避雷器的内导体和外壳是否短路。如果短路，说明避雷器已损坏，需要更换。

⑤更换天线

如果上述措施不能解决问题，可更换天线后检查故障是否排除。

⑥更换单板

如果更换天线仍不能解决问题，可更换单板后检查故障是否排除。

(3)故障处理

①初步判断故障范围

初步判断问题可能为天馈系统故障、SRCU 单板故障、干扰源三个方面。

②处理过程

a. 周边环境干扰排查。对时钟同步卫星天线周边环境进行排查，视线范围内无明显遮挡；手持频谱测试仪对时钟卫星天线周围的信号进行了抗干扰排查，未发现明显干扰源。

b. 更换室外避雷器、天线蘑菇头。更换后告警频次相比之前有所减少，天线抗干扰能力明显增强，但是告警没有得到彻底根除。

c. 更换 SRCU 单板。将 1 槽、12 槽 SRCU 板依次由低版本更换为高版本板卡后，再未发生卫星丢失的告警。

③故障排除

经更换 SRCU 单板，并升级到最新版本后，故障排除。

(4)建议与总结

故障处理时，先逐条分析可能引起故障的原因，然后再逐步排除，直至找到真正的故障原因，然后再申请天窗点进行更换或升级软件。

现场测评

表 3-3、表 3-4 为时钟同步网设备检修记录相关内容，根据计表项目完成设备维护作业。

表 3-3　时钟同步系统月(含季、半年)记录

日期	卫星接收机运行状态检查(月)	时钟设备(含卫星信号)频率偏差检查(季)	设备表面清扫(季)	卫星接收机天馈线及周边环境检查(季)	定时链路状态检查(季)	时钟设备输出口频率偏差测试(年)	时钟设备输出接口 MTIE、TDEV 测试(年)	时钟设备输出口抖动测试(年)	天馈线防雷装置检查(年)	配线及标签检查(年)	执表人	检查人
1月　日		/			/	/	/	/	/	/		
2月　日			/	/	/	/	/	/	/	/		
3月　日		/	/	/		/	/	/	/	/		
4月　日		/			/	/	/	/		/		
5月　日			/	/	/		/	/	/	/		
6月　日		/	/	/		/	/	/	/	/		
7月　日		/			/	/	/	/	/	/		
8月　日			/	/	/	/	/		/	/		
9月　日		/	/	/		/	/	/	/	/		

续上表

日期	卫星接收机运行状态检查（月）	时钟设备（含卫星信号）频率偏差检查（季）	设备表面清扫（季）	卫星接收机天馈线及周边环境检查（季）	定时链路状态检查（季）	时钟设备输出口频率偏差测试（年）	时钟设备输出接口MTIE、TDEV测试（年）	时钟设备输出口抖动测试（年）	天馈线防雷装置检查（年）	配线及标签检查（年）	执表人	检查人
10月　日		/			/	/	/	/	/	/		
11月　日			/	/	/	/	/	/	/	/		
12月　日		/	/	/		/	/	/	/	/		
备注：												

表 3-4　时钟设备输出口频率偏差、抖动测试记录

日期	测试项目	端口号						
		时钟主框 C-20	时钟主框 E-19	时钟扩框 A-20	时钟扩框 B-20	时钟扩框 C-20	时钟扩框 D-20	时钟扩框 E-1
5月　日	时钟设备输出口频率偏差测试							
8月　日	时钟设备输出口抖动测试							
备注：							执表人：	
							检查人：	

任务评价

项目	评价内容	掌握程度		
		未掌握	基本掌握	熟练掌握
维护作业	告警等事件检查分析与处理			
	卫星接收机运行状态检查			
	地面输入链路的频偏统计			
	时钟设备（含卫星信号）频率偏差检查			
	时钟设备输出接口频率偏差测试			
	时钟设备输出接口抖动测试			
	综合应用			
学习体会				

同步练习

一、填空题

1. 支撑网包括信令网、________和管理网。

2. GPS 天线离周围尺寸大于 200 mm 的金属物体的水平距离不宜小于________。

3. 在接头处缠防水胶带时必须________缠绕，使接头防水可靠。

4. 对 PRC 设备时钟输出口进行时 MTIE 和 TDEV 的测试时，测试时长应大于________ h。

5. 影响卫星信号接收的常见的干扰源包括__________________、电厂、广播电视塔等。

二、选择题

1. SYNLOCKV3 设备 SRCU 和(　　)单板必须工作在热备份工作模式。

A. TDRV　　B. TSOU　　C. SRCU　　D. LCIM

2. 同步即两个或两个以上信号在相对应的有效瞬间，其相位差或频率差保持在约定的允许范围之内。同步可分为时间同步和(　　)。

A. 频率同步　　B. 时间同步　　C. 空间同步　　D. 帧同步

3. 下列哪个(　　)仪表，可以用来测试时钟输出接口的频偏指标。

A. 信号分析仪　　B. 光谱仪　　C. 精密时间分析仪　　D. 高速示波器

4. 一级母钟设备内配置(　　)个铷钟，2 个内置钟采用主、备用工作方式，主、备工作钟能自动和手动倒换。

A. 1　　B. 2　　C. 3　　D. 4

5. 基准时钟一般采用(　　)。

A. GPS　　B. 铯原子钟　　C. 铷原子钟　　D. 晶体钟

三、简答题

1. SYNLOCKV3 系统主要由哪几部分组成？

2. SRCU 单板的功能有哪些？

模块四　数据通信系统

铁路数据通信网(以下简称数据网)是铁路行车业务的承载网,主要承载了信息防灾系统、电力牵引远动系统、无线列调、旅客服务系统等多系统业务,其由骨干数据网络和区域数据网络构成,北京铁路通信中心负责骨干数据网络的统一管理,各铁路局集团公司负责区域数据网络的统一管理。目前铁路数据通信业务均承载在数据网 VPN(虚拟专用网络)中,每种业务都有自己独立的 VPN 编号,如信息防灾系统采用 NFMS110、电力牵引远动系统采用 SCADA109,从而实现在网络层面上,业务彼此隔离,用以提高网络业务的安全性和保密性。

数据网以采用基于多协议标签转换的虚拟专用网(BGP MPLS VPN)的方式进行数据通信,其中公网路由采用中间系统到中间系统(IS-IS)协议承载;业务路由采用 BGP 协议承载。由于目前各铁路局集团公司数据网网元设备数目较多,为了让庞大的网络能够安全稳定的运行,同时使网络具备高可扩展性, IS-IS 协议采用分层分域的网络架构,其中核心层(为核心路由器、一级反射器及核心机房网元)设置为 level-2 层,属于网络的骨干区域;汇聚层(为各线的汇聚路由器)设置为 level-1-2 层,接入层(为各线接入路由器)设置为 level-1 层;BGP 协议采用两级路由反射的方式,一级反射器部署在核心机房,二级反射器为沿线大站机房环境良好的汇聚路由器兼做,用以减少一级反射器 BGP 邻居关系数量,实现业务路由快速收敛的目的。

安全防护网是保护数据网网管系统的一套完整的网络安全设备组合,根据等级保护 2.0 的要求,数据网按照等保三级进行备案评定;其安全设备主要包含有防火墙、入侵检测、DDOS、防病毒、日志审计、堡垒机、APT 等网络安全设备。

任务一　数据网设备认知

知识目标

1. 熟悉数据通信系统路由器、交换机和网络安全设备型号。
2. 掌握设备单板功能。

能力目标

1. 能分清铁路通信主流路由器、交换机和网络安全设备产品规格型号。
2. 能辨认设备单元类型及功能。

任务描述

参观实训室,观察数据通信设备工作状态,并对路由器、交换机和网络安全设备型号、板卡功能进行分组讨论,了解数据网设备组成的多样性、复杂性,以及数据通信系统承载了信息防灾系统、电力牵引远动系统、无线列调、旅客服务系统等多系统业务在铁路运输中的重要性。

知识准备

一、路由器

路由器是数据网的主要组成设备,其工作在 TCP/IP 四层参考模型的第二层,即网络层,其主要作用是在计算机网络中转发数据包,设备功能包括连接网络、数据传输、网络分割、网络安全、负载均衡和网络管理等。目前铁路中数据网采用 IS-IS 和 BGP 协议作为网络动态协议,其中 IS-IS 路由协议用于承载公网路由,BGP 路由协议用于承载业务路由。

目前铁路数据通信网设备供应商有三家,分别为华为、华三和中兴。其中,华为主流产品有 NetEngine 8000 M8、NE40E-X8A、NE40E-X16 和 NE20E-S8 等系列路由器,华为 NetEngine 8000 M8 路由器面板如图 4-1 所示;华三主流产品有 SR6616、SR6608 等系列路由器,华三 SR6616 路由器面板如图 4-2 所示;中兴主流产品有 6800-8E、M6000-8S、M6000-2S10 等系列路由器,中兴 6800-8E 路由器面板如图 4-3 所示。

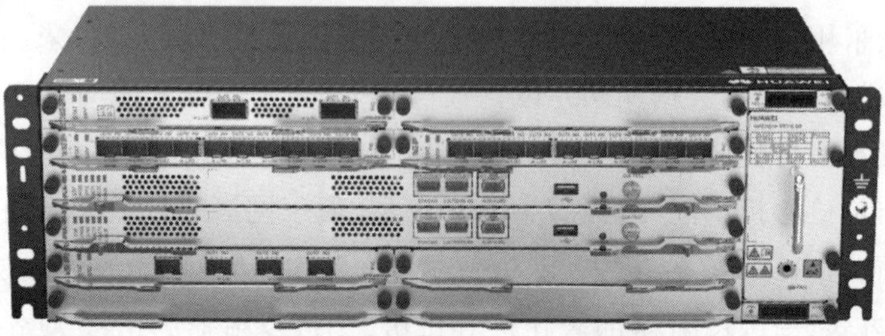

图 4-1 华为 NetEngine 8000 M8 路由器

图 4-2 华三 SR6616 系列路由器

图 4-3 中兴 6800-8E 路由器

二、交换机

交换机是用户侧最常用的网络接入设备,其工作在 TCP/IP 四层参考模型的第一层,即网络接口层,主要功能是在局域网(LAN)内部转发数据帧。铁路数据网交换机主流产品由华为、华三和中兴三大供应商提供,其主流设备面板如图 4-4~图 4-6 所示。

图 4-4　华为 S7706 交换机

图 4-5　华三 S12500 交换机

图 4-6　中兴 ZXR10 8900E 交换机

三、网络安全设备

《中华人民共和国网络安全法》和《信息安全技术　网络安全等级保护基本要求》规定信息系统必须执行网络安全等级保护制度,防止发生信息系统被外部入侵、内部信息泄露等安全事件,所以网络安全设备是各信息系统必不可少的基础设施。防火墙是常见的网络安全设备,如图 4-7 所示。

图 4-7　华为 USG6600 防火墙

防火墙是一种网络安全设备,用于监控和控制进出网络的数据流量,以保护网络免受未经授权的访问、恶意软件和其他网络威胁的侵害,其主要作用包括网络安全、访问控制、流量管理、隔离网络和日志记录和审计等。防火墙一般部署在网络侧和用户侧的边界处,用以实现对用户侧的防护,同时为了区分不同的网络,通常将不同的物理接口划分为不同的区域,主要有内部网络、外部网络和 DMZ(demilitarized zone)区域。其中,内部网络(也称为受信任网络或私有网络)包括组织内部的各种网络设备、服务器和终端设备,这些设备通常受到组织的管理和控制,因此被认为是相对安全的区域;外部网络(也称为公共网络或不受信任网络)包括互联网和其他外部网络,由于外部网络中存在着各种潜在的网络威胁和安全风险,如恶意软件、黑客攻击等,因此,被认为是相对危险的区域;DMZ 是介于内部网络和外部网络之间的中间区域,用于承载对外提供的服务,如 Web 服务器、邮件服务器等,由于它暴露在公共网络之中,但又需要对外提供服务,因此,DMZ 通常被视为相对不受信任的区域,需要额外的安全保护。这些区域的划分有助于组织对网络资源和安全策略进行管理和控制,防火墙通过在这些区域之间建立安全策略和访问控制规则,保护内部网络免受来自外部网络中未经授权的访问和攻击。

四、单板功能

路由器和交换机单板组成类似,主要由主控板、电源板、风扇、交换网板、线路接口板组成,单板介绍如下:

(1)主控板。完成动态路由协议的计算维护及系统控制、维护、配置、管理等功能,采用 1∶1 冗余配置。

(2)电源板。通常采用提供 2 路或多路-48 V 的供电设备(也有采用提供 AC 220 V 的供电设备),电源模块可支持负荷分担或主备方式进行工作,中断其中 1 路不影响设备正常工作。

(3)风扇。提供设备散热服务。

(4)交换网板。实现业务报文的处理和转发,完成各种协议、业务转发用表的维护管理。采用 1+1 冗余配置,实现业务负荷分担。

(5)线路接口板。提供(100/1 000/10 000)Mbit/s 的光口或电口接入方式,其中,路由器设备支持同时插入多个线路接口板。

现场测评

分辨图 4-8 中设备的单板，并讨论其作用。

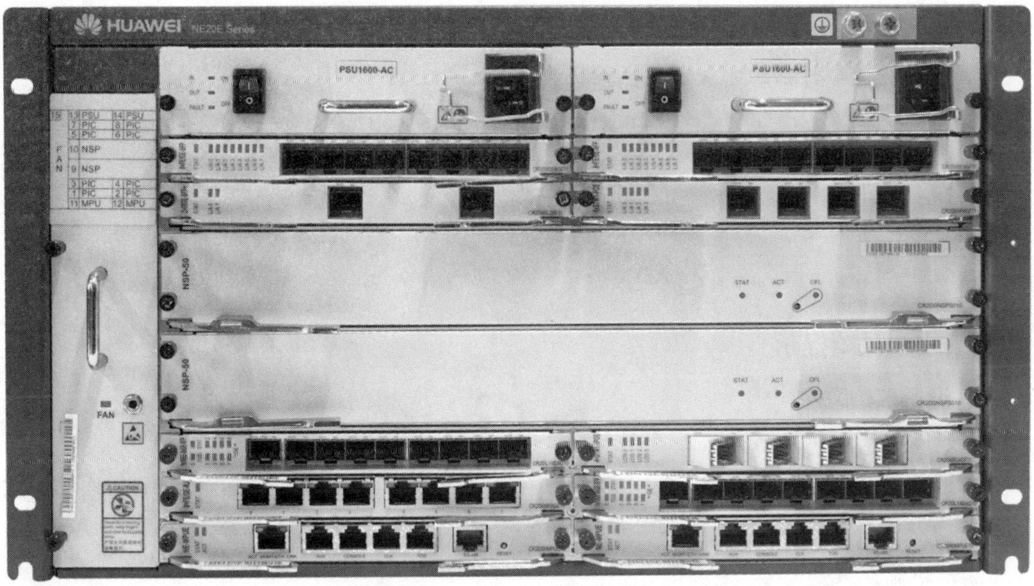

图 4-8　华为 NE20E 系列设备面板

任务评价

项目	评价内容	掌握程度		
		未掌握	基本掌握	熟练掌握
数据网设备认知	华为路由器的型号			
	中兴路由器设备型号			
	华三路由设备型号			
	设备单板及功能			
学习体会				

任务二　数据网设备维护作业

知识目标

1. 熟悉数据通信系统日常维护内容。
2. 掌握设备风扇单板清洁流程。
3. 熟悉数据网常见查询命令。
4. 掌握数据网主控板倒换流程。
5. 了解数据网故障处理流程。

能力目标

1. 能独立完成数据通信系统日常维护工作。

2. 能配合完成设备风扇清洁。

3. 能独立进行数据网命令查询。

4. 能通过命令行独立完成设备主控板倒换。

任务描述

到实训室进行实作训练,利用本任务所学知识点,对数据网设备进行日常维护,并使用网管系统查询设备状态。

知识准备

一、安全风险提示

1. 设备散热风险

简要原因:

防尘网、风扇等散热设备长期未清洁,尘土积厚;设备子架散热孔上堆有杂物;机房环境不达标。

防控措施:

(1)定期清扫风扇框及防尘网。防尘度较好的机房每月清洗一次,防尘度不好的机房每两周清洗一次。

(2)禁止在子架上散热孔上堆放杂物,如网线、尾纤等。

(3)日常检查单板是否发烫,子架通风口风量是否正常。

(4)在网管上监视设备温度。

2. 单板更换风险

简要原因:

静电伤害;单板金属插针弯曲;拔出单板操作不标准;插入单板操作不标准。

防控措施:

(1)将防静电手环的插头插入机柜中的防静电插孔中,并应佩戴好防静电手环及防静电手套。

(2)插入单板前检查板卡插针是否存在弯曲变形的情况。

(3)使用十字螺丝刀逆时针旋转拧松单板固定螺栓,双手捏住单板拉手条的上、下扳手同时向外扳动,当明显感觉单板脱离机框(约拔出 1 cm),轻轻地将单板平行抽出。

(4)两手捏住单板拉手条上的扳手,将其向两侧扳开,沿着子架插槽导轨平稳滑动插入单板,直到单板无法向前滑动为止,使用十字螺丝刀顺时针旋转拧紧单板固定螺栓。

3. 风扇清洁风险

简要原因:

风扇正常工作时叶片高速旋转,拔出风扇瞬间由于惯性作用叶片仍然保持高速旋转,存在劳动安全风险;风扇拔出后设备散热能力下降,时间过长会导致设备过热而宕机。

防控措施：

(1)使用十字螺丝刀逆时针旋转拧松风扇固定螺栓，双手捏住风扇拉手条向外扳动，当明显感觉风扇脱离机框(约拔出 2 cm)，待风扇扇叶停止转动后，再轻轻地将风扇平行抽出。

(2)风扇清洁时拔出风扇的时间不能超过 2 min，否则可能导致路由器设备过热宕机。

4. 主控板倒换风险

简要原因：

备用主控板故障或在用时，倒换主控板会导致设备单板异常而宕机；配置数据未保存时，倒换主控板会导致数据丢失，从而影响业务正常使用。

防控措施：

(1)主控板倒换前，检查主备用主控板的状态是否正常，检查主备用主控板的数据是否成功实时同步。

(2)主控板倒换前保存配置数据。

5. 网管操作风险

简要原因：

无调度命令、无施工计划随意调整在用业务；数据配置错误导致的业务中断；IP 地址冲突导致业务中断。

防控措施：

(1)加强网管值班人员安全风险意识。

(2)加强数据配置过程盯控。

(3)新增或者修改 IP 地址前，查询路由表确认新增或修改 IP 地址是否会和现网 IP 地址发生冲突。

二、设备运行状态的检查

对机房设备状态进行巡视，认真观察路由器板卡指示灯状态及设备端口数据交互指示灯是否正常；确认设备电源模块供电是否正常、检查设备散热情况(如风扇运转、设备表面温度、出风量等)是否正常；检查各连接线缆是否连接良好，设备接地是否正常。

三、机柜及设备表面的清扫、检查

确认数据通信设备机柜上是否存在异物，若存在，需及时进行清理；是否存在灰尘，若存在，需及时进行清扫，清扫设备灰尘需要自上而下进行；对于设备表面灰尘可使用潮湿软布擦拭；对于设备单板接口卡处灰尘可使用毛刷清扫，如图 4-9 所示。

图 4-9　数据网设备面板清洁作业

四、标签、标识及端口的运用检查、核对、更新

检查数据通信设备标签、标识是否齐全、准确;核对数据通信设备端口业务运用与技术资料台账是否一致,及时更新相关台账数据。

五、设备风扇框及防尘过滤网的清洁

在对正常运行的设备进行风扇框的清洁时,禁止将风扇框长时间脱离设备机箱,以免造成设备过热引发设备宕机。下面以华为 NE40E-X8 路由器设备风扇框及防尘过滤网的清洁步骤为例进行介绍。

1. 清洁风扇框

操作步骤:

(1)对备用风扇框进行除尘处理

用干净的棉纱布、防静电软毛刷、吸尘器等工具对备用风扇框的风扇叶片、控制电路板等部位进行除尘处理,处理后的风扇框应无尘埃附着。

(2)更换待除尘的风扇框

佩戴好防静电手环。使用十字螺丝刀松开风扇模块上的松不脱螺栓,将上下把手抬起,向外将风扇拉出约 5 cm,等风扇框内风扇叶片完全停止运转后,再将风扇完全拔出。更换备用风扇框。将风扇框的上下把手抬起,保持水平,轻轻地插入风扇槽位的导轨中,直到风扇模块的后面与机箱背板良好接触。用十字螺丝刀拧紧风扇模块上的 4 个松不脱螺栓。查看风扇框指示灯,验证风扇框的功能。

(3)对更换下来的风扇框进行除尘处理

用干净的棉纱布、防静电软毛刷、吸尘器等工具对更换下来的风扇框的风扇叶片、控制电路板等部位进行除尘处理,经过除尘后的风扇框将作为备用风扇框使用。

2. 清洁防尘过滤网

佩戴好防静电手环。将手指伸入进风框面板两侧的抠手位,平行向外拉,将进风框面板取下。将防尘网水洗晾干。将干净且干燥的防尘网放置到拆卸下的进风框中,并按压防尘网,将进风框面板装回原来的位置。

六、日志信息的检查分析

通过远程连接软件(如 CRT、PuTTY 等)采用 SSH 协议远程登录到数据通信设备上。在设备用户视图下,输入日志查询命令行:display logbuffer(华为/华三适用)/show logging(中兴适用),然后按回车键执行日志查询命令,输出信息即为设备日志信息,按空格键可逐条输出设备日志信息,维护人员通过对日志信息进行分析,可发现设备异常情况,如图 4-10 所示。

七、设备配置数据的备份并转存储

第一步:采用远程连接软件(如 CRT,PuTTY 等),以 CRT 软件操作为例,选择 CRT 软件采用 SSH 协议远程登录到需要备份的数据通信设备上,对 CRT 会话开启记录会话功能,如图 4-11 所示。

第二步:在设备用户视图下,输入配置查询命令行:display current-configuration(华为/华三适用)/show running-config(中兴适用),然后按回车键执行配置查询命令,按空格键可输出设备相关配置信息,如图 4-12 所示。

```
<Huawei>display logbuffer
Logging buffer configuration and contents : enabled
Allowed max buffer size : 1024
Actual buffer size : 512
Channel number : 4 , Channel name : logbuffer
Dropped messages : 0
Overwritten messages : 0
Current messages : 3

Apr 12 2023 14:25:17-08:00 Huawei %%01IFNET/4/LINK_STATE(l)[0]:The line protocol
 IP on the interface Ethernet0/0/0 has entered the UP state.
Apr 12 2023 14:14:31-08:00 Huawei %%01PHY/1/PHY(l)[1]:    Ethernet0/0/0: change
status to up
Apr 12 2023 14:14:24-08:00 Huawei %%01GTL/4/STATECHANGED(l)[2]:License state cha
nged from Default to Default.
```

图 4-10　数据网设备日志查询操作

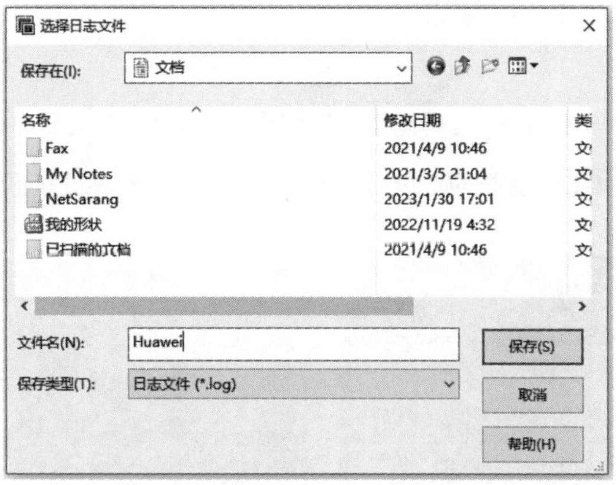

图 4-11　CRT 软件会话中记录会话操作

```
<Huawei>display current-configuration
#
sysname Huawei
#
aaa
 authentication-scheme default
 authorization-scheme default
 accounting-scheme default
 domain default
 domain default_admin
 local-user admin password cipher OOCM4m($F4ajUnlvMEIBNUw#
 local-user admin service-type http
```

图 4-12　数据网设备配置数据备份操作

第三步：将采集到的备份数据转存储至专用的数据通信设备备份移动硬盘中。

八、铁路局集团公司区域网络汇聚层以上端口流量监测结果分析（包括铁路局集团公司区域网至骨干网络间的链路）

打开 U2000 网管界面>“性能”>“性能监控管理”>“测试例”>“网络层路径”>“ICMP Jitter 路径”>“保存”，如图 4-13 所示。将导出表格保存至移动硬盘\核心网数据网设备，链路带宽峰值月平均利用率小于 45%。

九、铁路局集团公司区域网络核心路由器至接入路由器的端到端时延、时延变化测试结果分析及丢包率测试结果分析

打开 U2000 网管界面>“性能”>“浏览历史性能数据”>“模板”>“铁路局集团公司汇聚层以上端口流量”（华为）/“汇聚层以上端口流量 2”（华三/中兴）>“表格”（最近一个月）>“保存

所有”,如图 4-14 所示。将导出表格保存至移动硬盘\核心网数据网设备,端到端时延变化小于或等于 50 ms,包时延变化小于或等于 25 ms,端到端的丢包率小于或等于 0.5×10^{-3}。

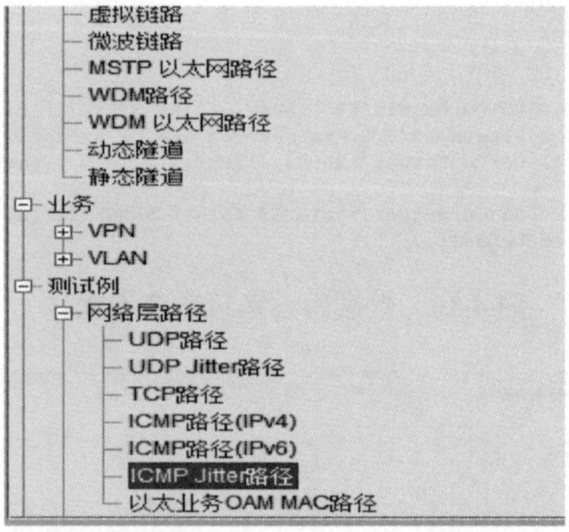

图 4-13　数据网汇聚层以上链路流量监测结果分析操作

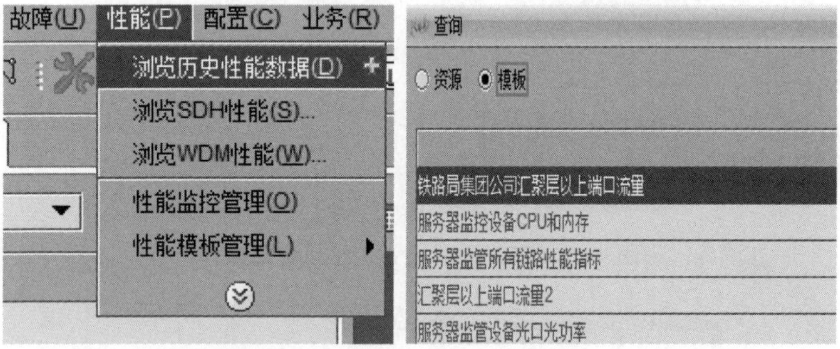

图 4-14　数据网设备端到端时延、时延变化测试结果分析操作

十、设备时间的核对、校准

通过远程连接软件(如 CRT、PuTTY 等)采用 SSH 协议远程登录到数据通信设备上,在设备用户视图下,输入时间查询命令行:display clock(华为/华三适用)/show clock(中兴适用),然后按回车键执行时间查询命令,检查设备时间状是否正常。在设备用户视图下,输入 ntp 查询命令行 display ntp status(华为/华三适用)/show ntp status(中兴适用),然后按回车键执行,检查设备 ntp 时间同步状态,同步时,时间状态为 synchronized,不同步时,时间状态为 unsynchronized,如图 4-15 所示。

十一、汇聚层及以上路由器光口的发送光功率和接收光功率检查

通过远程连接软件(如 CRT、PuTTY 等)采用 SSH 协议远程登录到数据通信设备上,在设备用户视图下,输入端口查询命令行:display interface GigabitEthernet ×/×/×(华为检查的端口号)/display transceiver diagnosis interface GigabitEthernet ×/×/×(华三检查的端口号)/show opticalinfo interface gei-×/×/×/×(中兴检查的端口号),然后按回车键执行端口查询命令,在输出信息中检查并记录 Rx Power 和 Tx Power 的数值,确认是否在告警门限值以内,异常需进行排查处理,如图 4-16 所示。

```
<Huawei>display clock
2023-04-14 08:53:15-08:00
Friday
Time Zone(China-Standard-Time) : UTC-08:00
<Huawei>
<Huawei>display ntp status
 clock status: unsynchronized
 clock stratum: 16
 reference clock ID: none
 nominal frequency: 64.0000 Hz
 actual frequency: 64.0000 Hz
 clock precision: 2^11
 clock offset: 0.0000 ms
 root delay: 0.00 ms
 root dispersion: 0.00 ms
 peer dispersion: 0.00 ms
 reference time: 00:00:00.000 UTC Jan 1 1900(00000000.00000000)
```

图 4-15　数据网设备时间核对、校准操作

```
<Huawei>display interface GigabitEthernet 0/1/1
GigabitEthernet0/1/1 current state : Administratively DOWN (ifindex: 8)
Line protocol current state : DOWN
Link quality grade : --
Description:
Route Port,The Maximum Transmit Unit is 1500
Internet protocol processing : disabled
IP Sending Frames' Format is PKTFMT_ETHNT_2, Hardware address is 28b4-48ad-153d
The Vendor PN is RTXM191-400
The Vendor Name is WTD
Port BW: 1G, Transceiver max BW: 1G, Transceiver Mode: SingleMode
WaveLength: 1310nm, Transmission Distance: 10km
Rx Power: -40.00dBm, Warning range: [-20.000,  -3.000]dBm
Tx Power: -40.00dBm, Warning range: [-9.003,  -3.000]dBm
```

图 4-16　数据网设备光口光功率检查操作

十二、设备 CPU、内存利用率监测结果分析

第一步:通过远程连接软件(如 CRT、PuTTY 等)采用 SSH 协议远程登录到数据通信设备上,在设备用户视图下,输入 CPU 查询命令行:display cpu-usage(华为/华三适用)/show processor(中兴适用),然后按回车键执行 CPU 查询命令,正常情况要求设备 CPU 利用率小于 50%,如图 4-17 所示。

```
<Huawei>display cpu-usage
CPU Usage Stat. Cycle: 60 (Second)
CPU Usage            : 7% Max: 100%
CPU Usage Stat. Time : 2023-04-14  08:59:04
CPU utilization for five seconds: 7%: one minute: 7%: five minutes: 6%
Max CPU Usage Stat. Time : 0000-00-00 00:00:00.

<Huawei>display memory-usage
 Memory utilization statistics at 2023-04-14 08:59:39-08:00
 System Total Memory Is: 339265612 bytes
 Total Memory Used Is: 226266884 bytes
 Memory Using Percentage Is: 66%
```

图 4-17　数据网设备 CPU、内存利用率查询操作

第二步:通过远程连接软件(如 CRT、PuTTY 等)采用 SSH 协议远程登录到数据通信设备上,在设备用户视图下,输入内存查询命令行:display memory-usage(华为/华三适用)/show processor(中兴适用),然后按回车键执行内存查询命令,正常情况要求设备内存利用率小于 70%,如图 4-17 所示。

十三、备品备件清理检查

对网管监控室或现场通信工区存放的数据通信网备品备件进行清点、校核,并及时更新备件台账,数据网设备备品备件柜如图 4-18 所示。

图 4-18　数据网设备备品备件柜

十四、检修记录

根据学习内容填写数据网检修记录本，见表 4-1～表 4-3。

表 4-1　数据网设备检修记录(季表)

设备名称：核心网数据网设备　　　　年　月　日

维修项目	内容	标准	周期	完成情况
日常检修	1. 附属设施及线缆、标签检查	附属设备状态正常，线缆(含地线)、标签无破损	季	
	2. 设备表面清扫、状态检查	清洁无灰尘，状态正常	季	
	3. 风扇的清扫、防尘滤网的清洁	清洁无灰尘	季	
	4. 设备配置数据的备份并转存储	数据备份完整、无误，默认路径：移动硬盘\核心网数据网设备\××年\×月\	季	
	5. 汇聚层及以上路由器链路状态检查	网管检查【光功率】	季	
	6. 更改设备的各级登录口令	定期修改	季	
备注				
执表人：		检查人：		

表 4-2　数据网设备检修记录(月表)

设备名称:核心网数据网设备　　　　　　　　　　　　　　年　月　日

维修项目	内　容	标　准	周期	完成情况
日常检修	1. 日志信息的检查分析	网管对异常情况进行分析	月	
	2. 设备 CPU、内存占用率监测结果分析	网管对异常情况进行分析(附件)	月	
	3. 网管、网元时间检查调整	网管检查设备时间同步配置或时间的校准	月	
	4. 局集团公司区域网络汇聚层以上端口流量监测结果分析(包括局集团公司区域网至骨干网络间的链路)	网管查询端口流量监测并保存,默认路径:移动硬盘\核心网数据网设备\××年\×月\,链路带宽峰值月平均利用率<45%	月	
	5. 局集团公司区域网络核心路由器至接入路由器的端到端时延、时延变化测试结果分析	网管查询端到端时延、时延变化并保存,默认路径:移动硬盘\核心网数据网设备\××年\×月\,端到端的包时延≤50 ms,包时延变化≤ 25 ms	月	
	6. 局集团公司区域网络核心路由器至接入路由器的丢包率测试结果分析	网管查询端到端的丢包率并保存,默认路径:移动硬盘\核心网数据网设备\××年\×月\,端到端的丢包率$\leq 0.5\times10^{-3}$	月	
备注				
执表人:			检查人:	

十五、典型案例

(1)案例背景

××线铁路数据网以单平面方式进行组网,其中旅客服务系统接入方式采用静态路由接入。旅客服务系统业务中断会对旅客乘车体验造成直接影响,为保证旅客服务系统的稳定性,旅客服务系统采用双通道主备冗余方式接入铁路数据网接入路由器(access router,AR),其组网结构如图 4-19 所示,通道 1 为主用通道,通道 2 为备用通道。

表 4-3　数据网设备检修记录(月表)附表

设备名称:核心网数据网设备　　　　　　　　　　　　　　　　　　年　　月　　日

<table>
<tr><th>维修项目</th><th>内　　容</th><th>标　　准</th><th>周期</th><th colspan="4">完成情况</th></tr>
<tr><td rowspan="33">日常检修</td><td rowspan="33">设备 CPU、内存占用率监测结果分析</td><td rowspan="33">网管对异常情况进行分析,CPU 利用率<50%,内存利用率<70%</td><td rowspan="33">月</td><td colspan="2">设备名称</td><td>CPU 利用率</td><td>内存利用率</td></tr>
<tr><td rowspan="3">NE40E-X16</td><td>1 槽-LPU</td><td></td><td></td></tr>
<tr><td>2 槽-LPU</td><td></td><td></td></tr>
<tr><td>3 槽-LPU</td><td></td><td></td></tr>
<tr><td rowspan="11">NE40E-X16</td><td>1 槽-LPU</td><td></td><td></td></tr>
<tr><td>2 槽-LPU</td><td></td><td></td></tr>
<tr><td>3 槽-LPU</td><td></td><td></td></tr>
<tr><td>6 槽-LPU</td><td></td><td></td></tr>
<tr><td>7 槽-LPU</td><td></td><td></td></tr>
<tr><td>8 槽-LPU</td><td></td><td></td></tr>
<tr><td>9 槽-LPU</td><td></td><td></td></tr>
<tr><td>10 槽-LPU</td><td></td><td></td></tr>
<tr><td>11 槽-LPU</td><td></td><td></td></tr>
<tr><td>16 槽-LPU</td><td></td><td></td></tr>
<tr><td>18 槽-MPU</td><td></td><td></td></tr>
<tr><td rowspan="4">NE40E-X3</td><td>1 槽-LPU</td><td></td><td></td></tr>
<tr><td>2 槽-LPU</td><td></td><td></td></tr>
<tr><td>4 槽-MPU</td><td></td><td></td></tr>
<tr><td>5 槽-MPU</td><td></td><td></td></tr>
<tr><td rowspan="4">NE40E-X3</td><td>1 槽-LPU</td><td></td><td></td></tr>
<tr><td>2 槽-LPU</td><td></td><td></td></tr>
<tr><td>4 槽-MPU</td><td></td><td></td></tr>
<tr><td>5 槽-MPU</td><td></td><td></td></tr>
<tr><td rowspan="4">NE40ES8</td><td>9 槽-NSP</td><td></td><td></td></tr>
<tr><td>10 槽-NSP</td><td></td><td></td></tr>
<tr><td>11 槽-MPU</td><td></td><td></td></tr>
<tr><td>12 槽-MPU</td><td></td><td></td></tr>
<tr><td rowspan="4">NE40ES8</td><td>9 槽-NSP</td><td></td><td></td></tr>
<tr><td>10 槽-NSP</td><td></td><td></td></tr>
<tr><td>11 槽-MPU</td><td></td><td></td></tr>
<tr><td>12 槽-MPU</td><td></td><td></td></tr>
<tr><td>备注</td><td colspan="7"></td></tr>
<tr><td colspan="4">执表人:</td><td colspan="4">检查人:</td></tr>
</table>

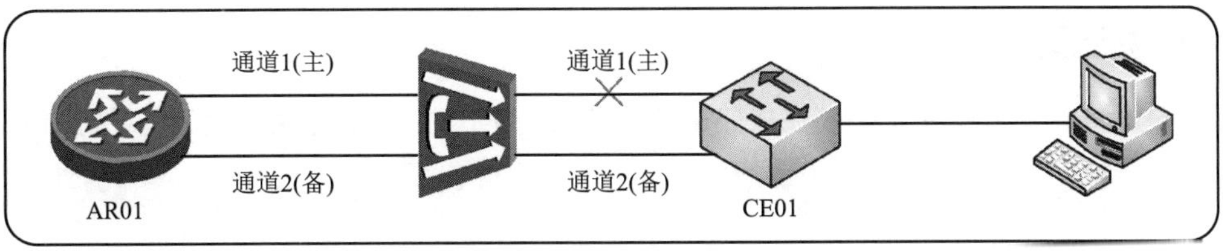

图 4-19　中间传输系统链路故障组网示意

为验证业务接入的冗余性,将主用通道中旅客服务系统服务器与用户边缘设备 CE01 互联链路中断,旅客服务业务发生中断,业务未能平滑切换至备用通道,查看 AR01 上旅客服务器路由信息,发现路由仍优选通道 1。进一步分析确认当前 AR01 端口 G1/0/0 状态为 up,由于端口状态正常,AR01 上主用通道的静态路由下一跳并未失效,而由于中间传输系统链路已故障,静态路由无法实现平滑切换,导致业务发生中断。

(2)案例分析

静态路由是网络运维人员通过手动配置的方式为路由器或三层交换机创建的路由。由于配置简单、便捷,静态路由在铁路通信网中得到广泛的应用。当网络拓扑发生变化时,静态路由无法感知网络的拓扑变化实现动态响应,因此为弥补静态路由存在的缺陷,可以通过静态路由与双向转发检测(bidirectional forwarding detection,BFD)联动。

BFD 协议是在 RFC 5580 标准下定义的高速故障检测机制,当网络拓扑发生变化时,通过设备间毫秒级的通信检测,减少故障时间,实现网络拓扑的快速收敛。BFD 协议的控制报文中 state 定义了 BFD 的四种不同状态,分别为 admindown、down、init 和 up,通过三次握手的机制,设备会根据本地会话状态和对端设备发送的 BFD 报文实现状态改变,完成设备间 BFD 会话的建立与拆除。

BFD 协议中采用本地标识符(local discriminator)和远端标识符(remote discriminator)用以区分两个设备间多个 BFD 会话。根据标识符的创建方式不同,BFD 会话可分为静态 BFD 会话和动态 BFD 会话。静态 BFD 会话是通过命令行的方式,运维人员手动设置 BFD 会话中标识符等相关参数,并手工下发 BFD 会话建立请求;动态 BFD 会话是设备动态交互 BFD 会话中相关参数,并实现 BFD 会话建立。

静态路由与 BFD 联动,通过为静态路由绑定 BFD 会话,利用 BFD 协议来检测静态路由对应的链路状态,当 BFD 协议检测到静态路由对应的链路故障时,设备会将该静态路由从设备路由表中进行删除;当 BFD 协议检测到静态路由对应的链路恢复时,设备会重新将该静态路由重新加入至设备路由表中,实现故障的快速检测、网络的快速切换。

(3)故障处理

开启 BFD 监测链路状态。由于静态路由无法监测链路的变化情况,当中间传输系统发生故障时,静态路由不能及时进行主备切换。采用 BFD 协议与静态路由进行联动,通过 BFD 协议周期性发送 BFD 报文,实现周期性检测链路状态。正常情况下,通信双方均需在设备上配置 BFD 协议,实现链路状态检测,而在实际的维护过程中,部分业务侧设备并不支持配置 BFD 的功能。因此,在维护的过程中,为了能够实现链路故障检测,在铁路数据网 AR 上创建单臂 Echo 功能的 BFD 会话,不支持 BFD 功能的设备在接收到该 BFD 报文后,直接将报文进行环回,从而实现快速检测链路状态。

现场测评

通过命令行的方式在实训室完成路由器主控板倒换作业,并简述倒换过程的注意事项。

任务评价

项目	评价内容	掌握程度		
		未掌握	基本掌握	熟练掌握
数据网维护作业	日常维护内容			
	风扇单板清理流程			
	常见查询命令			
	主控板倒换			
	数据通信网组网现状			
	业务接入方式			
	直连接入配置			
学习体会				

同步练习

一、选择题

1. 以下哪个设备是华为的接入路由器(　　)。

A. SR6608　　B. SR6616　　C. M6000-2S10　　D. NE20E-S8

2. 下面关于静态与动态路由描述错误的是(　　)。

A. 动态路由协议比静态路由要占用更多的系统资源

B. 链路发生故障后,静态路由能够自动完成网络收敛

C. 静态路由在企业中应用时配置简单,管理方便

D. 管理员在企业网络中部署动态路由协议后,后期维护和扩展能够更加方便

3. 下列说法不正确的是(　　)。

A. 若路由条目的 cost 值越大,则该路由的优先级越高

B. 每条静态路由的优先级可以不相同

C. 缺省情况下,直连路由高于 OSPF 路由的优先级

D. VRP 中,路由协议优先级数值越大则表示该路由的优先级越高

4. 交换机在网络层次模型中的地位是(　　)。

A. 物理层　　B. 数据链路层　　C. 网络层　　D. 以上都不是

二、填空题

1. 铁路数据通信网核心路由器采用________设备。
2. 铁路局集团公司数据通信网中 IGP 采用________协议,EGP 采用________协议。
3. 铁路局集团公司数据通信网的组网架构采用________和________复合的组网模式。
4. 查看数据通信网内存利用率的命令是________,CPU 利用率的命令是________。
5. 查看数据通信网设备配置数据的命令是________。

三、简答题

1. 简要介绍数据通信网主控板倒换流程,并列出其注意事项。

2. 简要介绍静态路由业务不通时故障排查流程。

3. 简要介绍路由器设备端口(光口)down 的排查流程。

模块五　数字调度通信系统

数字调度通信系统(以下简称调度通信系统)是基于数字交换设备,利用传输系统数字化后的数字信道将沿线各车站的调度通信业务综合起来的调度指挥平台。铁路调度通信系统是为国铁集团调度指挥中心、铁路局集团公司等调度所调度员与其所管辖区内有关运输生产人员之间业务联系使用的专用电话通信系统,其主要特点有点多线长、距离远、集中管理、沿线分布,系统要求稳定、安全、可靠。

任务一　调度通信设备认知

知识目标

1. 熟悉调度通信系统中软 CTT4000 型调度交换机、CTT4000 型调度台终端设备组成部分。

2. 掌握中软 CTT4000 型调度交换机设备单板功能、CTT4000 常用调度台终端组成情况及功能。

能力目标

1. 能区分铁路局集团公司调度通信系统设备各板卡及调度台终端各组成部分。

2. 能掌握铁路局集团公司调度通信系统设备各板卡功能及调度台终端功能。

任务描述

参观实训室,了解设备工作状态,并对中软 CTT4000 型调度交换机板卡功能进行分组讨论,认识调度通信设备组成的多样性、复杂性,对中软 CTT4000 型调度台终端各功能进行模拟操作试验。

知识准备

依据《铁路有线调度通信系统　第 1 部分:技术条件》(TB/T 3160.1—2016)、《铁路通信维护规则》等相关要求,调度通信系统分为干线调度通信系统和区段调度通信系统。其中干线调度通信系统是指国铁集团至铁路局集团公司等的调度通信业务,区段调度通信系统是铁路局集团公司等至所辖区段的调度通信业务。

铁路局集团公司调度通信系统由枢纽主系统、车站分系统、网管系统、调度终端四大部分构成。枢纽主系统位于铁路局集团公司调度指挥中心,车站分系统位于沿线车站。

列车调度通信主要用户包括局列车调度员、车站(场)值班员、机车司机、运转车长(含不设运转车长的乘检,下同)、助理值班员、机务段(折返段)调度员、列车段(车务段、客运段)值班员、机车调度员、电力牵引变电所值班员、救援列车主任及其他相关人员。

货运调度通信系统的用户有货运调度员、中间站(区段站、编组站、货运站)货运室值班员、货运员及其他相关人员。

牵引供电调度通信系统的用户有牵引供电调度员、牵引变电所值班员、车站值班员、电力机务段(折返段)值班员、接触网工区值班员、开闭所值班员、分区所值班员、变电所值班员、供电段调度室、控制站值班员、接触网工区流动作业人员,以及其他相关人员。

其他调度通信包括国铁集团、铁路局集团公司各工种调度,除列车、货运、牵引供电以外的分局调度,以及车务、工务、电务、供电、水电、机务、车辆、公安等基层站段调度使用的专用电话业务。专用通信是运输各单位及其所属值班人员、流动作业人员等使用的具有调功能的专用电话业务。

一、设备概述

调度主机常用的有 CTT4000 型调度交换机。单板常用的有 MPU 板、CLK 板、ENT 板、PWR 板、DTU 板、30B+D 板、DDU 板、ALC 板等。调度台终端分触摸屏调度台和键控调度台两种。以中软 CTT4000 系统为例,调度通信系统有如下特点。

(1)模块化设计

全系统由 16 个模块组成,每个模块最大 256 或 512 门;各模块控制相对独立,任一模块故障不会影响其他模块的运行;单模块运用时是一个功能完整的 2k 交换系统。

(2)全分散控制

全系统没有集中的主控模块;每模块配置 2 块并行处理的模块处理机板,对各模块进行分散控制。

(3)分布式结构

分布式交换网络:各模块处理机均内置 16k 大型交换网络,并通过模块间互连组成全系统的双套 4 096×4 096 无阻塞交换网络;分布式控制网络:系统的网络接续、呼叫处理等控制分布在各模块中;分布式时钟网络:各模块均有独立的时钟系统,并通过内部同步体系实现全系统时钟的同步;分布式资源配置:各模块均配置充足的 DTMF、MFC、语音、信号音、会议等公共资源。模块内网络和控制结构如图 5-1 所示。

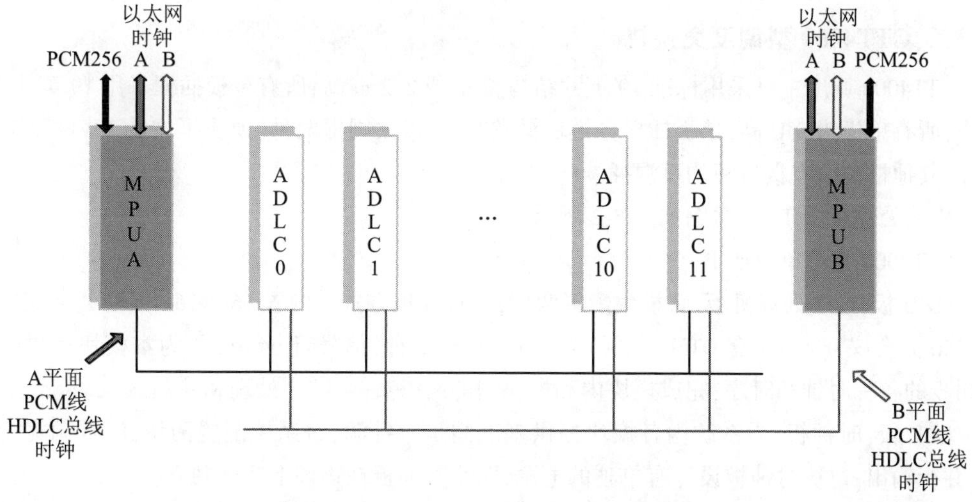

图 5-1　调度通信模块内网络和控制结构

(4)高容错处理

控制模块并行处理:两个模块处理机对本模块内所有事件并行处理,而非主备控制;并行运行的双套网络总线:系统分布式网络为双套 4 096×4 096 无阻塞交换网络,每块接口板通过双套网络总线分别与两块模块处理机相连;并行运行的双套控制总线:模块间通信由独立运行的两套 IP 网络完成,每块接口板通过双套控制总线分别与两块模块处理机相连;完全同步的双时钟系统:整个系统具有双套完全同步的时钟系统用于模块间时钟同步,每块接口板通过双套时钟总线分别与两块模块处理机相连;全星状容错拓扑结构:各接口板的网络和控制总线均为全星状容错拓扑结构。

(5)统一编号方案

系统支持对固定用户终端进行统一编号,分配唯一的 ISDN 号码。编号方案符合《铁路数字移动通信系统(GSM-R)编号计划》的要求。系统同时支持内部有线用户短号码呼叫。

(6)断点保护功能

当数字环上某一个系统出现严重故障或断电时,接入系统的上下行 2M 在系统控制下直通过去,系统自动从数字环上脱离,整个数字环的通信不受影响;该系统正常运行后,系统会自动接入数字环,无须人工干预。

(7)大容量、高性能

分布式交换网络时隙达 2×4 096;单模块交换能力达 16k;系统 BHCA 值达到 70 万次。

(8)可靠性设计

调度台双接口设计;系统级的双系统设计;接口备份分布在不同模块内;低密度接口设计,尽量降低单板故障的影响范围;接口板的网络和控制为全星状拓扑结构,以减少各单板间的公共点,从而减少某接口板故障对其他单板的影响并行处理的体制下,时钟、交换网络、控制信令等均没有主备切换时间;主备倒换或控制部件失效不会导致话音、数据或控制信令的丢失,从而保证呼叫不受损。

(9)系统向下兼容

CTT4000 系统兼容 CTT2000 的所有终端、接口、组网方式、信令。

二、CTT4000 型调度交换机

CTT4000 调度主机采用标准 19 英寸结构,2 m 或 2. 2 m 高;所有单板插框采用 19 英寸 7 U 结构,所有单板为 5 U 高;单板插框分模块框和时钟/以太网框两种,模块框内除 PWR 和 MPU 板外,其他槽位所有接口板均可混插。

模块处理板(MPU) 框图如图 5-2 所示。

CTT4000 常用单板如下。

MPU 板:模块处理机板,每模块配置两块,并行处理方式。内置 16k×16k 大型数字交换网络,256 方会议资源,64 套 DTMF 资源,个性化语音 32 种,信号音 64 种,并为本模块提供全系统同步的各种时钟和时序;完成模块内和模块间的网络交换、呼叫处理和控制。

CLK 板:时钟板,为系统内各模块提供基准同步时钟源,每系统配置两块,时钟源完全同步,并行输出;每块时钟板设计有单独的电源,两块时钟板在物理上完全独立。

ENT 板:100M 以太网板,每系统配置两块,并行运行;每板提供 24 个 100M 以太网接口。每块以太网板设计有单独的电源,两块以太网板在物理上完全独立。

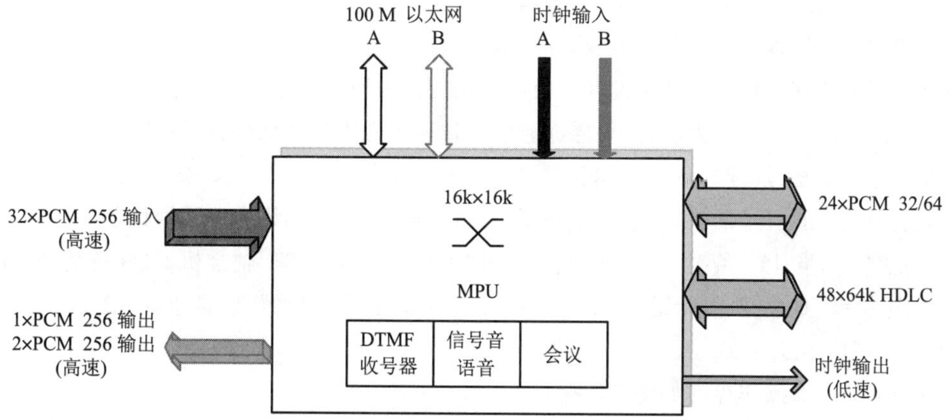

图 5-2　MPU 板框图

PWR 板:电源板,提供模块框系统所需的电源及铃流,每模块框配两块电源板,两板的直流电源工作于并联热供方式,铃流为热备份。

DTU 板:数字中继处理机板,可选热备份,每板两个 A 口,完成系统共线信令、No. 1 信令、No. 7 信令的处理。

30B+D 板:PRI 接口板,可选热备份,每板两个 A 口,完成 DSS1 信令的处理。

DDU 板:2M 触摸屏调度台接口板,每板两个 A 口,完成 2M 调度台接口信令等的处理。

DSU 板:数字用户信令处理机板,可选热备份,每板 2/4 个标准 2B+D U 接口,完成标准 U 口信令及调度台信令处理。

ALC 板:接口模块母板,每板提供 8 个接口模块槽位,可混插 8 种的不同模块。

三、调度台终端

CTT4000 常用调度台终端以分体式、一体式触摸屏调度台为主。

体式触摸屏调度台将触摸式液晶显示屏、调度台主机、通话装置(手柄、麦克风等)、调度台应急电话整合在一起,具有结构紧凑、接线简单、更换方便的优点,并具有与分体式触摸屏调度台同样的操作界面。一体式触摸屏调度台外观如图 5-3 所示。

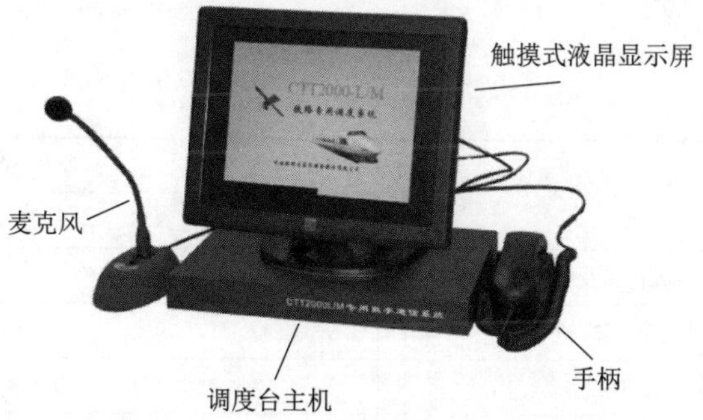

图 5-3　一体式触摸屏调度台外观

触摸屏显示器操作界面主要包括消息显示区、呼叫键区和功能键区三个功能区域。

消息显示区显示各种呼叫状态和信息,可显示呼叫方向、中文名称、功能号码、优先级、呼叫状态、通话时开始、结束时间、ISDN 号码等信息。

呼叫键区包括若干个单呼按键、组呼按键、语音广播按键，各个按键用于完成相应的呼叫，同时显示相应的呼叫状态。呼叫键区具有翻页功能，通过呼叫键区底部“第一页”“第二页”等分页按键进行翻页。按键为灰色，与界面颜色一致表示处于空闲状态，按键的一半显示黄颜色表示处于呼出状态，按键的一半显示黄颜色并闪烁表示处于呼入状态，按键全部变为绿色表示处于主用语音通道通话状态，按键全部变为黄色表示处于辅用语音通道通话状态。

功能键区包含上一条键、下一条键、主应答/主挂机键、辅应答/辅挂机键、保持键、转接键、切换键、拒接键、重拨键、静音键、会议键、自动键、拨号键、系统设置键、紧急键、麦克/手柄选择键、备用键等功能键组成。

触摸屏显示器操作界面如图 5-4 所示。

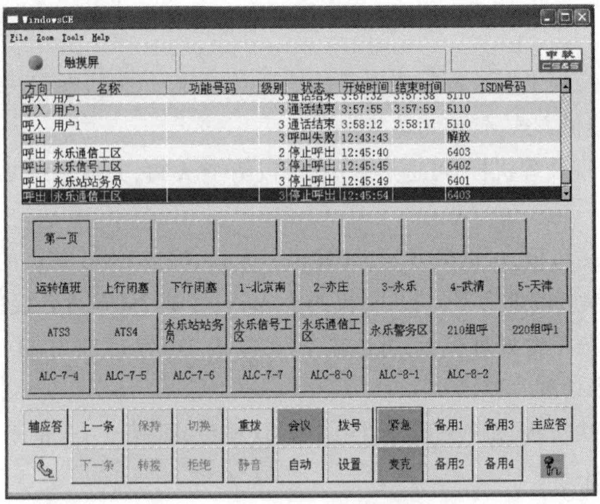

图 5-4 触摸屏显示器操作界面

现场测评

学生在实训室的触摸屏调度台上进行拨号呼叫及各项功能测试，教师根据其测试完整度及功能掌握情况进行打分。

任务评价

项目	评价内容	掌握程度		
		未掌握	基本掌握	熟练掌握
调度通信设备认知	调度通信系统组成及特点			
	CTT4000 型调度交换机机框			
	CTT4000 单板及功能			
	触摸屏调度台介绍			
	触摸屏调度台使用			
学习体会				

任务二　调度通信设备维护作业

知识目标

1. 掌握车站调度交换机维修类别(含日常检修、集中检修和重点整修)。
2. 掌握车站值班台维修类别(含日常检修、集中检修)。
3. 了解 CTT4000 系统常见故障处理思路。

能力目标

1. 具备车站调度交换机日常检修、集中检修和重点整修能力。
2. 具备车站值班台日常检修、集中检修能力。

任务描述

学生到实训室进行设备维护的实作考评,模拟 CTT4000 系统常见故障,进行故障处理。

知识准备

一、风险提示

1. 维修作业过程中人身安全风险

(1)登高作业造成伤害

简要原因:

部分数调主系统风扇位于机柜顶部,清洗风扇维修作业时需使用梯子,因此容易造成摔倒等危险。

防控措施:

①不能穿拖鞋、高跟鞋、裙子等衣物使用梯子。

②使用登高工具时必须双人作业,一人操作,一人负责安全盯控。

(2)柜内作业造成伤害

简要原因:

①柜内作业被零器件刮伤。

②柜内作业勿碰带电设备受伤。

防控措施:

①穿好防护服,不穿短袖衣物作业。

②做好防护工作,熟悉机柜带电设备位置,不触碰,不误碰。

③双人作业,一人操作,一人负责安全盯控。

(3)机柜安装过程中造成伤害

简要原因:

①机柜较重,人员不足,安排不合理。

②工具不良或使用不当。

③搬运方法不当。

防控措施:

①安排好作业力量,作业过程中加强安全盯控。

②作业前对工器具进行仔细检查,确保使用正常。

③制定合理的搬运方案。

2. 调度通信系统通信故障风险

(1)调度通信系统设备故障导致通信中断

简要原因:

①系统板件故障。

②系统电源故障。

③调度台/值班台故障。

④电路中断。

防控措施:

①严格按照《铁路通信维护规则》要求,按照标准作业流程进行设备日常维护。

②定期进行设备功能试验工作。

③熟悉设备性能。

④学习设备维护手册,熟悉操作流程。

⑤制定应急预案并定期进行演练。

(2)调度通信系统数据制作错误导致通信中断

简要原因:

①新数据制作流程不熟悉,导致数据制作错误,业务无法生效。

②数据修改过程出现错误操作,影响该业务使用。

③数据制作过程中因错误操作,造成大面积业务中断。

防控措施:

①熟悉数据制作流程,数据制作过程中需专人进行盯控。

②数据制作前后对数据进行备份,出现问题马上回退。

③加强业务学习,由专人进行数据制作培训。

(3)作业过程中造成通信中断,设备故障导致通信中断

简要原因:

①维修作业过程中误碰板件开关。

②机房作业过程中误碰配线架端口。

③违规操作导致设备出现故障。

防控措施:

①定制标准化作业流程,严格按照作业流程进行操作。

②定制作业方案,作业人员作业前熟悉方案作业流程,不违规操作。

二、设备维护

调度通信系统的维护主要依靠网管进行,现场维护人员必须在网管值班人员指导下进行维护操作和障碍处理。网管值班人员应具有全程全网的观念,熟知管内调度通信系统的网络结构和设备运行状态,并具备网管操作、维护指挥和应急处理的能力。

下面以调度通信现场设备为例,说明具体设备的维修项目和周期。

1. 车站调度交换机维修类别

车站调度交换机维修类别包括日常检修、集中检修和重点整修。

日常检修周期为月/季,项目包括时间核对调整、设备外部清扫,附属设备及缆线检查,防尘滤网、风扇检查清洁更换,时钟跟踪状态检查。

集中检修周期为年,项目包括输入电源电压测试,电源板主备倒换试验,主控板主备倒换试验,数字板主备倒换试验,配合数字环环头、环尾人工切换试验,地线测试,用户接口电气性能测试,呼叫优先级、强插、个别呼叫、紧急呼叫、组呼和会议呼叫等主要功能试验。

重点整修根据需要进行,项目包括整机清扫、检查、调整及更换部件,检查、调整、更换配线电缆、用户线缆。

2. 车站值班台维修类别

车站值班台维修类别包括日常检修、集中检修。

日常检修周期为日/月,项目包括访问用户,设备巡视,设备表面清扫、麦克风及连线检查,设备状态、按键灵敏度、时间显示等检查、调整,主备通道(双接口)、主辅通道呼叫、通话、切换试验,站间行车电话备用通道呼叫通话试验,调度业务、区间业务、站间业务、站场业务呼叫通话试验,应急分机呼入、呼出通话试验,标签核对、更新。

集中检修周期为年,项目包括保安装置及地线测试、检查、调整,整机清扫、检查、修理更换部件,检查调整、更换麦克风,呼叫通话、通话记录与查询、开机自检等主要功能试验。

调度通信设备现场维护作业年度检修为例,标准化操作步骤如下。

(1)作业前准备

①工长(或作业负责人)召开班前布置会、检查作业人员有无不适合作业情况(如饮酒、发烧)、确认调整人员后填发派工单;作业人员检查、试验仪器仪表,维修工具准备齐全,并携带常用板件和维修材料;需上道作业的人员按规定穿戴防护用品,携带防护用具。

②作业人员记录好设备运行状态及当前告警,并检查、试验仪表和通信工具良好。

③有影响外单位业务的,需提前联系外单位调度,在得到对方允许的情况下方可进行。

④联系车站运转室(调度所)值班人员了解设备使用情况,根据日常维护及检修作业内容进行登记,经值班人员同意、签认后方可进行作业。

(2)登记联系

①检修作业前需与网管联系,向网管汇报单位部门、姓名、作业内容,网管同意后方可进行作业。

②由现场作业人员填写“入室登记本”。

③涉及影响业务的,必须按规定指定一名联络员按规定时间在运统46(天窗点内作业)或“行车设备检查登记簿”(天窗点外作业)登记,到点后由联络员通知现场作业人员,方可进行作业。

(3)检修作业

①打开数调分系统前柜门,确认PWR板(电源板)、MPU板(模块处理机板)主、备用槽位。

②电源板主备切换试验(点内项目)。

经局调机房值班人员许可后,拔掉在用的 2 块电源板中的 1 块,观察设备是否断电,并再次联系局调网管确认业务是否正常;将拔出的电源板恢复,按上述步骤拔出另 1 块电源板,确认设备是否工作正常。

③主控板主备切换试验(点内项目)。

经局调机房值班人员许可后,用数调前台呼叫临站,保持通话状态,拔出当前主用的主控板,确认通话是否中断;操作完成后,恢复拔出的单板,按上述步骤对另 1 块主控板进行验证。

④录音仪录音检查试验。

现场用数调前台进行一次呼叫,然后调取录音仪录音,监听是否录入正常。

⑤配合进行系统主备通道保护人工切换试验(点内项目)。

经局调机房值班人员许可后,用数调前台呼叫临站,保持通话状态,在传输 DDF 架上拔掉当前站点对上下行方向的 1 个 2M 端子,观察通话是否中断。恢复 2M 端子后,再进行另 1 个 2M 测试。部分相切环的站点有 4 个 2M 的,要求每个 2M 都要进行测试。

⑥检查、调整,更换 2B+D 配线(点内项目)。

检查 2B+D 配线是否整齐合理,接触良好无损伤、无虚断,标签、标识清晰完整。

⑦检查、调整,更换不良部件。

检查数调分系统整机各部件是否正常,有问题的及时更换。

⑧数调(值班台)检修(点内项目)。

a. 数调值班台功能试验。对数调前台的一些常用功能进行功能试验。

b. 车站值班台应急分机通话试验(含呼入,呼出)。局调机房值班人员许可后,人为模拟数调前台故障,例如关掉数调前台电源、拔掉 2B+D 线等,用应急分机呼叫临站,看是否能正常使用。同理进行呼入试验。

c. 运用标签核对、更新。对数调前台主机及其附属连接设备的各种线缆逐个进行检查,要求每根线缆两头必须有正确标识,对破损、缺失、不正确的标识进行更新。

d. 值班台整机检查、修理及更换部件。对值班台整机进行检查,对于有问题的部件及时进行更换。

e. 值班台加固及调整分机安装位置。对值班台进行稳固调整,使其可靠运行。

(4)销记确认

①现场作业人员确认所有作业设备运行良好,与网管确认无异常。

②现场作业人员在"入室登记本"登记离开时间,确认所有人员、机具、材料全部撤离至安全地带,查看机械室内无异常现象后离开。

③驻站(驻调度所)联络员在运统 46 或"行车设备检查登记簿"上销记。

(5)记录总结

①作业负责人员对当次施工(天窗)作业质量标准、安全措施执行、联络防护等情况进行小结、点评。

②作业负责人总结注意事项,相关资料归档。

三、CTT4000 系统常见故障处理

1. 常见故障一

故障现象:跨模块间通话不好,模块内通话正常。

原因分析：出现这种现象可能有三个原因。一是4 K机框数据可能有错误；二是背板后面的高速总线及附属串口驱动器松动或故障；三是两个模块中的模块处理机板（MPU板）故障。

处理步骤：如果是4 K机框数据可能有错误的话，在配置环数据窗口中选择"机框数据"项，单击下方的4 K机框数据按钮，进入配置4 K机框数据子窗口，检查数据是否与标准数据一致（对于单机架4子模块的4 K系统而言，至少要保证方框内的数据是一致的）；如果是背板后面的高速总线及附属串口驱动器松动或故障，须重新插紧或更换相应的高速总线及附属串口驱动器；如果是两个模块中的模块处理机板（MPU板）故障，可分别复位或者更换。

2. 常见故障二

故障现象：实际业务正常时，维护台监测不到某模块框。

原因分析：可能是背板网线插头松动或者网线故障。

处理步骤：观察A、B平面网络指示灯状态（ET1或ET2闪亮）是否正常。若不正常，检查网线插头是否松动，若松动，重新插紧两侧插头后进行观察，仍监测不到的话须更换网线。

3. 常见故障三

故障现象：工作正常的MPU板，突然加载不了数据。

原因分析：数据配置错误或者是MPU板宕机。

处理步骤：出现这种情况，首先确认一下单击加载数据后有没有错误提示。如果有错误提示，则是数据配置出现错误，检查新改动的数据；如果没有错误提示，只是进度条不动或者回复"写入Flash失败"，复位该MPU板，待系统重新启动后，重新加载数据尝试。

4. 常见故障四

故障现象：维护台监测不到新增的DDU板。

原因分析：原因可能为数据未加载、DDU虚插或者MPU板宕机。

处理步骤：首先要确定数据是否加载，DDU板是否插到位。如果还监测不到，复位同模块的两块MPU板，待系统重新启动后，就能看到新加的DDU板了。

5. 常见故障五

故障现象：中软一体化触摸屏调度台Lauch文件打开失败。

原因分析：可能是启动文件Lanuch文件版本不对或者是Lauch文件制式名不对。

处理步骤：默认Lanuch文件路径：\Disk\GSMRDDT3\GSMRDDT3_1. exe，如果文件版本不对就用正确的文件替换掉；修改指定Lauch文件制式方法：运行"\Disk\RegEdit. exe"进入注册表（或直接在Disk目录里打开）→Local Device→HCEY_LOCAL_MACHINE→int→单击Launch配置→修改下方Value值，即可修改指定Lauch文件制式名。

现场测评

1. 模拟进行车站值班台集中检修项目。

2. 模拟故障处理:中软一体化触摸屏调度台 Lauch 文件启动失败。

任务评价

项目	评价内容	掌握程度		
		未掌握	基本掌握	熟练掌握
调度通信维护作业	车站调度交换机维修类别			
	车站值班台维修类别			
	调度通信维修作业			
	CTT4000 调度通信系统常见模块故障			
	CTT4000 调度通信系统常见网管故障			
	CTT4000 调度通信系统常见板件故障			
	CTT4000 调度通信系统常见调度台故障			
学习体会				

任务三　调度通信系统组网

知识目标

了解调度通信系统的四种组网方式。

能力目标

画出调度通信系统设备组网示意图。

任务描述

到实训室进行现场学习,通过观察设备物理连接,以及查看网管数据及电路台账,画出设备组网示意图。

知识准备

调度系统具有灵活的组网功能,可支持多种组网方式,组网方式可以根据用户的实际情况和业务需求灵活采用总线方式、环状方式、星状方式、树状方式和双中心网状方式等。

未来多媒体调度系统还可以扩展为具有 IP 组网方式的调度系统，以充分满足市场的需求及发展趋势，目前该技术已经在部分铁路线路开展试用。

一、既有电路组网方式

1. 总线方式

调度指挥中心与节点 1、节点 1 与节点 2 之间通过数字中继相连，节点 2 与调度指挥中心之间的通信要通过节点 1 的交换功能完成，总线组网方式如图 5-5 所示。总线组网方式多适用于各个节点呈线形分布且节点数目相对较少的情况。

图 5-5　总线组网

2. 环状方式

多个系统通过 E1 数字中继接口相连，主系统的下行 E1 口经过数字传输通道连接到分系统 1 的上行 E1 口，分系统 1 的下行 E1 口同样经过数字传输通道连接到分系统 2 的上行 E1 口上，如此串接到最后一个分系统的上行 E1 口，其下行 E1 口经过另外一条数字传输通道直接连接到主系统的上行 E1 数字接口上。这样，这 n 个分系统与主系统就构成了一个封闭的数字环。

主系统有多个数字环 E1 接口，可以组成多个数字环，每个分系统可以在多个数字环中，并且可以在有的数字环中作主系统，在有的数字环中作分系统，数字环 2M 通道具有数字环自愈和断电直通的特点。

在一般情况下，通信使用下行 E1 通道，系统实时监测 2M 口的通信状态，当检测到数字环下行 E1 通道的某处断开时，立刻切换至上行 E1 通道方向进行通信，从而保证数字环的任何一处断开都不会影响系统的正常通信，切换时间为毫秒级。

有些情况下，某个车站由于一些特殊原因系统出现断电的情况，则此系统的上、下行 E1 口将自动对接起来，构成一个封闭的数字环从而不会影响系统正常通信。

3. 星状方式

其他组网方式包括星状和树状组网等等。

星状组网方式的枢纽系统提供多个 2M 数字接口，分别与各分系统的 2M 数字接口连接，每个分系统对应于枢纽系统都有自己独立的 2M 通道，枢纽系统与任一分系统间可独立完成话音及数据等业务，如图 5-6 所示。

4. 树状方式

树状调度网络是多级星状方式的叠加，每级系统均可通过星状组网方式与上一级或下一级系统进行通信，从而构成多级数字调度指挥网络。

5. 双中心网状方式

常见的双中心网状方式组网有两种，一种是双主系统与分系统分别组环，另一种是双主系统与分系统在一个数字环内，如图 5-7、图 5-8 所示。

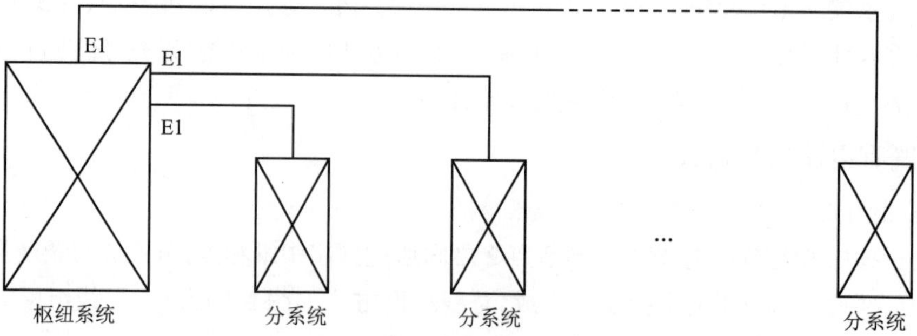

图 5-6　星状组网

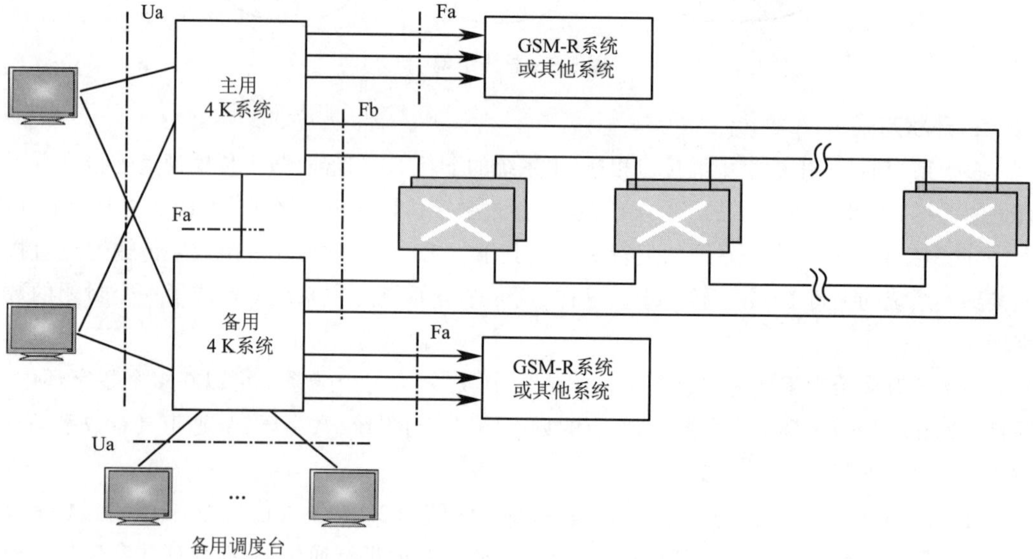

图 5-7　双主系统与分系统在一个数字环内

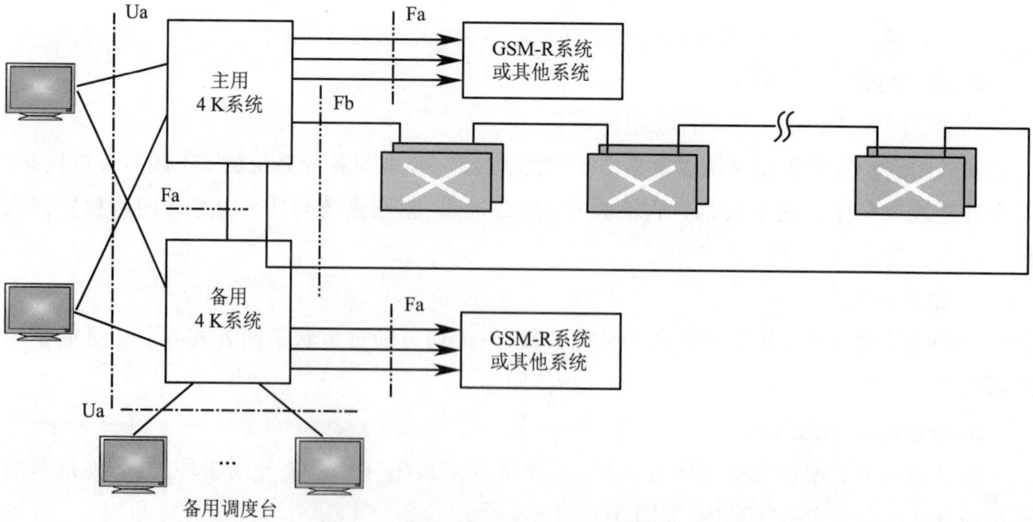

图 5-8　双主系统与分系统在一个数字环内

二、组网未来发展展望

随着通信技术更新迭代,调度通信业务向着 IP 化、数字化、流量大颗粒化发展,这对调度通信系统组网架构、系统构成、终端功能提出了更高的要求。后续展望基于 IP 组网的 CTT4100 多媒体调度通信系统,主要步骤如下:承载架构:申请对应的数据网 IP 地址资源;布放线缆,开通各站分系统三层交换机至距离最近的数据网路由器的通道;开通数据网资源,进行交换机数据配置,规划好交换机端口及 IP,调试通道,确保通道畅通。

现场测评

1. 调度通信系统有哪几种常见电路组网方式?简单画出示意图。

2. 画出实训室调度通信系统设备组网示意图。

任务评价

项目	评价内容	掌握程度		
		未掌握	基本掌握	熟练掌握
调度通信组网能力	调度通信常见组网方式			
	简单的组网实例			
学习体会				

同步练习

一、选择题

1. 中软触摸屏调度台前台有(　　)个备用键。

　A. 2　　B. 3　　C. 4　　D. 1

2. 调度通信是以调度员为中心,独立封闭的(　　)通信。

　A. 一点对多点　　B. 点对点　　C. 多点对多点　　D. 多点对一点

3. 具有数字环自愈、断电直通等特点的组网方式是(　　)。

　A. 星状组网方式　　B. 总线方式组网　　C. 综合组网方式　　D. 树状方式组网

4. 中软 CTT4000 调度系统支持星状组网,支持(　　)。

A. Dss1 信令　　B. No.7 信令　　C. No.1 信令　　D. 私有专用信令

5. 中软调度系统 MPU 板提供整个主机系统所需的 4 级时钟,具有(　　)工作模式。

A. 自由振荡　　B. 跟踪　　C. 保持　　D. 通话

二、填空题

1. 中软触摸屏调度台主机连接麦克风的接口是________。

2. 铁路调度通信系统由干线调度和________调度通信系统组成。

3. 中软 CTT4000 调度系统调度台通话回路部分分为主通道(外置麦克风和扬声器)和辅通道(手柄)两部分,两个通道均为________通信。

4. 中软 FAS 主系统的时钟板是________。

5. 在触摸屏调度台上对本方的麦克屏蔽,使对方听不到本方声音的功能按键是________。

三、简答题

1. (1)写出中软 CTT4000 调度交换(FAS)系统中 DTU 板、30B+D 板、DDU 板的中文名称并简单介绍其功能。

(2)与调度台、FAS 分系统、MSC 相连的是哪块板件?

2. 中软 CTT4000FAS 分系统中,对方听不到本站触摸屏调度台声音的原因可能有哪些?

3. 中软数调每个分系统后台机柜接了三根电源线,分别是什么?

模块六　铁路会议通信系统

铁路会议通信系统是专为铁路行业设计的通信解决方案，是一种利用通信线路将不同地点的会议室连接起来，通过会议电视方式召开会议的图像通信方式。它对于确保铁路运营的安全性、提高效率、实时交流、节省成本、远程培训、促进不同部门间的协调合作、领导指示批示及时上传下达等起到了至关重要的作用，尤其是在紧急情况下快速响应和决策的能力。该系统是当前铁路行业信息沟通的最理想的方式，会议通信系统正朝着更加普及、智能、多样化和个性化的方向发展，是铁路通信系统的重要组成部分。

任务一　会议设备认知

知识目标

1. 掌握会议通信系统的功能和用途。
2. 掌握会议通信系统的组网架构。
3. 掌握会议通信系统中每个设备的功能。
4. 了解会议通信系统的主要风险源。

能力目标

1. 能识别会议通信主流 MCU、终端的规格型号。
2. 能区分 MCU 的设备板卡。
3. 能掌握各板卡的主要功能。
4. 能识别会议通信系统的主要风险源。

任务描述

1. 参观实训室，观察会议通信设备工作状态，并对 MCU、终端、板卡功能和组网进行分组讨论，认识会议设备组网的多样性和复杂性，根据实际情况和具有的设备完成合适的组网。

2. 学生通过对会议通信系统的认识和学习，掌握其时效性和重要性的同时，要了解其主要风险源，尽量避免风险发生。

知识准备

会议通信系统为身处异地的公司、站段提供了一个虚拟的会议室，与国铁集团、铁路局集团公司之间建立了语音、图像和信息通道，提高了工作效率。会议通信系统的总体结构如图 6-1 所示。

依据《会议电视系统工程设计规范》(YD/T 5032—2018)、《铁路通信维护规则》等相关要求，会议通信设备分为会议中心通信设备和会议会场通信设备。会议中心通信设备负责接收和转发会场音频、视频和数据信息，对各会场的音、视频进行编解码，并在主会场展示、播放，为领导决策工作提供参考。会议会场通信设备负责采集会场音频、视频和数据信息，及时上传至

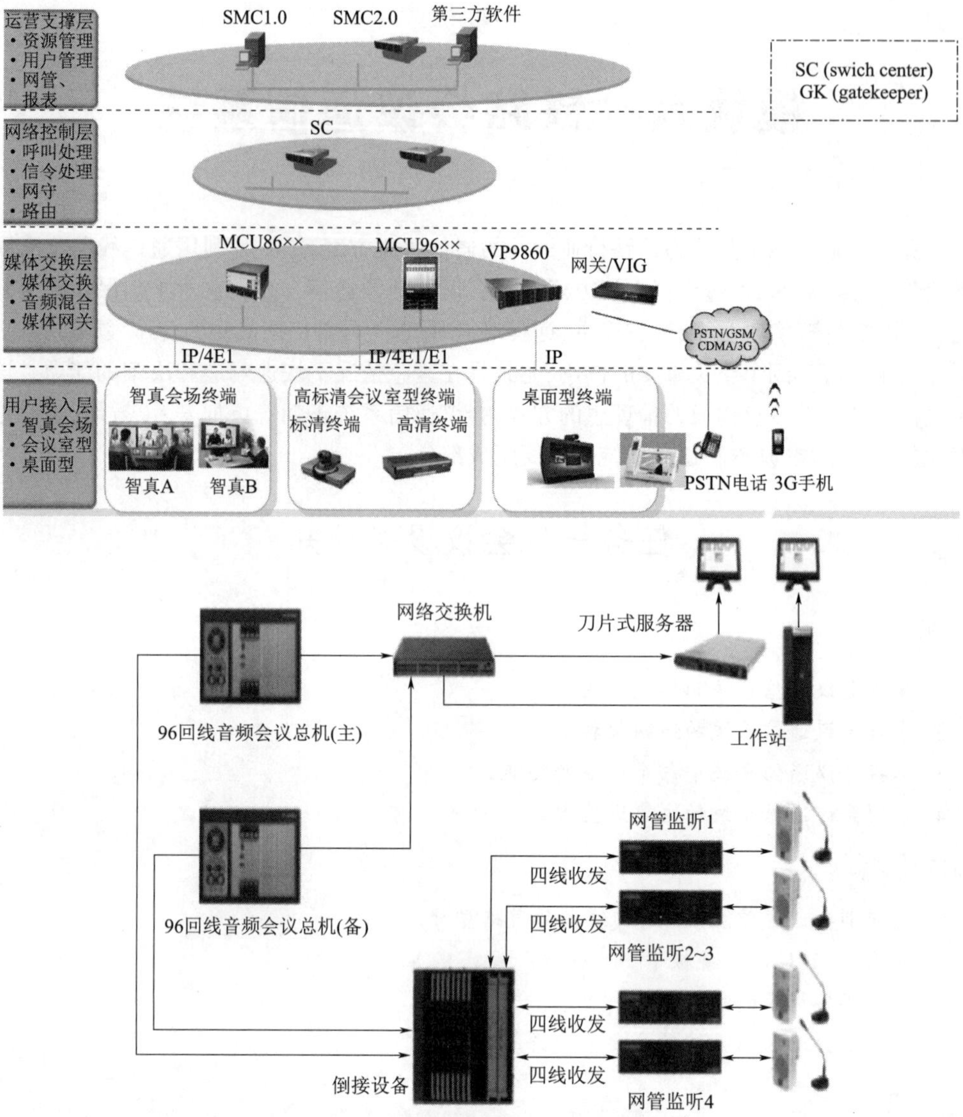

图 6-1　会议通信系统总体结构

会议中心通信设备;同时接收会议中心设备转发下来的音频、视频和数据信息,并将这些信息展示在分会场,使参会的各方信息共享。

目前会议通信系统均采用星状组网方式,主要采用数据网接入的方式。不同的会议通信系统既可以独立使用,又可以融合在一起使用;既可以召开主席会议,又可以召开主叫呼集会议;既可以单独作为会议系统使用,又可以和应急通信系统相结合,作为应急通信系统不可缺少的部分。随着会议通信技术的不断发展,会议通信越来越方便,分会场设备越来越简单,部署越来越快速,作用发挥越来越重要。

会议通信系统组网示意如图 6-2 所示。

1. 会议设备

(1)会议设备的组成

会议设备包含会议总机、会议转接机、会议分机,以及调音台、话筒、会场扩音等附属设备。

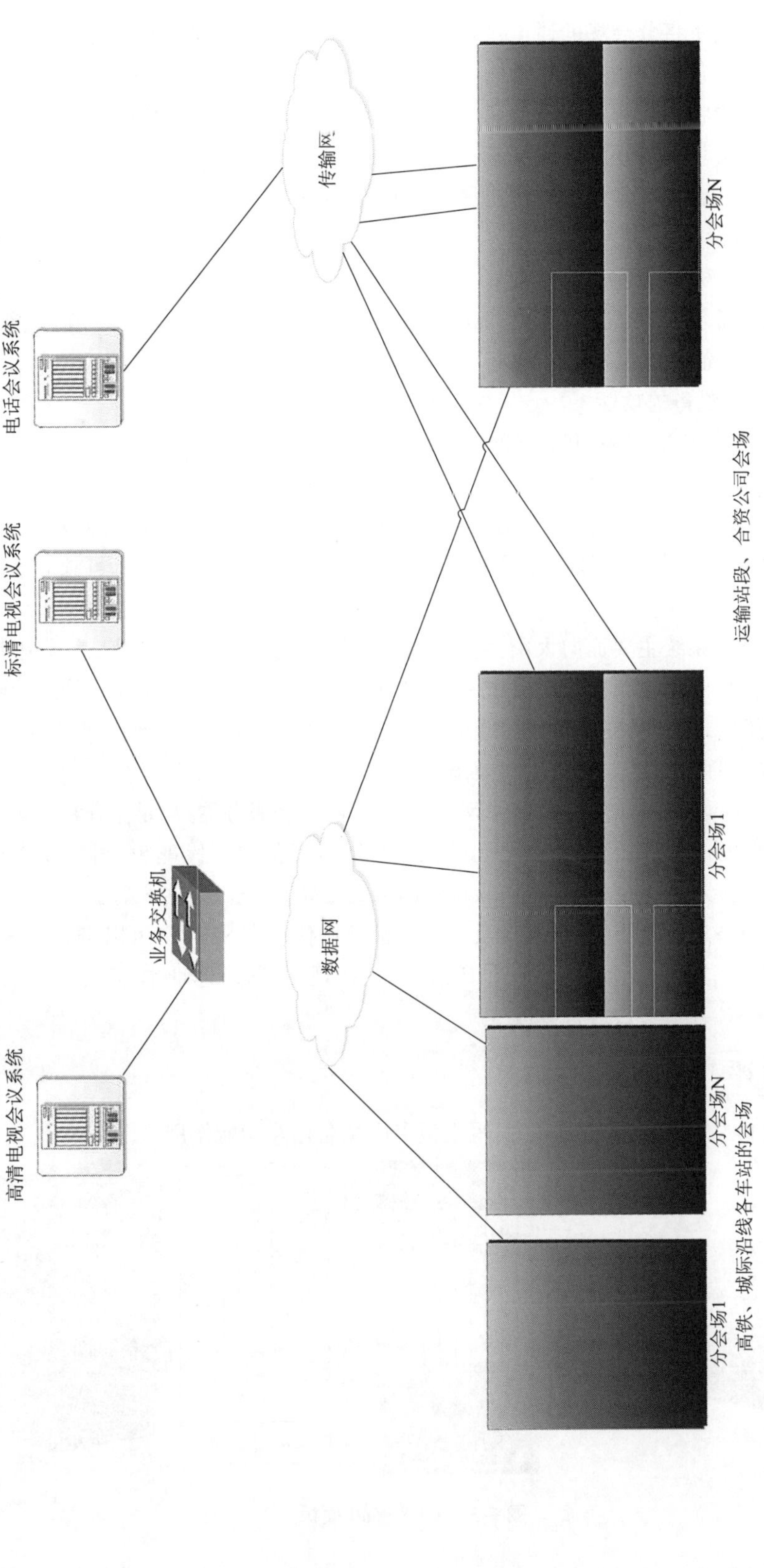

图 6-2　会议通信系统组网示意

(2)会议设备的功能

会议总机负责对各分会场的声音进行汇接、调整和输出。

会议转接机负责将分会场的通道接入会议总机,并根据需要,将会议通道进行切换,接入主用会议总机或者备用会议总机。

会议分机负责将本地的声音放大后输出给会议总机,将会议总机传输过来的声音信号放大后输出至本地会场的扩音设备。

调音台、话筒、会场扩音设备的功能和会议电视设备中的功能相同。

2. 会议电视设备(音视频)

(1)会议电视设备的组成

会议电视设备包含多点控制单元(MCU)、网守、网管、会议电视终端、摄像机、视频矩阵、图像显示设备、话筒、调音台、功放、音箱、网络交换机等附属设备。

(2)会议电视设备的功能

现网 MCU 型号包括华为 MCU8660、MCU9630、MCU9660、MCU9860。

MCU 在 Cloud VC 解决方案中,定位为视频、音频、数据融合统一的会议服务器产品,是媒体码流的处理和转发中心。基于 CloudMCU 软件和华为 Taishan200 ARM/2288X x86 服务器定制开发,软硬件集成发布。软件功能继承 CloudMCU 的多流数据会议特性,可独立使用或级联现网 MCU。

SMC 业务管理系统主要面向大中型企业的视频通信业务,提供统一管理、集中控制的解决方案。SMC 提供全网会议电视设备统一管理、媒体资源统一调度,具备简单易用的会管会控和可视化运维管理功能,支持对接智能会议服务器管理人脸数据、配置签到,为普通用户、会议管理员、系统管理员提供方便快捷的操作。

SC(switch center)是 H. 323 和 SIP 标准注册和呼叫控制服务器,满足企业用户内部网络与外部网络、总部和分支机构及跨企业之间的无缝视频沟通需求。代理 SC 可实现大流量媒体代理及多运营商接入。同时 SC 集成防火墙穿越方案,SMC 为 SC 提供了基于 SMC web 管理的界面,能对 SC 设备进行配置、状态监控及系统维护等操作。在 SMC 中可以查看的 SC 信息包括:日志和告警、区域信息、成员规则、号码变换、查找规则、网络地址本、带宽管理、路由控制等,同时支持对 SC 各项参数进行修改。

现场测评

1. 根据图 6-3 MCU9660 的面板图,写出板卡中文名称及功能作用。

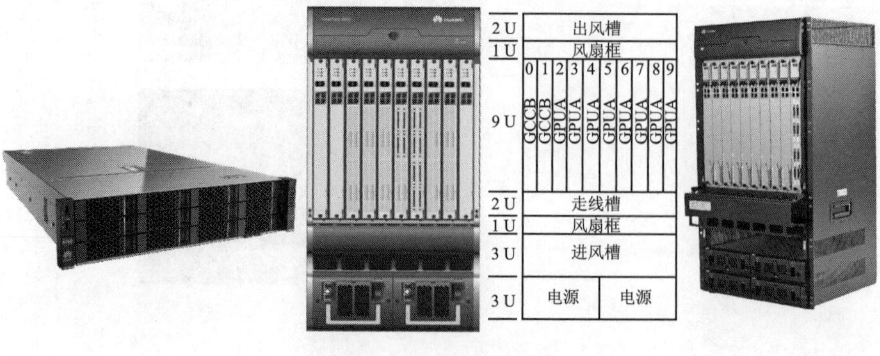

图 6-3 MCU9660 面板

2. 若给出设备会议电视终端、摄像机、话筒、电视机,请完成该会场的搭建工作。

任务评价

项目	评价内容	掌握程度		
		未掌握	基本掌握	熟练掌握
会议通信系统的基础知识、会场连接和组网	会议系统的概念及应用			
	会议电视系统的设备认知及功能			
	会议电视系统会场设备的连接			
	会议电视系统的组网			
学习体会				

任务二　会议设备维护作业

知识目标

1. 掌握会议通信系统试、值机的要求。
2. 掌握 MCU 设备的检修作业项目及步骤。
3. 掌握会议电视终端设备的检修作业项目及步骤。

能力目标

1. 能准确掌握会议通信系统试、值机的基本规定和标准。
2. 能准确复述 MCU 设备的检修作业项目、操作步骤和注意事项。
3. 能准确复述会议电视终端设备的检修作业项目、操作步骤和注意事项。

任务描述

参观实训室,了解会议通信设备的日常使用和维护作业,掌握会议通信系统的试、值机,计表维护工作。

知识准备

一、安全风险提示

会议通信系统在现代企业中扮演着越来越重要的角色,尤其是在远程工作和协作变得日益普遍的背景下。然而,随着使用量的增加,安全风险也随之上升。会议通信保障面临的是在规定时间内召开会议通信或者在突发事件时召开紧急会议,铁路通信部门要在限定的时间内建立会议通信系统,在参加会议通信的各个会场之间进行声音、图像、数据的传递和共享,以及命令的快速传达和部署。由于时间紧迫及日常维护工作不到位,可能导致会议通信建立不成功。

(1)会议通信设备不能提供业务

简要原因:

①MCU硬件故障。

②网管硬件或软件故障。

③网守数据配置错误。

④网络设置错误。

防控措施:

①严格按《铁路通信维护规则》要求进行日常维护和定期检修。

②定期进行系统健康性检查。

(2)会议通信设备不能按时传输图像及语音

简要原因:

①会议通信设备日常维护不到位。

②应急操作不熟练,处置不当。

防控措施:

①定期检查,确保会议通信设备完好。

②定期进行会议通信应急演练。

(3)会议预案演练培训不到位,人员应急能力不足

简要原因:

①未组织会议中心(工区)人员进行会议预案培训或演练,导致预案实施混乱、应急处置能力不够,延误设备恢复。

②车间、工区日常应急设备培训不到位,不会对备品备件进行正确的参数配置。

防控措施:

①每年组织对承担会议应急预案实施的人员进行全覆盖培训或演练一次,调度指挥中心应对演练的关键环节进行提示、把关,对演练过程进行盯控。

②备品备件的参数配置纳入工区日常业务学习。

(4)会议系统问题汇报不畅或指挥不当

简要原因:

①会议设备试验时存在的问题不汇报、汇报不及时或不准确。

②指挥混乱,多头指挥。

③违章、错误指挥。

防控措施:

①规范会议系统问题的汇报、分析、处理流程,严禁不报、漏报、虚报、瞒报。

②规范问题处理指挥程序,实行单一指挥、专家指挥,杜绝多头指挥。

③会议系统问题指挥人员严禁违反电务基本安全规章制度,杜绝违章指挥。

④应急处置人员必须携带通信设备,与调度指挥中心保持联系。

二、试值机维护作业

按照国铁集团要求,落实双人值机制度、重要会议干部包保值机制度;公休日和法定节假日期间,保证紧急情况下接到通知后 2 h 内具备开会条件。值机人员应按要求做好会前试机工作。按照会议调度命令要求接线,不得随意接入与本次会议无关的终端设备。会议试值机期间,值机人员应严守工作岗位,认真监听和监视,严禁脱岗和在岗期间办理与会议无关的事项,随时根据主会场和用户要求切换音视频信号。会议值机人员应熟悉并严格执行安全保密制度。

(1)调度命令登记

接到段调度会议通知(命令)后,在"会议通知(命令)登记本"中记录命令号、发令单位、发令人、发(受)令时间、命令内容、试机时间、传达布置内容等信息,制订"会议运用情况记录表"。

(2)试机准备

①工长(或小班长)召开班前布置会、检查值机人员是否有不适合作业的情况(如饮酒、发烧),明确会议调令(双人确认)、试值机人员安排,布置针对性措施,做好安全预想、风险提示;提前与会务人员沟通联系,确认会议议程需求。并在"会议运用情况记录表"上相应卡控位置进行签字确认。

②国铁集团电视会议开机试线应于会前 90 min 进行,铁路局集团公司级电视会议开机试线应于会前 60 min 进行。试线期间,值机人员应监听、监视主会场播放的音视频信号,及时确认本端音视频和通道设备运行状态良好,发现问题及时处理。

③音频会议试机准备

a. 打开会议总机、调音台、内部会议系统等设备电源并确认并试验确保设备应用正常。

b. 严格按会议调令接入各会议电路。

c. 试验主会场(含管内会场)话筒及调整会场音箱音量,确保会场所有话筒(逐个试验,含应急话筒)送话、接触良好,音箱音量适中,核对会场时钟。

④视频会议试机准备

a. 打开网管服务器(控制台)、会议电视终端、摄像机、矩阵设备、机房监视器(会场显示屏)、调音台等设备电源并确认设备运用正常。

b. 严格按会议调令接入站段或公司在 SMC 上建立会议模块(使用原模块应进行核查)。

c. 确认会议模块时长为永久会议,主席终端、观看源、广播源是否正确,话筒是否关闭,级联通道是否良好。

d. 确定会议电视终端视频输入源,试验会场主、辅摄像源,会场显示与机房监视是否同步。

(3)会议试机

①视频值机员在会议试机开始 10 min 内完成与管内 MCU 级联试验并使用主席,终端申请主席按照会议流程进行会议操作试验。调整分会场摄像在合适位置(4~6 人位)并使分会场均观看主会场图像,确认图像良好。

②音频值机员试机点名时,应在主会场主席位(发言席)逐个对参会的分会场进行确认,重点对发言单位进行图像、通话试验,并做好相关记录。

③小班长在开会前 30 min 将未入会的分会场报会务人员及段调度协助处理并做好记录。

④音频值机员在开会前 5 min 完成主会场总机汇接点第二次点名（Ⅰ级会在开会前 15 min）及主会场桌面系统最后通话试验。

⑤开会前 15 min 视频网管值机员对网管进行广播源、话筒开关、级联端口、会议时长、主席终端检查，确保处于开会状态。

⑥开会前 15 min web 值机员根据会务人员要求，制作轮巡模板，确保按要求轮巡指定会场，严禁轮巡监控终端等非参会终端。

(4) 会议值机

①值机人员必须认真监听和监视，严守工作岗位，随时根据主会场领导和会务人员要求切换音视频信号，出现故障要立即启动应急倒带机制。

②会议期间主会场发言，设置广播主会场后以 10 s 间隔时间轮巡其他分会场图像。

③常规情况下，广播主席终端（主会场）为视频源，各分会场观看主会场图像；如有分会场发言根据会务人员要求或如分会场发言领导为集团领导，则选择广播方式广播发言分会场图像，让其他会场观看发言会场。

④领导点名时，超过 2 次点名会场未应答时，音频值机员应及时打开值机话筒插话：××站（段）请答话。

⑤对话时，发现未对准话筒或者拿错话筒答话的会场，音频值机员应及时打开值机话筒提示：××站（段）请对准话筒或××站（段）请拿旁边话筒答话。

(5) 会后登记

①会议结束后确认主会场领导起身离座后，音频值机员打开值机话筒宣布撤线或关机（Ⅰ级会需断开主会场功放后再宣布），各总机汇接点、分会场值机人员听到宣布撤线后方可关闭设备；

②视频值机员与音频值机员汇总信息后填写完整会议记录表，对本次会议的试机情况、召开情况、发言与收听收看效果，以及突发情况等进行登记，并汇报段调度会议召开情况及结束时间。

三、MCU 设备检修维护作业

本检修维护作业适用于指导进行会议电视 MCU 设备检修工作，规定了会议电视 MCU 设备检修作业项目、内容及相关标准。

(1) 安全风险（注意事项）

①不能使用潮湿抹布清洁机柜内部及板件，毛刷金属部位需使用绝缘胶带包裹。

②使用毛刷清扫设备机框浮灰时，注意清扫力度和幅度，严禁碰撞机框配线、波特开关，严禁改变波特开关状态；爬高和用电时注意人身安全。

(2) 作业流程、内容、标准

①作业前准备

作业人员做好检修前准备工作，检查维修工具及通信工具；检查设备运用状态，做好重要数据备份、记录和采集工作。

②登记联系

检修作业前需与机房管理方联系，履行进入专用机房计表作业手续，向其说明单位部门、姓名、作业内容，机房管理方同意后方可进行检修作业。

③设备表面清扫、状态检查

a. 进入机房前检查消防自动灭火系统，必须检查系统状态（自动或手动），并保持机房门处于敞开状态，确保系统发生误动作时，作业人员能及时撤离机房。穿戴好防静电手环，准备好手电筒辅助照明工具。

b. 检查机房配电（空开）是否正常、设备电源指示灯状态是否正常。

c. 查看机柜内部前后两面板件的运行情况是否正常。

d. 查看主控板指示灯状态是否正常。

e. 经查看设备运行状态正常，登录会议管理账号，进入设备网管查看有无重要告警和次要告警，确认当前无正在召开的会议，然后按顺序、逐个关闭设备电源。

f. 使用干毛巾和绝缘良好的毛刷自上而下清洁机柜内外部及设备表面。

④连接线缆、标签检查

a. 检查设备连线线缆连接是否紧固、有无接触不良，配线是否整齐美观、无交叉。

b. 检查连线线缆标签是否符合标准、描述正确。

c. 检查 MCU 至交换机相应端口的端口号是否正确清楚。

d. 检查完毕后，按顺序、逐个打开 MCU 电源，等待设备重启（设备全部重启完毕约 5 min）。

e. 查看电源指示灯状态是否正常，查看板件指示灯状态是否正常。

⑤会议控制功能试验

测试主席控制功能是否正常。

⑥双向音视频功能试验

a. 在当前会议中添加测试终端、配合试验会议终端（如铁路局集团公司主会场终端）。

b. 在通过 MCU9860 召集的会议里打开两个终端话筒，进行双向音视频功能测试，音频质量主观评价。确认音视频编辑码能力正常。

c. 测试双方观察本、远端视频图像，主观评价图像质量。

⑦双流功能试验

a. 将传送辅流所用笔记本电脑连接至测试终端。

b. 打开笔记本电脑电源，等待设备启动。

c. 登录测试终端并申请主席，以共享方式发送辅流。

d. 登录配合试验的另一台会议终端，查看是否能同时收到主席终端传送的图像。确认辅流编解码能力是否正常。

⑧时间检查核对

登录 MCU 系统管理 web 界面，选择“系统配置”>“基础配置”>“时间配置”，将系统时间与北京时间进行核对。

⑨会议模板定制设置校对

a. 登录 MCU 会议管理 web 界面，输入账号、密码。

b. 选择“业务发放”>“外部会议室”>“root”，逐一核对会场与台账的一致性，修正错误。

c. 核对会议模板参数，会议时间为“一直持续”。

⑩远端闭音功能试验

双向音视频功能试验时已完成(在终端侧进行关闭话筒、音箱实验操作)。

⑪MCU 关机重启

按要求进行设备重启,重启后注意各项功能试验。

⑫异地容灾

执行异地容灾 MCU 倒换试验。

⑬会议参数设置检查、系统日志检查和备份、版本核对

a. 登录 MCU 系统管理网页,选择"会议配置",依次核对"会议策略""会议能力""会议控制"项目。

b. 登录 MCU 系统管理界面,选择"维护管理">"日志管理",将"操作日志""安全日志""运行日志"导出并进行保存;检查安全日志有无异常告警。

c. 选择"维护">"日志">"归档日志",将日志导出进行保存;检查系统日志有无异常告警。

d. 在首页中进行版本核对。

e. 将系统日志备份至 MCU 专用的外部存储介质。

⑭增减会议点功能试验

在"会场编辑"栏进行增减会议点测试,增减完毕,再查看会议模块,确认增减会议点功能是否正常。

⑮清洁设备防尘滤网和风扇

根据不同 MCU 风扇位置进行清洁。

⑯级联双路由倒换试验

a. 断开 S7703-2 网口,路由自动倒换至数据网。

b. 验证业务是否正常,验证完毕后,将 S7703-2 网口复原,再次验证业务是否正常。

⑰主备电源模块切换试验

a. 以 MCU9860 为例,MCU 由双电源模块供电,在模拟召开会议时,关闭 MCU 第一块电源模块开关准备倒换。

b. 关闭后查看第二块电源模块指示灯状态是否正常。

c. 查看正在召开的会议,观察会议业务是否正常。

⑱主备主控板切换试验

a. 在模拟召开会议时,断开主用主控板,观察会议调度、控制影响的时间,正常情况下在 5~8 min。

b. 查看 MCU 主用主控板是否自动切换至备用主控板工作(观察指示灯状态)。

c. 查看正在召开的会议,观察会议业务是否正常。

d. 切换试验完毕,插回主用主控板,查看其指示灯状态是否正常。

e. 断开备用主控板并查看是否成功切换回主用主控板,切换成功后插入备用主控板。

f. 查看正在召开的会议,观察会议业务是否正常。

⑲热备用业务板切换

a. 在模拟召开会议时, 拔掉主用业务板(会议业务切换至热备用业务板,在不涉及信令板的情况下,正常影响范围在 2~3 min)。

b. 查看 MCU 是否成功自动切换至热备用业务板。

c. 查看正在召开的会议，观察会议业务是否正常。

d. 切换试验完毕，插回主用业务板，查看其指示灯状态是否正常。

e. 断开热备用业务板并察看是否成功切换回主用业务板，切换成功后插入热备用业务板。

f. 查看正在召开的会议，观察会议业务是否正常。

⑳主备网口切换

a. 在模拟召开会议时，断开 MCU 主用主控板 GE0 口网线通道（正常情况倒换时间在 2~3 s）。

b. 断开后自动倒代至 GE1 口网线通道。

c. 查看 GE1 口指示灯是否正常。

d. 查看正在召开的会议，观察会议业务是否正常。

e. 接入 GE0 口网线通道，断开 GE1 口网线通道，察看是否切换成功。

f. 查看正在召开的会议，观察会议业务是否正常。

四、会议电视终端设备检修维护作业

(1) 主题内容和适用范围

①适用于指导进行会议电视终端设备检修工作。

②规定了会议电视终端设备检修作业项目、内容及相关标准。

(2) 安全风险

①毛刷金属部位需使用绝缘胶带包裹，不能使用潮湿抹布清洁机柜内部及板件。

②用电时注意人身安全。

(3) 作业流程、内容、标准及图示

①作业前准备

作业人员做好检修前准备工作，检查维修工具及通信工具，检查设备运用状态。

②设备表面清扫及状态检查

a. 用毛刷和干燥的软布将终端表面、终端背面的线缆连线头的浮土清洁干净。

b. 清洁完毕，打开终端电源，检查终端正面、背面指示灯状态是否正常，查看终端是否能成功加入会议。

③缆线、标签检查

a. 检查设备线缆是否连接紧固，有无接触不良；配线是否整齐美观、无交叉；设备标签是否完好；地线连接是否牢靠。

b. 检查线缆标签是否符合标准、描述正确。

④遥控器功能检查

a. 检查终端设备遥控器电池有无鼓漏、变软，如有鼓漏、变软及时更换电池。

b. 逐一检查遥控器按键功能是否正常。

⑤图像、通话试验（音频输出、音频输入、视频输出、视频输入）

a. 联系配合人员开始业务测试，等待配合人员做好准备工作。

b. 使用遥控器进入计表终端菜单页面，建立与配合试验终端点对点呼叫会议模式。

c. 与配合人员进行双向音频通话测试，音频质量主观评价。

d. 与配合人员进行双向视频功能测试，视频质量主观评价。

⑥软件设置检查(会议名称、入会方式)

a. 进入终端“设置”菜单页面,查看“基本信息”。

b. 查看会议名称、入会方式是否正确。

c. 查看终端时间是否正确。

⑦视频源切换功能试验

a. 使用遥控器进入摄像机快捷键。

b. 进入“选择摄像机”页面,选择切换本地视频源。

c. 观察视频源切换是否正确。

五、检修记录

根据学习内容填写会议设备检修记录本,见表6-1、表6-2。

表 6-1 会议电视 MCU 设备检修记录

设备名称:×× MCU 设备　　　　年　月　日

类别	序号	项目与内容	周期	完成情况
日常检修	1	设备表面清扫、状态检查	月	
	2	连接线缆、标签检查		
	3	会议控制功能试验		
	4	双向音、视频功能试验		
	5	双流功能试验		
	6	时间检查核对		
	7	会议模板定制设置校对		
	8	远端闭音功能试验		
	9	MCU 关机重启		
	10	异地容灾倒换试验		
	11	会议参数设置检查、系统日志检查和备份、版本核对	季	
	12	增减会议点功能试验		
	13	清洁设备防尘滤网和风扇		
集中检修	1	地线连接检查测试	年	
	2	主备电源模块切换试验		
	3	主备主控板切换试验		
	4	热备用业务板切换试验		
	5	主备网口切换试验		
	6	主备 MCU 倒换试验		
	7	会议电视系统性能测试		
重点整修	1	软件版本升级	根据需要	
备注				
执表人			检查人	

表 6-2　会议电视终端设备检修记录

设备名称:××会议电视终端设备　　　　　　　　　　　　　　　　年　月　日

类别	序号	项目与内容	周期	完成情况
日常检修	1	设备表面清扫、状态检查	月	
	2	连接线缆、标签检查		
	3	遥控器功能检查		
	4	图像、通话试验:音频输出、音频输入,视频输出、视频输入		
	5	软件设置检查:会议名称、入会方式等	季	
	6	视频源切换功能试验		
	7	双流功能试验		
	8	会议控制功能试验(主席控制)		
重点整修	1	软件版本升级	根据需要	
备注				
执表人		检查人		

现场测评

1. 写出会议值机步骤。

2. 简述 MCU 集中修的内容。

3. 简述会议电视终端设备集中修的内容。

任务评价

项目	评价内容	掌握程度		
		未掌握	基本掌握	熟练掌握
会议系统的试、值机	试机准备			
	会议试机			
	会议值机			
MCU 设备检修维护作业	安全风险			
	作业流程、内容、标准			
会议电视终端设备检修维护作业	安全风险			
	作业流程、内容、标准			
学习体会				

任务三　会议设备案例、组网及发展方向

知识目标

1. 了解会议通信系统常见故障分析思路。
2. 掌握会议通信系统数据网接入方式组网。
3. 掌握会议通信系统传输网 FE 方式组网。
4. 掌握会议通信系统音频电缆方式组网。
5. 了解会议通信系统未来发展方向。

能力目标

1. 给出一个故障,能形成处理该故障的基本思路。
2. 能识别不同方式的会议通信系统组网。
3. 能识别会议通信系统融合通信平台的主要架构。

任务描述

1. 通过学习不同的会议通信系统组网图,能够认识并识别不同组网图的使用场景和不同组网图的关键要素,掌握故障基本处理方法和思路。

2. 通过融合通信平台的案例学习,对会议通信系统的未来发展方向进行讨论,研讨未来会议通信系统的兼容性和便利性。

知识准备

一、典型案例

高清会议电视作为现代通信技术的一个重要分支,随着信息技术的快速发展,高清会议电视系统正朝着更高清晰度的方向发展,例如 4 K、8 K 超高清视频技术的应用,以提供更加细腻和真实的视觉体验。结合人工智能技术,可以实现更加智能化的功能,如智能语音识别、自

动翻译、会议内容的智能分析和总结等。同时也在向移动端发展,使用户能够通过智能手机、平板电脑等移动设备随时随地参与会议。云计算技术的应用使得高清会议电视系统可以更加灵活和可扩展,企业无须投入大量硬件成本,即可享受到高质量的会议服务。随着网络攻击和数据泄露事件的增加,高清会议电视系统的安全性越来越受到重视,需要不断加强数据加密和安全防护措施。这些发展方向不仅体现了技术进步的趋势,也反映了用户需求的变化。随着技术的不断进步和创新,高清会议电视系统将更加完善,为用户提供更加便捷、高效、安全的远程协作和沟通方式。

1. 案例分析一

电视机(显示器)输出图像出现花屏、变色、黑屏等情况。

原因分析:

①线缆接口类型与 MCU 设置的接口类型与不一致。

②信号源与电视的连接接口选择不一致。

③视频输出格式设置有误。

解决措施:

①检查 MCU 端口模式是否设置正确,应与输出线缆的接口类型设置一致。

②检查电视机信号源和连接接口是否一致。

③查看 SMC 的信息提示,选择正确的视频格式。

④会议模板中的会议电视终端的类型要一致。

2. 案例分析二

会议电视终端已入会,但会场电视机(显示器)只能听见本端声音,听不见其他会场声音。

原因分析:

①会议电视终端本端存在自环或环回。

②会议电视终端本端未收到音频码流。

解决措施:

①在会议电视终端上断开所有的环回和自环。

②在会议状态中排查网络问题,查看是否收到音频码流。

3. 案例分析三

会议电视终端已入会,进行观看会场操作时,看不到指定会场的图像。

原因分析:

①会议处于广播状态,非主席终端无法观看其他会场图像。

②主席终端进行了点名发言操作,非主席终端无法观看其他会场图像。

解决措施:

①联系会议中心,请其停止广播操作。

②联系会议中心,请其设置为自由讨论模式。

二、会议设备组网方式

1. 数据网方式接入

数据网方式接入特别适合对网络性能、安全性和稳定性有较高要求的企业或应用场景,适用于业务量大、实时性强的用户，并且可以通过图形化的方式对网络设备进行集中监控。会议通信系统数据网接入结构如图 6-4 所示。数据网接入提供了专用的网络连接，这意味着更大的网络带宽和更低的延迟，从而提高数据传输速度。

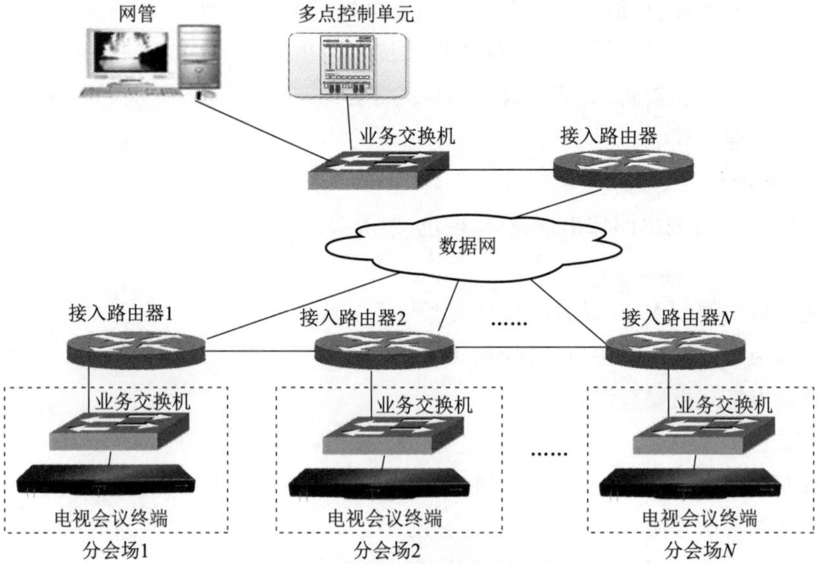

图 6-4　会议通信系统数据网接入结构

2. 传输网 FE 口方式接入

在未有数据网资源的会场，会议电视系统采用传输网的 FE 口方式接入，光纤媒介允许数据长距离传输而不会有明显的信号衰减，适合远距离连接，如图 6-5 所示。

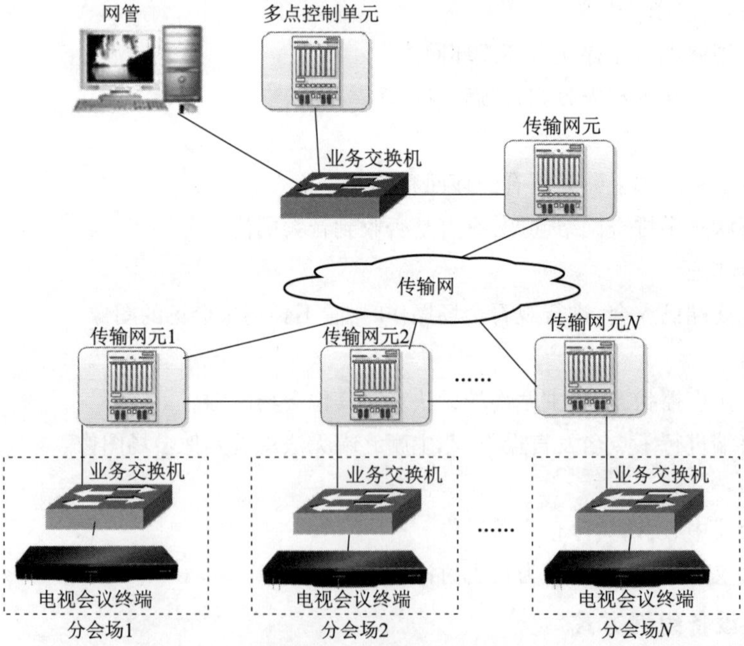

图 6-5　会议通信系统传输 FE 口方式接入结构

3. 音频电缆方式接入

会议系统采用四线音频电缆方式接入，可以直接由音频电缆，适合短距离连接，如图 6-6 所示。

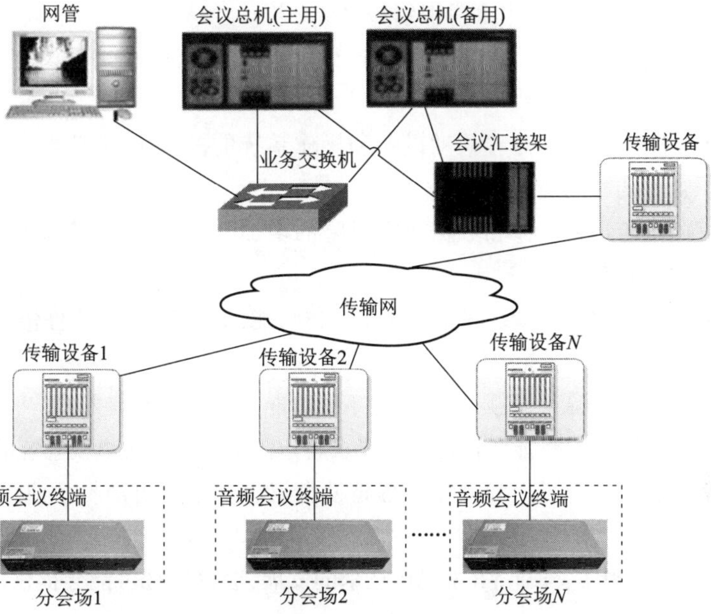

图 6-6 会议通信系统音频电缆接入结构

三、发展方向

会议电视，作为远程沟通和协作的重要工具，其发展方向受到技术进步和市场需求的共同推动。

融合通信平台：随着云计算技术的发展，会议电视系统越来越多地集成云服务，以提供更灵活的访问方式和可扩展的资源，如图 6-7 所示。

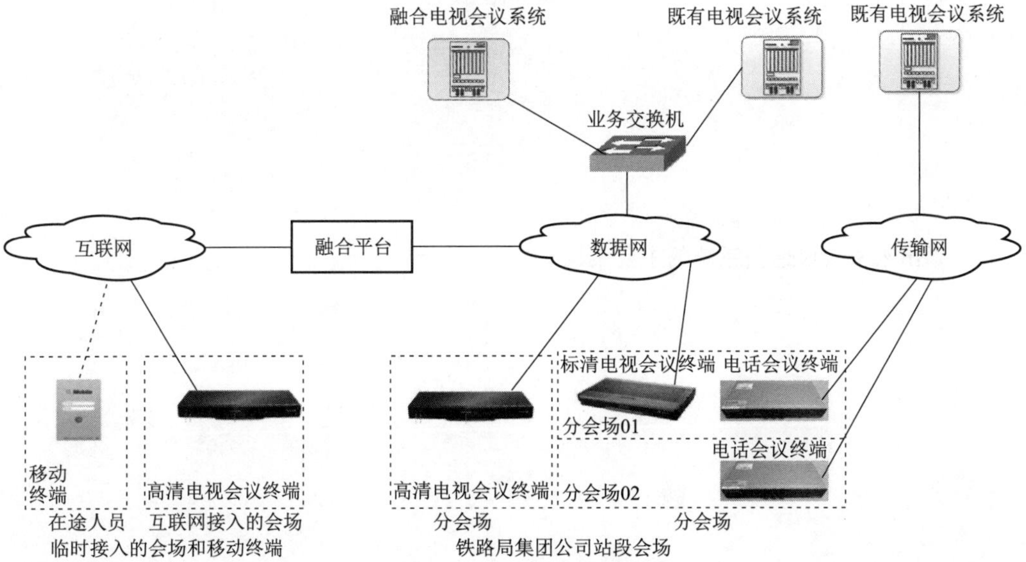

图 6-7 融合通信平台

高清和超高清视频：为了提供更清晰的视频体验，会议电视正向更高分辨率的格式发展，如4 K和8 K。

智能化：人工智能技术的应用使会议电视系统能够提供智能辅助功能，如自动语音识别、实时翻译、会议摘要生成、参与者身份识别和情绪分析。

多摄像头和多视角：通过使用多个摄像头和智能视频导演技术，会议电视可以提供更丰富的视角和更公平的会议体验。

移动性和跨平台兼容性：随着移动设备和操作系统的多样化，会议电视系统需要支持跨平台操作，提供更好的移动访问体验。

安全性增强：随着远程工作和数据泄露风险的增加，会议电视系统需要更强的加密和安全特性来保护通信内容。

协作功能增强：会议电视系统将更加注重协作功能，如屏幕共享、文件传输、电子白板和实时注释。

集成更多通信方式：除了视频，会议电视系统可能集成更多通信方式。

个性化和定制化：用户将能够根据会务要求特定需求定制会议电视系统的功能和界面。

易于使用：简化的用户界面和操作流程将使会议电视系统更加易于使用，降低用户的学习成本。

虚拟现实和增强现实：随着VR和AR技术的发展，会议电视可能会提供沉浸式的虚拟会议体验。

多功能统一通信平台：会议电视将作为统一通信平台的一部分，与其他通信工具(如即时消息、电子邮件等)集成。

会议电视系统为铁路局集团公司的日常工作、突发事件处理、应急灾害救援等提供有力的支撑。

现场测评

1. 画出会议通信系统数据网接入结构拓扑图。

2. 画出未来会议通信系统的主要架构。

任务评价

项目	评价内容	掌握程度		
		未掌握	基本掌握	熟练掌握
故障案例分析	原因分析			
	解决措施			
会议通信系统的组网能力	数据网方式接入			
	传输网 FE 口方式接入			
	音频电缆方式接入			
会议通信系统的未来发展方向	概念、架构和应用			
学习体会				

同步练习

一、填空题

1. 会议通信系统为身处异地公司、站段提供了一个________，在他们之间建立了________和________通道，提高了工作效率。

2. 会议中心通信设备负责________、________和________，对各会场的音、视频进行________，并在主会场________，为领导决策工作提供参考。

3. 不同的会议通信系统既可以________使用，又可以________在一起使用；既可以召开________会议，又可以召开________会议；既可以单独作为会议系统使用，又可以和________相结合，作为应急通信系统不可缺少的部分。

4. 多点控制单元是会议电视系统的________，主要由________和________构成。

5. 主控板负责________、________、________等信息交换处理，并执行业务管理中心的________。

6. 业务板主要负责系统________、________及________等功能，不能起主控板作用。

7. 网管主要由________和________组成。

8. 网络控制系统由________和________组成。

9. 业务管理系统集成在________中，通过________调用网络控制系统的界面进行会议控制。

10. 网守实现对会议电视终端网关的________和________。

二、选择题

1. 国铁集团级电视会议应于会前(　　)开机试线，铁路局集团公司级电视会议应于会前(　　)开机试线。

A. 90 min，90 min　B. 90 min，60 min　C. 60 min，60 min

2. 为确保会议召开良好，开会前(　　)完成主会场第一次点名，开会前(　　)完成主会场第二次点名（Ⅰ级会在开会前 15 min）。各分会场要在主会场第二次点名前完成管内点名工作。

A. 30 min,20 min　B. 20 min,15 min　C. 30 min,5 min

3. 视频值机员在会议试机开始（　）内完成与管内 MCU 级联试验,使用主席终端申请主席并按照会议流程进行操作试验。

A. 5 min　B. 10 min　C. 20 min

4. 小班长在开会前（　）将未入会的分会场报会务联系人及段调度,协助处理并做好记录。

A. 30 min　B. 20 min　C. 10 min

5. 音频值机员在开会前（　）完成主会场直接汇接点第二次点名（Ⅰ级会在开会前 15 min）及主会场最后通话试验。

A. 10 min　B. 5 min　C. 15 min

6. 进入机房前检查消防自动灭火系统,必须将系统状态转换至（　）,并保持机房门处于（　）状态,确保系统发生误动作时,作业人员能及时撤离机房。

A. 自动,关闭　B. 自动,敞开　C. 手动,敞开

7. 登录 MCU9660 的 WEB,选择"设备管理">"系统时间",与北京时间进行核对。具体步骤是 Telnet9660IP 地址,输入用户名:*****,密码:*****,通过（　）查询时间。

A. display clock　B. display time　C. display date

8. 会议终端正常入会状态正面指示灯为（　）,背面网线口指示灯绿色快闪（数据传输）或黄色长亮（连通状态）。

A. 绿色长亮　B. 蓝色长亮　C. 红色长亮

9. 会议终端一般情况下采取数据网接入方式,当不具备数据网接入方式时,采用传输网元直接使用 FE 口,其带宽要求大于或等于（　）的方式接入。

A. 2M　B. 4M　C. 8M

10. MCU 进行热备用业务板切换时,查看正在召开的会议,会议会（　）后恢复。

A. 长时间中断　B. 5 s 中断　C. 瞬时中断

三、简答题

1. 简述会议电视设备的组成。

2. 会议通信系统的网管组成部分有哪些?

3. 会议通信系统中网守的功能是什么？

四、实作题

叙述模拟会议值机过程。

模块七　铁路综合视频监控系统

铁路综合视频监控系统是采用网络化、数字化视频监控技术和IP传输方式构建的视频监控系统。该系统旨在为铁路各业务部门提供一套完整、统一监控的视频监控平台,实现车站咽喉区、线路、基站、公跨铁、牵引供电、隧道口、桥梁救援疏散通道、通信/信号机房等的实时监控、图像存储、历史图像查询等功能。满足铁路各业务部门及铁路其他信息系统对视频信息的需求,从而实现网络和视频信息资源共享。同时接入客服专业系统视频图像,并实现和动力与环境监控系统、防灾监控系统的联动,其主要功能包括了视频图像的采集、处理、实时监视、存储、回放、云镜控制、视频分发及转发功能和设备管理等。

任务一　铁路综合视频监控系统设备认知

知识目标

1. 熟悉铁路综合视频监控系统基本概念及系统总体组网结构。

2. 掌握铁路综合视频监控系统设备组成及功能,掌握铁路综合视频监控系统硬件设备功能、性能指标。

能力目标

1. 能掌握铁路综合视频监控系统基本架构。

2. 能掌握铁路综合视频监控系统各级设备。

任务描述

参观实训室机房,了解综合视频接入节点、采集节点设备,现场学习摄像机、云台、光端机、编码器、服务器存储设备及视频监控终端的功能等内容。

知识准备

铁路视频监控系统是铁路运输指挥、生产作业及治安防范的重要设施,按监控地点和使用方式分为铁路综合视频监控系统和铁路专业视频监控系统。铁路综合视频监控系统是对铁路车站公共场所、重点作业场所、咽喉区、重要机房及线路重点区段等处所安装前端设备进行音视频采集,经共用的业务平台实现音视频的存储和分、转发,供铁路调度、车务、客货运、工务、电务、供电、机车、车辆、信息和公安等多专业用户使用的视频监控系统。

一、铁路综合视频监控系统概述

1. 铁路综合视频监控系统的概念和发展

铁路综合视频监控系统综合利用了网络通信技术、视频编解码技术、视频智能传输技术、视频智能分析技术、视频网管技术、视频图像质量诊断技术、视频智能存储技术和中间件技术,实现模拟摄像机及视频编解码器、高清网络摄像机等前端设备的平滑统一接入,可运行于各种网络架构之上,支持音视频流媒体的多级分发转发和可靠存储,并根据用户自定义灵活地实现音视频的画音实时展现和资源及时推送,可以直观地为铁路运营调度指挥提供决策支持,从而达到运营调度可视化、管理辅助决策智能化的目的。

铁路综合视频监控系统从模拟化到数字化,再到网络化不断发展,现在已经步入了智能化和个性化时代。随着互联网技术的飞跃发展,联网监控不断深化及需求的不断提升,以 IP 摄像机、高清、智能为基本元素的开放式 IP 监控架构被越来越多地提及。如何满足用户的个性化需求成为设计者和生产者首要考虑的问题。铁路系统经过数次提速及客运专线的建设,如何采用信息技术手段保障铁路运输安全成为铁路各部门的首要任务。为规范和加强高速铁路反恐怖和治安防范工作,保障高速铁路公共安全和旅客群众生命财产安全,铁路综合视频监控系统的重要性显得尤为突出。

2. 铁路综合视频监控系统的组成

铁路综合视频监控系统由视频汇集点、视频采集点、视频节点、承载网络和终端设备组成。

(1)视频采集点

视频采集点是具有视频采集功能的处所。视频采集点设备,即前端采集设备,包括摄像机、镜头、视频光端机,以及与之配套的云台、防护罩、室外设备(控制)箱、视频杆(塔)等附属设施。视频采集点是前端设备安装的场所,视频采集点可根据各专业图像采集的需要在相应处所设置包括摄像机及与之配套的附属设施等前端采集设备,用于对视频图像信息进行采集,使用 IP 摄像机时兼具视频处理功能。现场视频摄像机和室外控制箱如图 7-1 所示。

图 7-1 摄像机及室外控制箱

(2)视频汇集点

视频汇集点是具有视频汇集功能的处所。视频汇集点设备包括编码设备、视频光端机、网络交换设备等,使用模拟摄像机时可兼具视频处理功能。

(3)视频节点

视频节点是指视频核心节点、视频区域节点、Ⅰ类视频接入节点、Ⅱ类视频接入节点。视频节点设备包括服务器、存储设备、网络交换设备、解码设备等。

①视频核心节点

视频核心节点是具有视频信息的分发、调用、控制、系统管理及与其他系统互联等功能的节点,并可对重要视频图像信息进行存储。

视频核心节点的网管,对节点内用户和设备进行统一管理,并对管理信息进行存储,根据需要对核心节点和区域节点的管理信息进行备份。

视频核心节点的网管不具备对前端设备的配置修改、增加、删除和对设备告警处理的权限。

该节点内的用户终端在正常情况下只有对实时监视和存储图像进行调用的权限;特殊情况下,经授权可对前端摄像机进行云镜控制。

②视频区域节点

视频区域节点是具有对本区域视频信息的分发及转发、调用、控制、系统管理及与其他业务系统互联等功能的节点等,并可对节点内的告警信息和重要视频信息进行存储。

视频区域节点是综合视频监控系统的管理中心,负责视频监控设备及网络的统一管理和调度,具有系统管理、网络管理、事件录像管理、用户鉴权管理、监控及报警信息统计、报表生成等功能。同时把管理信息上传至视频核心节点、下发到辖区内的视频接入节点。

视频区域节点的网管,可以对辖区内设备的配置进行修改、增加和删除,具备对设备告警处理的最高权限。

该节点内的用户在正常情况下,只有对辖区内的实时监视和存储图像进行调用的权限;特殊情况下,经授权可对该辖区内前端设备进行云镜控制。

③Ⅰ类视频接入节点

Ⅰ类视频接入节点是具有视频信息的接入、分发及转发、调用、控制、配置管理、告警处理及与其他业务系统互联和联动等功能的节点,并对其接入的所有视频信息和告警信息进行存储。

Ⅰ类视频接入节点负责沿线摄像头视频信息的接入、处理和存储及Ⅱ类视频接入节点上传视频信息的存储,并接受视频区域节点的调度和控制。

接收并存储视频区域节点下发的本节点管理信息,当区域节点故障或区域节点与接入节点间连接故障时,接入节点内的基本业务可正常进行。

节点内的用户可对辖区内的视频信息资源进行调用和管理,可对辖区内前端设备进行云镜控制。

④Ⅱ类视频接入节点

Ⅱ类视频接入节点是具有实现对相对分散的采集点的视频接入、汇聚上传、告警处理及与其他业务系统互联。可设置存储设备,实现视频的存储功能,也可以设置视频内容分析单元,实现不同监测模式下的分析功能。

Ⅱ类视频接入节点设置在沿线区间 GSM-R 基站、信号中继站、牵引变电所、AT 所、开闭所、分区所、存车场及电力配电所,负责摄像头视频信息的接入、处理,通过传输系统将视频信息上传至所属Ⅰ类视频接入节点,并能够接受视频区域节点的直接调度和控制。

(4)承载网络

视频采集点的视频信息可通过光缆、电缆或无线传输等方式接入到所属的视频汇集点或视频接入节点。

视频汇集点的视频信息可通过光缆、电缆、传输网或铁路数据通信网等方式接入到所属视频接入节点。

Ⅱ类视频接入节点可通过铁路数据通信网或传输网等方式接入到所属Ⅰ类视频接入节点或视频区域节点。

Ⅰ类视频接入节点可通过铁路数据通信网或传输网等方式接入到所属视频区域节点。

铁路综合视频监控系统的信息传输通道通过铁路数据通信网承载,视频承载网络为铁路综合视频监控系统提供图像、告警、控制信息等数据的传输服务。承载网络包括视频骨干网络、视频采集接入网络及视频用户接入网络。

(5)终端设备

终端设备是指用户终端和管理终端。终端设备包括计算机、通信接入设备等。用户终端为用户提供视频操作和浏览界面,通过用户终端调看实时和历史视频图像,对视频内容分析产生的告警进行确认处理,并根据权限对摄像机进行云镜控制。经授权,可对重要视频图像进行人工存储。管理终端实现业务管理和设备管理功能。其中,业务管理主要完成对用户和视频资源的维护管理,可以实现对授权的视频进行浏览和查询;设备管理主要完成对设备和网络的维护管理。前端采集设备、编码设备及视频接入设备等设备总称前端设备。

3. 铁路综合视频监控系统的总体结构

模拟视频采集点通过同轴电缆或光端机将视频数据信息传送至附近的基站、中继站通信机房,然后通过 SDH 传输网络连接至车站通信机房,再接入铁路数据通信网络形成互联互通视频网络。

高清视频通过沿线主干光缆或视频专用光缆接入附近的基站、中继站光交换机,经区间光交换机汇集后,再经过光缆将视频数据信息传送至车站视频接入节点,然后接入铁路数据通信网,供国铁集团和铁路局集团公司用户调看实时视频。铁路综合视频监控系统总体构成如图 7-2 所示。

二、铁路综合视频监控系统硬件设备

1. 摄像机

摄像机是获取监视现场图像的前端设备,是整个系统的“眼睛”。摄像机是一种把景物光像转变为电信号的装置。

摄像机技术指标包括:成像器件 CCD 尺寸、水平分辨率、视频输入接口、最低照度、信噪比、同步方式、白平衡、电子快门、感红外彩转黑、增益、自动光圈接口、逆光补偿、动态范围、MTBF 等,其中分辨率、最低照度、信噪比是摄像机重要参考技术指标。

摄像机按照不同的区分方式可以划分为不同的类型。

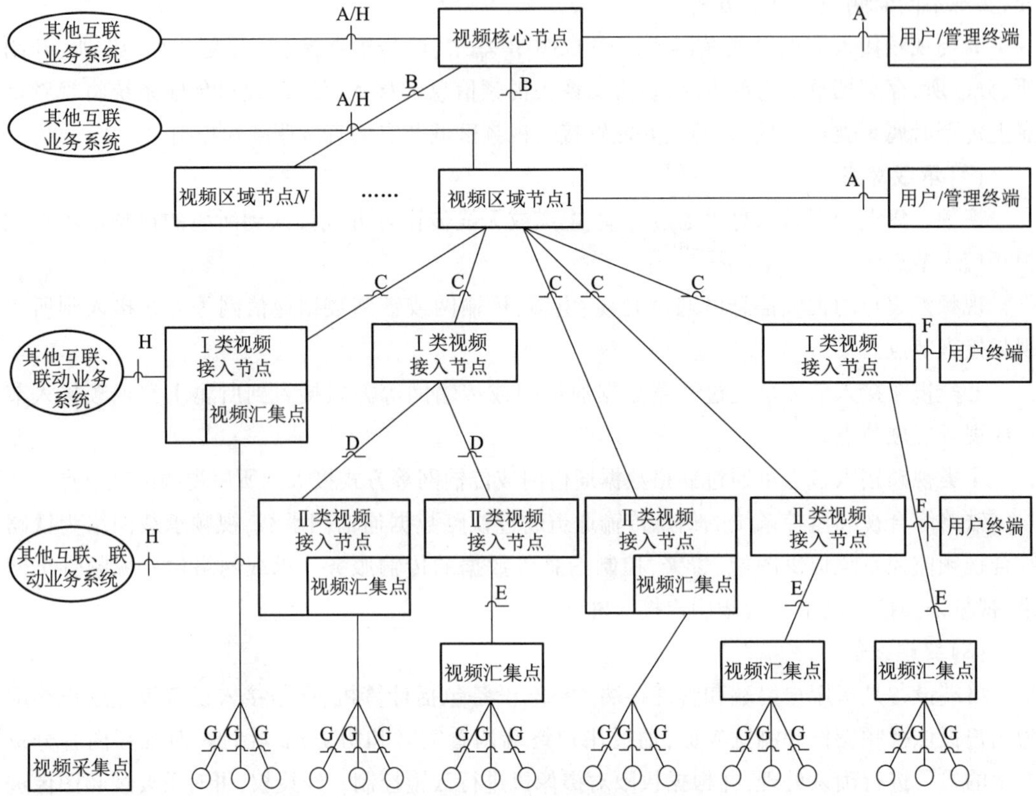

图 7-2　铁路综合视频监控系统总体构成

按传感器类型可分为 CCD 摄像机、CMOS 摄像机。

按功能可分为普通型摄像机、日夜型摄像机、红外摄像机。

按清晰度可分为标清摄像机、高清摄像机。

按传输方式可分为模拟摄像机、网络摄像机。

当前使用的主流数字摄像机是网络摄像机,也是发展最为广泛、迅速的摄像机。

(1)第一代网络摄像机

第一代网络摄像机包括视频采集模块和编码模块,二者通过模拟信号接口(CVBS)相连,本质上是将模拟摄像机与视频编码器进行捆绑,主要解决联网的问题。CVBS 系统成为实现更高分辨率的瓶颈,最大分辨率为 704×576 像素,最大帧率为(25/30)帧/s。

(2)第二代网络摄像机

第二代网络摄像机包括视频采集模块和编码模块,二者通过数字接口(ITU656)相连,真正全数字化,主要解决清晰度的问题,同时使前端智能化应用成为可能。传感器像素密度成为实现更高分辨率的瓶颈,可实现 100 万像素以上分辨率、25 帧/s 以上帧率。

(3)第三代网络摄像机

第三代网络摄像机将视频处理和编码进行整合,实现强大的视频处理和高效的视频分析(智能)功能,DSP 的性能决定了摄像机的整体性能,更注重前端智能化,高分辨率已经不是唯一追求的目标。第三代网络摄像机强调技术的整合与业务的融合。

2. 云台

云台是监控系统中的主要设备,由两个交流电机组成安装平台,可以水平和垂直的运动,通过控制系统在远端控制其转动方向。云台在功能上是和摄像头分离的,但在结构上既可以是分离的,也可以是一体的,均采用 RS-232 或 RS-485 方式。

云台的技术指标包括:内置解码器、预置位、自动扫描、自动巡航、旋转角度(水平、垂直)、旋转限位、旋转速度、承载方式、最大负载、传动方式、齿轮减速传动、有效扭矩、防护等级等。

云台的主要功能特性包括:控制摄像头的转向、景深、焦距等,特殊的云台还会提供雨刷、照明等功能。

3. 光端机

光端机是光信号传输的终端设备。在远程光纤传输中,光缆对信号的传输影响很小,光纤传输系统的传输质量主要取决于光端机的质量,因为光端机负责光电转换及光发射和光接收,它的优劣直接影响整个系统,所以用户对光端机性能和应用要有所了解,才能更好地配置和进行采购。

光端机技术指标包括:光学指标、视频值、音频值、RS-232/RS-422/RS-485 数据接口、开关量信号、以太网数据、E1 信号、电话通道、系统参数、电器特性、机械特性、电磁兼容性、过载状态指示、网管系统功能等。

光端机主要功能特性包括:数字非压缩传输、视频采用 8 位数字编码、彩色图像信号、高质量实时传输、10 Hz~24 kHz 声音频宽、完全兼容 NTSC/PAL/SECAM 制式图像、可传输 RS-232/RS-485/RS-422 标准数据、可同时传输以太网信号、指示灯能帮助对系统故障做出快速诊断、在各种户外条件下的高可靠性、支持网管功能、安装简易且无须调节。

4. 编码器

编码器是将模拟视音频信号、各种告警信号、摄像机的 PTZ 控制信号及低速串行数据进行 MPEG-4 数字化编码,图像分辨率有 704×576 像素/704×288 像素/352×288 像素/176×144 像素,然后通过 IP 网络以 25 帧/s 速率传送动态图像的设备。传输带宽能够根据不同的图像质量需求进行设置。编码器负责把多路模拟的视频、音频信号(如摄像机、麦克风、音箱等视音频源信号)进行数字化和压缩编码,形成 IP 数据包,利用网络传送到指定的目的地址。

编码器技术指标包括:视频格式、压缩方式、接口、PTZ 支持、处理方式、最大检测速度、最大记录速度、模拟输入/输出、数字输出、误报、网络、辅助 I/O 等。

编码器主要功能特性包括:MPEG-4 音频/视频处理能力、将现有模拟设备转变为 IP、捕捉报警前 10 min 的时刻、监测到威胁行使预设行动、具有多种内置记录选项支持连续,事件驱动和计划记录、支持单播和多点传送路线。随着智能化、网络化 IP 摄像机的普及,编码器也在逐步退出历史舞台。

5. 服务器

服务器为综合视频节点设备的重要组成部分,在稳定性、安全性、性能等方面都要求更高。

服务器技术指标包括:操作系统、CPU、内存、网络、硬盘容量、存储、电源、RAID 控制单元、高速缓存、内存插槽、硬盘/软盘驱动器、光驱、硬盘速度、扩展槽等。

服务器主要功能特性包括:为网络用户提供集中计算、信息发表、数据管理、高速度的运算能力、长时间可靠运行、强大的外部数据吞吐能力等。

铁路综合视频监控系统包括管理、分发和转发、存储及告警、视频质量诊断等服务器。

6. 存储设备

磁盘阵列是利用数组方式来作磁盘组,配合数据分散排列的设计,提升数据的安全性,是由很多便宜、容量较小、稳定性较高、速度较慢磁盘,组合成一个大型的磁盘组,利用个别磁盘提供数据所产生的加成效果来提升整个磁盘系统的效能。同时,在储存数据时,利用这项技术,将数据切割成许多区段,分别存放在各个硬盘上。

磁盘阵列技术指标包括:裸容量要求、控制器数量、磁盘最大支持数量、外部互联设备接口类型、支持外部主机接口数量、冗余磁盘通道数、RAID 级别、LUN 数量、持续带宽、磁盘读吞吐量、磁盘转速计容量、IOPS、实配高速缓存大小、通道管理能力、风扇等。

磁盘阵列主要功能特性包括:存储、数据冗余、可管理性、可扩展性、数据保护能力等。

7. 视频监控终端

视频监控终端主要包括视频管理终端、用户监视终端和显示设备。

视频管理终端主要供网管人员使用,完成对用户、设备、网络和视频资源的管理。

用户监视终端为用户提供视频操作和浏览界面,用户通过监视终端调看实时和历史视频图像,对视频分析产生的告警进行确认处理,并根据权限对摄像机进行云镜控制。

显示设备指大屏系统设备、液晶显示屏、视频监视器等。

现场测评

简述铁路综合视频监控系统采集节点的组成及各部分功能。

任务评价

项目	评价内容	掌握程度		
		未掌握	基本掌握	熟练掌握
铁路综合视频监控系统设备的认识	铁路综合视频监控系统简介			
	铁路综合视频监控系统总体结构			
	铁路综合视频监控系统组网			
	铁路综合视频监控系统中心节点设备			
	铁路综合视频监控系统接入节点设备			
	铁路综合视频监控系统采集节点设备			
	硬件终端的功能			
学习体会				

任务二　铁路综合视频监控系统设备维护作业

知识目标

1. 掌握铁路综合视频监控系统网管维护标准化作业流程。
2. 掌握铁路综合视频监控系统前端和终端设备维护标准化作业流程。
3. 了解铁路综合视频监控系统常见故障处理思路。

能力目标

1. 具备铁路综合视频监控系统网管设备维护能力。
2. 具备铁路综合视频监控系统前端和终端设备维护能力。

任务描述

到实训室进行铁路综合视频监控系统维护作业的实作考评，模拟铁路综合视频监控系统常见故障，进行故障处理。

知识准备

一、日常维护项目

(1)系统硬件维护：定期检查系统硬件设备(前端视频采集设备、服务器、磁盘阵列交换机、视频终端)是否异常。

(2)监控终端软件维护：定期查看终端软件功能是否正常(实时视频、录像、云镜功能、告警等)。

(3)服务器部署软件维护：定期查看软件是否正常运行，有无错误日志及告警信息。

(4)系统网络维护：定期检查系统网络状况，查看有无延时过高、丢包、端口降速问题。

(5)系统数据库维护：定期进行系统数据库备份，尤其是在对数据库进行更改之前务必先备份。

二、维护人员及工具基本要求

(1)维护人员需具备一定的计算机操作能力和相关视频监控系统网络知识，能够了解铁路综合视频监控系统所用设备硬件和软件基本应用知识，准确地掌握系统所涉及的台账信息。

(2)基本工具：笔记本电脑、远程控制软件、常用网络设备等。

三、安全风险卡控

1. 作业风险

(1)登高作业人身安全风险

①登高作业人员必须要经过培训合格，取得高处作业证书后方可上岗。严禁未取得证书人员进行登高作业。

②高处作业人员必须戴好安全帽，按规定使用安全带(绳、网)，作业前必须确认机具、设施和用品完好。

③严禁上下抛递材料、工具，应用绳索绑牢上下吊送。

④移动式梯子在使用中应符合规定,梯脚底应坚实,梯子上端应有固定措施,人字梯铰链必须牢固;在同一梯子上不得两人同时作业,做到“一人作业,一人扶梯”。

⑤在雷雨、冰雪、能见度低或六级以上大风等恶劣环境条件下禁止高处作业。冬季在寒冷地区,登高工作时间不宜过长。

⑥在桥梁地段进行临边作业时,应设防护围栏和安全网。悬空作业应有可靠的安全防护设施。未设隔离设施的高处作业,人员不得垂直施工。使用移动式梯子时,梯脚应坚实,梯子上端应有固定措施。

(2)柜内作业风险

①毛刷金属部位需使用绝缘胶布包裹。

②潮湿抹布不能用于清洁机柜内部及板件。

③使用毛刷清扫设备机框浮灰时,注意清扫力度和幅度,严禁碰撞机框配线、波特开关,改变波特开关状态。

(3)电气安全风险

①距接触网带电部分不足 2 m 时,必须在接触网停电后,才能处理。

②应避免与接触网的支柱、支撑结构及其金属结构及回流线与钢轨的连接点接触。

③严禁下雨天(包括雾天)用身体接触接触网水泥支柱、钢架、基础,雷雨天严禁站在接触网支柱下面。雷雨、风雪天气,在电气化区段内行走,要远离线路,不得在接触网下行走。

④在电气化区段作业时,人身和携带物件(如长杆、导线、工具等)与接触网设备带电部分,必须保持 2 m 以上的距离。

(4)劳动保护用品

登高作业需提前准备好劳动保护用品,主要包括安全带、安全帽、通信工具、绳索、滑轮(重物选配)。

2. 网络安全风险

(1)网络安全防护要求

铁路综合视频监控系统在网络区域上划分为应用服务区、接入区、存储区、终端设备区和前端设备区。应用服务区包括视频管理服务器、视频分发与转发服务器、图像质量诊断设备等;接入区包括网络交换机等接入设备;存储区包括磁盘阵列等视频存储设备;终端设备区包括视频终端和解码器等;前端设备区包括 IP 摄像机、编码设备、网络硬盘摄像机等。外部系统指旅服系统、公安视频系统等基于综合视频应用的其他业务系统。铁路综合视频监控系统网络区域划分如图 7-3 所示。

(2)通信网络安全要求

①各视频节点的局域网按照用户和网管系统应划分 VLAN 和网段,控制网段之间的互访。

②铁路综合视频监控系统与其他外部系统的网络互联应通过接入网关进行隔离,应采用硬件防火墙、防病毒服务器等来提高网络通信的安全性。

③系统网络应基于铁路专用数据网络搭建,不得与其他网络互联。如确有必要对其他系统开放业务接口,则应有防火墙等安全措施,保证系统安全。

(3)用户访问安全要求

①强制用户首次登录系统时修改初始口令。

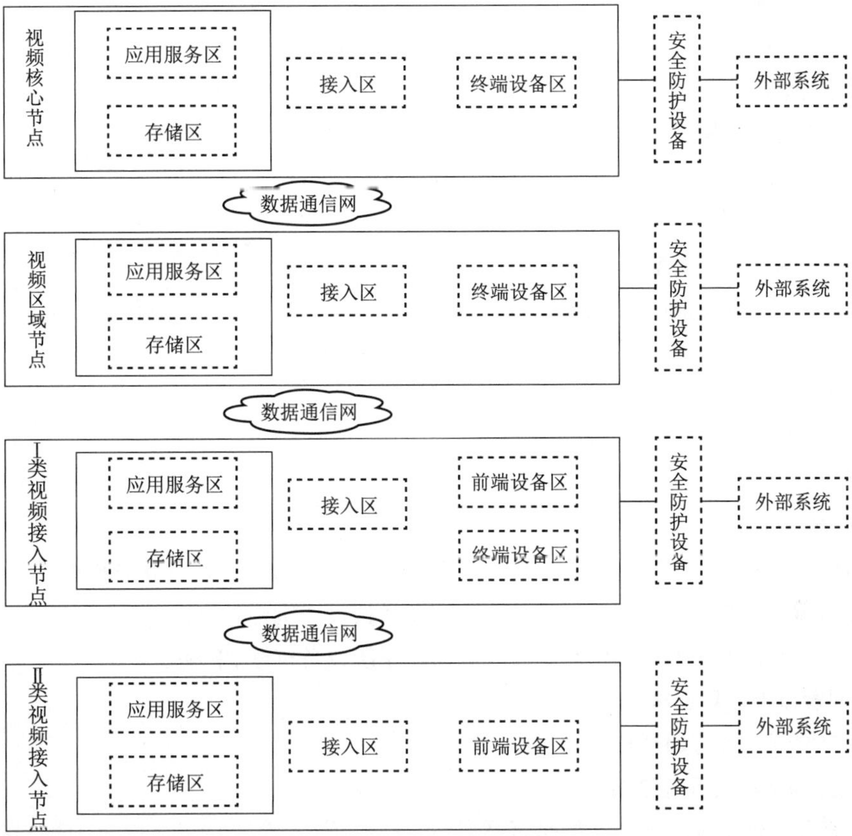

图 7-3　铁路综合视频监控系统网络区域划分

②对登录的用户进行身份标识和鉴别,身份标识具有唯一性,身份鉴别信息具有复杂度要求并定期更换。

③对登录的用户分配账号和权限,授予不同账号为完成各自承担任务所需的最小权限。

④具有登录失败处理功能,配置并启用结束会话、限制非法登录次数和当登录连接超时自动退出等相关措施。

⑤对用户行为和重要安全事件进行审计,包括多次尝试非法访问、音视频下载、云镜控制、修改配置参数等,审计覆盖到每个用户。

四、铁路综合视频监控系统网管标准化作业

1. 日常检修

(1)设备运行状态巡视

使用远程桌面登录区域中心管理服务器、分发服务器、协转服务器,查看区域中心的各服务器的运行状态。

(2)实时视频(含 PTZ、夜视功能)巡视检查

①使用区域中心软件实时视频功能进行巡视检查。

②对具有 PTZ 功能的视频点进行 PTZ 功能试验。

③在夜班对具有夜视功能的视频点进行巡视检查。

(3)历史视频检查

使用区域中心软件录像功能对历史视频进行巡视检查。

2. 月度检修

(1)系统时间校核

选择网管时间“调整日期/时间”中“Internet 时间”栏,单击立即更新,即将本地时间与时间同步系统 IP 进行同步。

(2)视频网络性能质量测试

视频网络性能质量测试为视频区域节点与各接入节点的网络 ping 测试验,在 ping 测后得出三个重要指标。

① 网络时延应小于 400 ms。

② 时延抖动应小于 50 ms,计算方法为(max-min)/2。

③丢包率应小于 1%。

3. 季度检修

(1)服务器、存储、网络交换设备等设备表面清洁、风扇清扫及运行状态检查

①使用潮湿抹布从上至下擦拭应急中心应急救援设备机柜外表面。

②使用毛刷自上而下清扫铁路综合视频监控系统设备机框、单板浮灰。

(2)网管日志信息整理

定时对网管日志剪切至移动硬盘。

(3)防火墙检查、系统杀毒

①检查服务器系统防火墙功能是否开启。

②检查病毒库是否更新并进行系统杀毒。

(4)台账和 IP 地址校核

①对服务器设备使用台账进行核对,确保图表与现网情况一致。

②对管内视频终端 IP 地址台账进行核对。

(5)服务器磁盘空间维护及系统垃圾清除

对服务器磁盘空间维护及系统垃圾清除,确保硬盘利用率小于 70%。

(6)系统数据备份

使用命令行或数据管理软件对视频服务器的数据库行进行备份,并复制到移动硬盘。

4. 年度检修

(1)服务器、存储等设备性能测试

使用操作系统任务管理器查看 CPU 利用率,CPU 利用率应小于 80%;内存利用率应小于 80%。

(2)网络交换设备性能指标

①使用笔记本与交换机设备建立连接。

②使用命令查看交换机 CPU 利用率,CPU 利用率应小于 50%。

③使用命令查看交换机内存利用率,内存利用率应小于 70%。

5. 记录总结

作业负责人员对当次作业进行登记,相关资料归档。

五、铁路综合视频监控系统前端和终端设备维护标准化作业

1. 作业前准备

（1）工长（或作业负责人）召开班前布置会、检查作业人员有无不适合作业情况（如饮酒、发烧）、确认调整人员后填发派工单和天窗点外（内）作业计划单；作业人员检查、试验仪器仪表，维修工具及防护通信工具，并携带常用板件和维修材料；需上道作业的人员按规定穿戴防护用品，携带防护用具。

（2）有影响外单位业务的，需提前联系外单位调度，在得到对方允许的情况下方可进行。

（3）网管人员应确认铁路综合视频监控系统设备网管电脑使用情况，包括内存空间大小、CPU 使用情况等。

（4）对于视频手持终端测试仪的工作状态进行确认，电量是否充足等。

（5）对于历史告警设备应详细记录，工区、网管重点清查。

2. 登记联系

（1）检修作业前需与网管联系，向网管汇报单位部门、姓名、作业内容，网管同意后方可进行作业。

（2）由现场作业人员填写“入室登记本”。

（3）按规定设置防护员、联络员，由联络员在“行车设备施工登记簿”（天窗点内作业）或“行车设备检查登记簿”（天窗点外作业）登记。给点后由联络员通知现场防护员，作业人员方可进行作业。

（4）作业人员记录好设备运行状态及当前告警情况。

3. 月度检修

（1）对室内设备进行表面清扫、状态查看、标签标示核对、配线强度检查与整理及时钟校核，包括风扇及滤网、编解码器、磁盘阵列、路由器、视频光端机等所有视频室内设备等。对服务器、集线器、计算机等进行表面清扫，用防静电吸尘器、毛刷或干燥的软布清洁灰尘，用吸尘器对机柜底部进风口进行彻底除尘。

（2）对室外设备进行表面清扫及状态查看，包括摄像机、防护罩、视频光端机等。使用毛刷或干燥的软布清洁摄像机、防护罩、视频光端机等设备灰尘，观察设备外观强度。

（3）对视频监控终端设备进行清扫、用户回访、视频图像质量查看、视频终端使用情况巡检等。使用毛刷或干燥的软布清洁视频终端设备，对管内摄像机的各项指标测试：可以选择对应的按钮进行光圈的调整，预置位的恢复，窗口亮度、颜色、对比度等的调整及调焦、聚焦，以达到理想的画面显示。

（4）对摄像机工作状况进行逐一检查。在视频监控终端软件上逐个浏览每个视频图像，查看有无视频信号并登记。

（5）对实时图像监控状况进行逐一检查，对摄像机实时图像的各项指标测试。

（6）对录像存储回放功能进行检查。选取对应时间区段、地点进行查看，各网管工区抽检总数应不低于总数的 15%。

（7）对告警录像存储功能进行检查。选取告警点，再选取对应时间区段（室内节点一般是 3 日内，室外枪机一般是 15 日内）查看告警录像。

（8）对数据链路延时、丢包率进行测试。使用网管终端 ping 测交换机、编码器、服务器、磁

盘阵列的 IP 地址,查看网络是否正常。如果不通,检查传输口、对应站的交换机连接线缆是否松动。

(9)对视频服务器、磁盘阵列运行状态进行检查。对 CPU 利用率、内存利用率、硬盘资源占用率检查,查看是否符合要求。

(10)对系统时间进行校核。查看窗口的时间是否与网管的时间一致,查看视频服务器、视频监控终端时间跟踪状态是否同步,若时间差异较大或时间不同步,需进行处理。

(11)对网管日志信息、系统运行状态进行检查。查看视频管理软件下方报警栏的报警类型,分为视频丢失报警、网络中断报警。

4. 年度检修

(1)对室内视频交换机、路由器端口使用情况进行检查,对编码器、磁盘阵列、视频分析服务器进行检查、清扫。检查本地交换机到传输口的网线是否连接正常,检查其他设备连线是否松动,对室内设备使用防静电吸尘器、毛刷或干燥的软布清洁灰尘。

(2)对室外摄像机、视频光端机等安装强度进行检查,对塔上防雷设备、保护器安装连接状况进行检查,对馈线电缆绑扎情况进行检查,对摄像机镜头进行清洁,对光缆线路质量进行抽检。观察摄像机、视频光端机等安装强度,对视频前端设备各设备间连线进行检查,使用毛刷或干燥的软布清洁前端设备,光缆质量抽测比照"光缆线路巡检作业指导书"相关要求。

(3)对网管配置数据进行整理与备份。对查看服务器上的信息,视频类型应为视频流;码流类型为主码流;视频速率应为 24 kbit/s;视频丢帧为 0。使用第三方硬盘复制重要视频数据并妥善保存。

(4)对设备运用台账和 IP 地址进行校核。查阅网管台账,核对视频终端数据准确率,对视频 IP 地址逐一核对。

(5)对系统口令进行修改。对系统登录密码口令按需要进行更改。

5. 确认销记

(1)由现场作业人员确认所有作业设备运行良好,与网管确认无异常。

(2)由驻站(驻调度所)联络员与车站值班人员确认设备正常后,在"行车设备施工登记簿"(天窗点内作业)或"行车设备检查登记簿"(天窗点外作业)上销记。

(3)由现场作业人员在"入室登记本"登记离开时间,与网管确认后,所有人员、机具、材料全部撤离。

6. 记录总结

(1)作业负责人对当次施工(天窗)作业质量标准、安全措施执行、联络防护等情况进行完工小结、点评。

(2)作业负责人总结注意事项,相关资料归档。

六、常见问题处理

1. 摄像机

(1)无视频图像

①参照摄像机产品说明书检查摄像机连接是否正确。

②检查镜头光圈是否打开。

③检查摄像机电源线、连接端子或电源插头是否正常。

(2)图像无法聚焦

①检查摄像机球形罩或镜头是否需要清洁。

②检查自动聚焦、手动聚焦模式是否选择正确。

③检查被聚焦的图像是否被遮挡。

(3)旋转、变倍控制异常

①检查摄像机控制线缆是否连接正确。

②检查摄像机旋转角度设置功能是否设置正确。

③检查云台驱动电机是否正常。

2. 云台

(1)通电后不自检或有噪声

①检查电源线是否连接正确。

②检查云台电源供电、功率是否正常。

③检查云台机械是否有故障。

(2)云台无法控制

①检查控制线连接情况是否正确。

②检查云台地址号是否设置正确。

③检查云台协议或波特率是否设置正确。

3. 光端机

(1)电源指示灯不亮

①检查光端机是否加电。

②检查电源插头是否松动。

③检查保险管是否损坏。

④检查电源模块是否故障。

(2)无视频输出

可能由以下原因引起。

①光路中断或线路损耗超限。

②光纤活动连接器端面不清洁。

③BNC 头接触不良。

④同轴电缆连接线故障。

⑤前端视频信号未输入。

(3)数据误码或音频有断续

可能由以下原因引起。

①接收光功率过低。

②光纤活动连接器端面不清洁。

③光纤活动连接器未接好。

④电源电压过低。

4. 编码器

(1)状态指示灯不亮

①检查编码器电源是否正常。

②更换一台新的编码器检验是否编码器故障。

(2)无视频信号或图像顺序不一致

①检查摄像机至编码器同轴电缆是否正常,连接方式是否正确。

②视频源与编码器的接口顺序不正确,参照硬件连接图调整视频输入顺序。

5. 交换机

交换机工作异常时应进行以下检查。

①检查交换机运行指示灯及端口指示灯是否正常。

②检查交换机的 CPU、内存使用率,查看交换机日志,确定问题点,逐步排查故障。

6. 磁盘阵列

(1)磁盘阵列硬盘故障

磁盘阵列配置采用 RAID 后,允许在一块存储硬盘故障的状况下保障存储数据的完整性和继续工作,但是其性能将受到影响,同时也将增加风险。因此在存储硬盘出现故障后应及时更换故障硬盘,以保证存储数据的安全。磁盘阵列中存储硬盘出现故障时,对应槽位硬盘工作指示灯将由绿色变为红色,同时磁盘阵列也将发出报警提示声,并且 LCD 液晶面板会显示。

更换故障硬盘时必须在通电状况下进行(不得关闭磁盘阵列电源),将故障硬盘从槽位中拔出并更换新硬盘后插入原硬盘槽位,磁盘阵列将自动进行数据恢复,在数据恢复期间,磁盘阵列可继续使用,但性能会降低。

(2)磁盘阵列电源故障

磁盘阵列采用双电源供电,当其中一个电源出现故障时,磁盘阵列仍然能够正常工作(一个电源能够提供磁盘阵列正常工作所需要的电力供应),但此时磁盘阵列会发出报警提示声并且 LCD 液晶面板会显示相关报警。更换电源时可以带电操作,不用关阵列,电源支持热插拔。

(3)磁盘阵列风扇故障

磁盘阵列采用双风扇组,当其中一组风扇出现故障时,另一组风扇转速增加,进行散热,磁盘阵列仍然能够正常工作。可将机房内空调温度调低,帮助散热,同时进行风扇组更换,但此时磁盘阵列会发出报警提示声并且 LCD 液晶面板会显示相关报警。更换风扇时可以带电操作,不用关阵列,风扇支持热插拔。

七、常见故障处理

1. 无视频信号故障处理

(1)故障现象

网管通知××线××通信机房室内视频显示无视频信号,同时院落视频显示黑屏,如图 7-4 所示。

(2)可能的原因分析

①室外视频控制箱无电源输入。

②室外视频控制箱内光端机损坏。

图 7-4　铁路综合视频监控系统终端显示图像

③室外视频控制箱内视频光端机适配器损坏。

④摄像机故障。

(3) 故障定位及处理过程

①打开室外控制箱,检查输入电源 220 V 正常,输出电压正常,排除电源故障。

②查看光端机指示灯,指示灯不亮,判断是光端机适配器损坏。

③用万用表测量视频光端机适配器输入、输出电压,输入电压正常,输出电压为 0 V,发现适配器故障,现场更换 5.5 V、1 A 的光端机适配器后通信机房室内视频恢复正常,但是院落视频仍然显示黑屏。

④检查视频线未发现问题,在视频线两端重做视频线缆 BNC 头后,院落视频还是显示黑屏。然后用灯光照射摄像机镜头位置,视频测试仪上突然显示有图像,经过试验发现,有灯光照着摄像头时视频图像正常,无光照的情况下视频图像为黑屏。

⑤最后判断摄像机内曝光装置有问题,需要更换新的摄像机。

更换光端机适配器和摄像机后,验证视频图像全部恢复正常。

2. 磁盘阵列故障

(1) 故障现象

区域节点调用××线部分视频录像时出现卡顿现象,调取实时视频正常。调取本区域内其他线路视频录像正常。用此线路视频平台观看这些视频录像同样有卡顿现象。

(2) 可能的原因分析

①系统硬件问题或软件问题导致。

②视频所挂载的服务器和磁盘阵列故障。

(3) 故障定位及处理过程

①由于同区域的其他线路正常,并且此线路平台观看有同样问题,可判定问题存在于此线路中。

②观看实时视频正常,可以判定网络正常,查看卡顿视频的 IP 地址,利用视频台账锁定视频所挂载的服务器和磁盘阵列,查看硬件设备发现磁盘阵列有故障现象。

③根据对磁盘阵列硬件的查看,发现磁盘阵列的两块电池故障,由于主备电源都存在故障,磁盘阵列启用写保护机制,将读写速度下降,导致从磁盘阵列读取数据的速度减慢,使调取

录像出现卡顿现象。

④将故障电源更换,硬件告警消失,故障解决。

3. 视频编码器故障

(1)故障现象

××线视频故障处理,确定为编码器故障,更换视频编码器后,视频还是不可看不可控。

(2)可能的原因分析

①传输接头松动或接触不良。

②传输通道故障。

③视频编码器数据配置错误。

(3)故障定位及处理过程

①在编码器和交换机上紧固网线接头或者重新制作网线头。

②检查传输通道。

③排除①、②后,判断为编码器数据配置错误,重新完成编码器数据配置后,将编码器接入到铁路综合视频监控系统网络中,铁路综合视频监控系统终端设备便可正常查看视频图像。

现场测评

1. 进行铁路综合视频监控系统维护作业实训。

2. 模拟铁路综合视频监控系统故障处理。

任务评价

项目	评价内容	掌握程度		
		未掌握	基本掌握	熟练掌握
铁路综合视频监控维护作业	铁路综合视频监控系统网管设备维护			
	铁路综合视频监控系统前端设备维护			
	铁路综合视频监控系统常见网管故障			
	铁路综合视频监控系统常见前端故障			
学习体会				

任务三 铁路综合视频监控系统组网

知识目标

了解铁路综合视频监控系统的现行组网架构及未来发展方向。

能力目标

了解铁路综合视频监控系统现行架构;了解云平台、云存储技术。

任务描述

通过对当前铁路综合视频监控系统节点设备的不足及云技术的学习,掌握铁路综合视频监控系统发展方向。

知识准备

一、组网能力

铁路综合视频监控系统采用传统的单服务器设计,部署在独立的实体服务器上,不同的服务器承载和实现不同的功能。当某台服务器出现单点故障后,会影响其承载的业务,导致关联的视频中断、数据丢失,且每个节点服务器负载能力不均衡,不能充分利用节点的能力,存在某一节点长期忙碌某一节点长期空闲的情况,对服务器损耗大。

随着新建高速铁路线路的持续增长,既有线的视频补强,未来摄像机部署规模还将会快速增长。目前,我国铁路综合视频监控系统的建设标准已向数字高清标准全面演进,随之带来数据存储容量骤增、视频数据管理和安全风险上升等诸多新挑战,为满足铁路综合视频监控系统高可靠、高稳定、高性能、高并发等功能需求,可结合云技术搭建综合视频云平台。

云技术是指在广域网或局域网内将硬件、软件、网络等一系列资源统一起来,实现数据的计算、存储、处理和共享的一种托管技术。在云技术的模式下,各种计算资源作为服务都被虚拟化,通过 Web 技术的连接动态分配,适应用户需求,如图 7-5 所示。

相对于传统存储而言,云存储改变了数据垂直存储在某一物理设备的存储模式,通过网络集合大量的存储设备,利用存储虚拟化、分布式文件系统等技术将位于单一存储设备上的存储资源进行整合,构成逻辑上统一的存储池对外提供服务,系统整体性能随着业务节点的增加而同步提升。

传统铁路综合视频存储服务器下挂于某一节点,视频录像存放在磁盘阵列中,当磁盘阵列的某一硬盘出现故障,就会导致存储在该设备上的录像不可调看,容易造成单点故障。如图 7-6 所示,采用云存储模式,在存储资源上部署分布式文件系统,将数据进行分片处理,按照设定的保护策略将分片后的数据以多副本或者冗余纠删码的方式采用负载均衡的方式分散存储到具体的存储资源上,在节点失效或存储资源失效后能进行业务调度,不影响用户数据读写。同时云存储支持海量云存储节点管理能力,可通过增加新的节点和硬盘实现存储容量和读写性能的线性增长,为用户提供高性能、高可靠的服务。

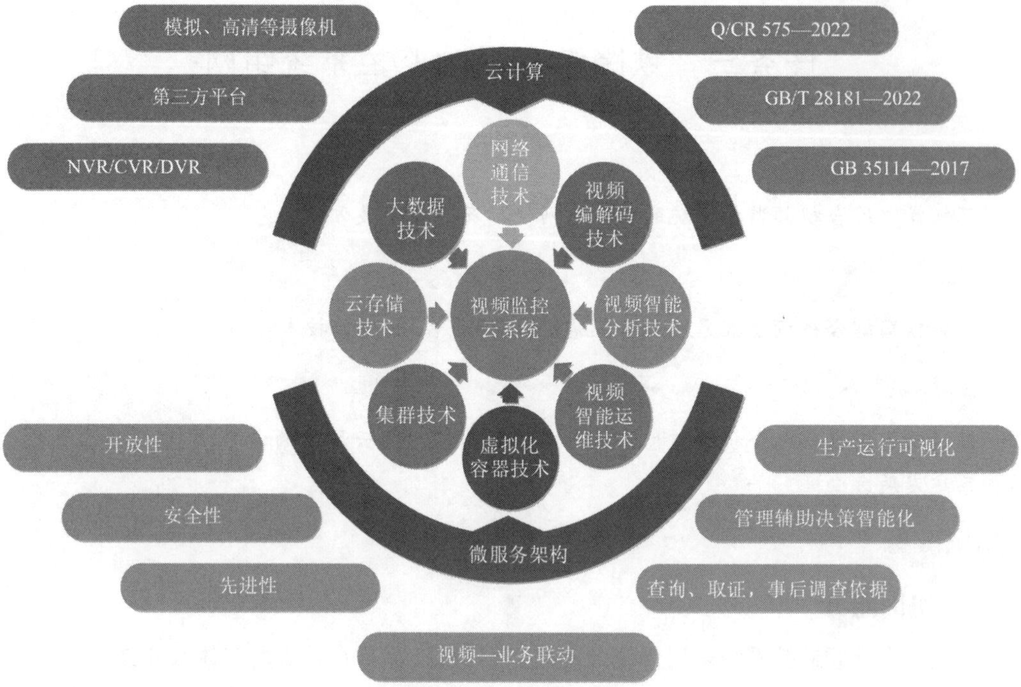

图 7-5　云平台示意

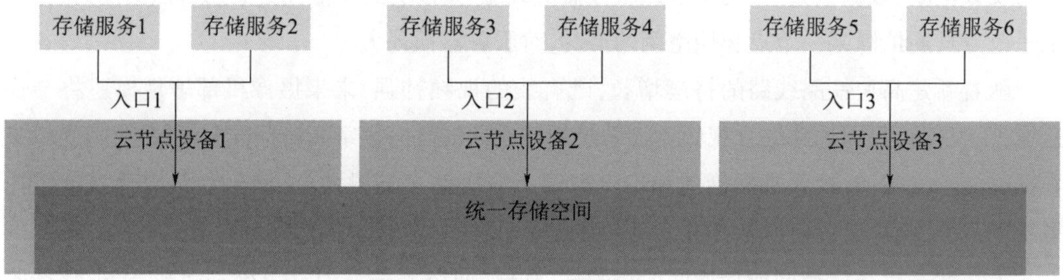

图 7-6　云存储示意

云存储具有以下优点：

(1)统一存储空间

通过虚拟化技术将分散在各个节点上的存储资源整合成统一存储资源池，提供全局统一存储架构，所提供的一个或多个访问地址均指向统一存储空间。

(2)全局负载均衡

数据读写负载可自动均匀分布在多个节点的多块磁盘上。

(3)横向线性拓展

容量和性能按需拓展，无容量上限和性能瓶颈。

(4)数据跨节点冗余

数据冗余分布在不同节点的多块硬盘上，支持硬盘级和节点级数据冗余，当前节点内多块磁盘损坏甚至整个节点完全损坏时，不丢失数据，也不影响业务系统运行。

(5)故障快速修复

自动化运维可智能感知并自动应对硬盘损坏、节点故障、网络闪断等问题，出现问题时可自动在其他节点或硬盘上重建数据，当更换新设备或重新在线后，可将数据重新写回，过程中不影响业务正常读写。

云存储系统不仅可以满足铁路综合视频业务庞大的图像存储业务，提供实时视频、录像回放，还可以提供图像智能分析业务。

二、发展方向

随着高速铁路的快速发展，接入摄像头的分辨率越来越高，数量越来越多，存储量越来越大，图像分析越来越重要，对铁路综合视频监控系统提出了新要求。铁路安全重于泰山，事关旅客生命财产安全。铁路综合视频监控系统局限于图像监控功能已经不能满足需求，应该将监控图像进行智能分析，最大程度发挥综合视频的功能，为铁路安全提供重要支撑。

1. 周界防护

根据国家铁路局批准发布的《高速铁路安全防护设计规范》（TB 10671—2019），高速铁路安全防护坚持“安全第一、预防为主，技防、物防、人防相结合”的原则，主要防范外部因素对高速铁路运营和设备运用的安全风险。其中外部因素包括异物侵限、铁路周界非法入侵。沿线铁路周界防护往往采用高铁滚笼、围栏围墙，同时结合铁路相关部门人工巡视的方式，如图 7-7 所示。此种方式以隔离为主，人工巡视为辅，巡逻工作量大，难以检测和防止外来人员攀爬侵入铁路周界。

（a）高铁滚笼　　（b）围栏/围墙　　（c）人工巡视

图 7-7　沿线铁路周界防护常用方式

根据高铁沿线综合视频布控间距短的优势，可结合雷达与声光告警技术对入侵人或物进行监测，架构如图 7-8 所示。当雷达探测到异物入侵时，将异物位置信息发送给摄像机和视频告警平台，联动摄像机变焦转向入侵目标，摄像机完成对目标的聚焦后，通过一定的监测算法开始识别画面中的目标是否是真实有效的入侵目标，如果有效则对目标进行抓拍，将抓拍信息上传至视频云平台，同时启动声光告警对目标进行警告。网管人员根据网管告警可快速对事件进行处置，保障行车安全。

利用“视频+雷达”融合的方式建立周界防护系统，从感知到处置，全程闭环，全天保障，做到入侵早发现，远程可处理，全局可管控。

2. 无人机房管理

“视频+雷达”融合的方式同样适用于无人机房的管理。可利用滑轨摄像机对机房进行定时全局巡视，当无人机房有人进入时，摄像头自动转向人脸，利用 AI 算法对人脸进行抓拍、复核、告警。机房管理人员查收到告警信息后立即进行处置，极大程度的提升安全运维效率。

3. 车地联动

高速列车在行驶过程中由于速度快，当司机目视范围内出现异物再减速停车为时已晚，

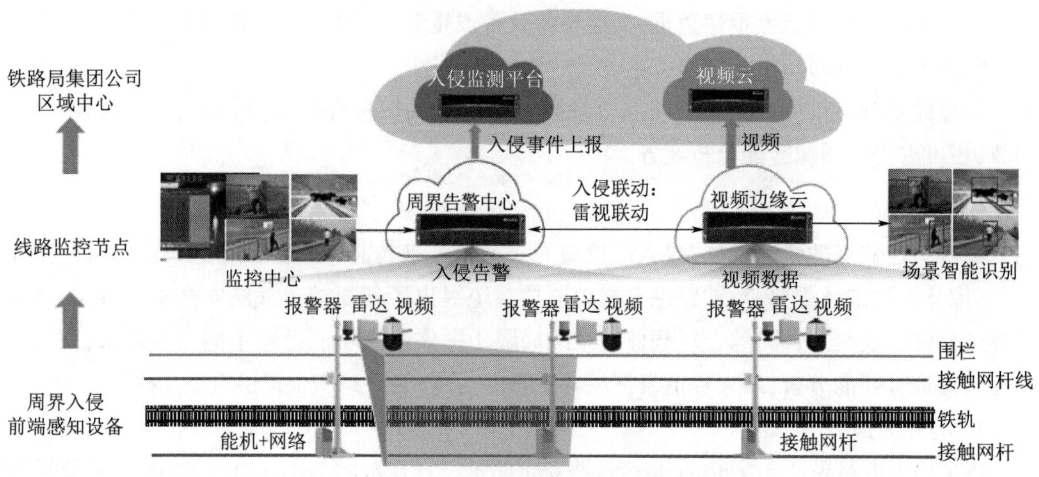

图 7-8 雷达周界防护视频架构图

造成的后果不可估量。使用综合视频车地联动,列车司机室内视频终端对列车行驶前 5~10 km 线路视频进行复示,视频随着列车的前进不断更新。当前方出现异物情况,司机室内视频终端将发出告警,司机可根据前方线路情况进行临时停车,汇报行车调度,最大程度保障人民群众的生命安全。

4. 客流量统计

客流量用于监控及统计制定场景内人员进入和离开的数据信息,常用于检票口、安检口、进站闸机处。

5. 行为分析

行为分析功能,可以实现对场景中的目标进行检测,当与设备规则冲突则进行智能告警上传。

6. 人脸识别

摄像机部署在车站出入口、闸机口、电梯口,实现对进出站人员的精确识别。提前将嫌疑人加入黑名单库,当嫌疑人经过监控点时,抓拍人脸信息与黑名单人脸信息对比,并实时上报告警消息。

现场测评

铁路综合视频监控系统云平台主要运用了哪些技术?

任务评价

项目	评价内容	掌握程度		
		未掌握	基本掌握	熟练掌握
铁路综合视频监控系统组网能力	铁路综合视频监控系统现行架构			
	铁路综合视频监控系统新型云平台架构			
学习体会				

同步练习

一、选择题

1. 铁路综合视频监控系统网络性能指标中网络时延要求是(　　)。

A. 网络时延不大于 50 ms　　B. 网络时延不大于 100 ms

C. 网络时延不大于 200 ms　　D. 网络时延不大于 400 ms

2. 铁路综合视频监控系统网络性能指标中时延抖动的要求是(　　)。

A. 不大于 50 ms　B. 不大于 30 ms　C. 不大于 10 ms　D. 不大于 20 ms

3. 铁路综合视频监控系统网络性能指标中丢包率的要求是(　　)。

A. 1×10^{-3}　B. 1×10^{-4}　C. 1×10^{-5}　D. 1×10^{-6}

二、填空题

1. 综合视频专业与数据网专业分界以数据网设备所在机房________的连接器(或第一端子)为界,连接器(不含)至视频监控设备由视频监控专业负责。

2. 铁路综合视频监控系统应按照视频核心节点、区域节点和________。

3. 编码设备属于视频________采集设备。

4. 视频区域节点和核心节点抽查,抽查数量的要求是每天不少于________路。

5. 4CIF 格式存储采用每路________计算。

三、简答题

1. 写出视频图像资源命名和时间显示要求。

2. 铁路综合视频维护单位根据测试检修工作的需要,应配备哪些仪器仪表和专用工具?

模块八　通信电源系统

本书讲述的通信电源系统仅包含低压配电设备至接入负载之间的设备及附属材料。通信电源系统是负责电力能源优化、传送和分配的设备和设施，包含防雷箱、分配柜、后备发电机、直流不间断电源（又称高频开关电源）、交流不间断电源（uninterruptible power system, UPS）、蓄电池组、地线箱等设备及电缆、地线等材料。

任务一　通信电源设备认知

知识目标

1. 了解通信电源设备的组成。
2. 掌握高频开关电源的组成及各组成部分的功能。
3. 掌握 UPS 设备的组成及各组成部分的功能。
4. 了解蓄电池组、发电机组、防雷及接地装置的作用。
5. 了解通信电源系统的主要风险源。

能力目标

1. 能画出站点机房通信电源的组网图。
2. 能画出高频开关电源的工作原理图。
3. 能画出 UPS 的工作原理图。
4. 了解并能够识别通信电源系统的主要风险源。

任务描述

1. 参观实训室，观察通信电源设备工作状态，并对站点机房通信电源的组网图、高频开关电源的原理图和 UPS 的原理图进行分组讨论，认识通信电源设备组网的多样性和复杂性，根据实际情况和现有的设备完成合适的组网。

2. 通过对通信电源系统的认识和学习，在掌握其功能性和重要性的同时，要了解其主要风险源，避免类似的风险发生。

知识准备

通信电源系统为各类通信设备提供稳定的能源，它是基础设施，是通信系统全程规划的首要因素。随着技术的发展，通信电源系统也发生了巨大的变化，从单纯的能力性保障向小型化、高效化、智能化等方向发展，使通信电源专业呈现出蓬勃发展的局面。这样的发展局面既提高了其供电的性能，减少了其占地面积，又降低了其维护的复杂程度。通信电源常见的组网方式如图 8-1 所示。

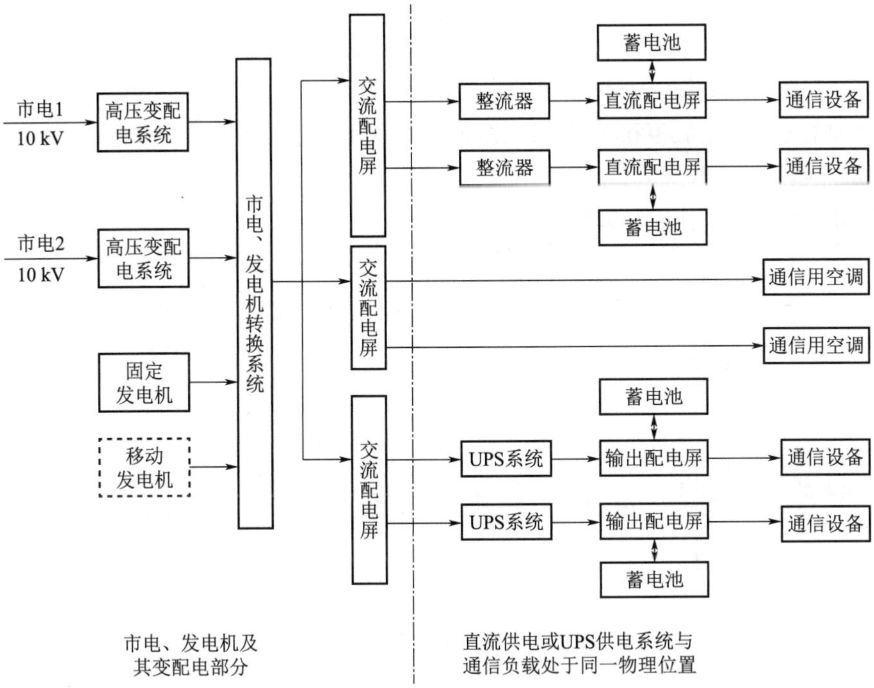

图 8-1　通信电源常见的组网方式

1. 高频开关电源设备

高频开关电源通常由交流柜、整流柜、直流柜和蓄电池组四个部分组成。

整流柜从交流柜引入交流电源,交流市电通过整流柜整流为直流电源后,输出到直流柜;直流柜与负载及蓄电池组连接,既可以为负载供电,同时又可以给蓄电池组充电。高频开关电源设备如图 8-2 所示。

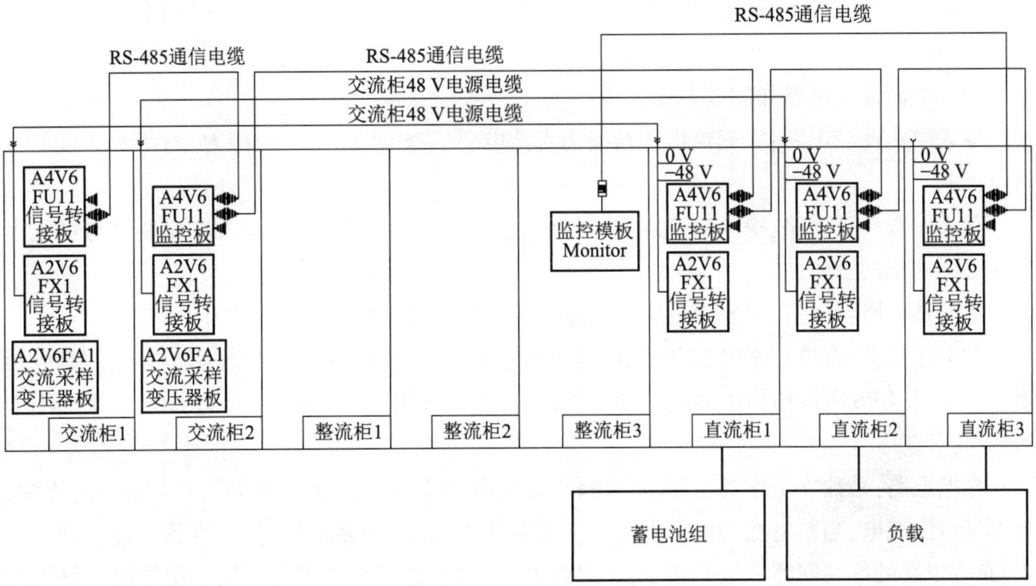

图 8-2　高频开关电源设备

蓄电池组与整流柜并联工作，是后备的能量源。在交流市电正常时，蓄电池组处于浮充蓄能或均衡充电状态。当市电停电时，蓄电池组向负载提供直流电，保证供电连续不间断，蓄电池组是直流系统不间断供电的基础条件。

直流配电柜位于整流柜和通信负载之间，主要用于直流电源的接入与负荷的分配，即整流柜、蓄电池组的接入和直流负载的分配。

高频开关电源的工作原理如图 8-3 所示。

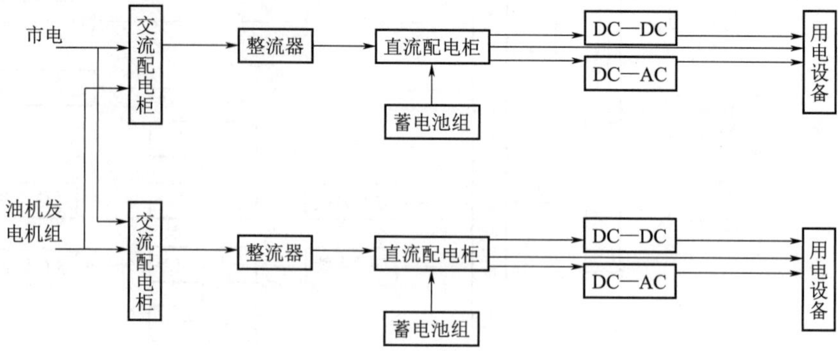

图 8-3　高频开关电源的工作原理

2. UPS 设备

交流不间断电源是能够持续、稳定、不间断给负载供电的一类重要电源设备。UPS 电源系统的主要组成部分：输入整流滤波电路，功率因数校正电路，逆变器电路，蓄电池组，充电电路，静态开关电路，锁相电路、控制监测、显示、告警及保护电路。

UPS 在一定程度上可以起到净化供电、稳定电压和控制相位漂移的调节作用，改善对负载的供电质量；是一种能为负载提供不受外部干扰、不间断供电的交流供电电源系统。UPS 电源的交流输入和输出均采用单相三线制或三相五线制供电。

铁路核心机房的 UPS 电源均采用冗余配置方式，其他机房多数采用 N+1 并联冗余供电或单机双总线供电。

UPS 电源设备电路如图 8-4 所示。

输入整流滤波电路：将交流电能转换为直流电、具有输出电压保持能力、对市电干扰信号进行抑制。

功率因数校正电路：提高功率因数，降低高次谐波的干扰，使电网输入电流变为与输入电压接近同相位的正弦波。

逆变器电路：是将市电整流后的直流电压或蓄电池电压转变成交流电压。

蓄电池组：当市电正常时，蓄电池由整流器对其充电，将电能转化为化学能并进行存储；当市电中断时，UPS 电源由蓄电池组向逆变器供电，由化学能转化为电能，保证 UPS 电源的不中断输出。

充电电路：是独立工作的电路，只要将交流电源接通，充电电路就开始工作。充电过程中，首先是恒流充电，当蓄电池的电压上升至浮充电压以后，即转为恒压充电，直到电池充满。因此，充电电路的反馈回路一般有两个：一个是电流反馈，另一个是电压反馈。主电路一般采用开关型整流电路。为了缩短充电时间，各种快速充电电路在该设备中得到广泛应用。

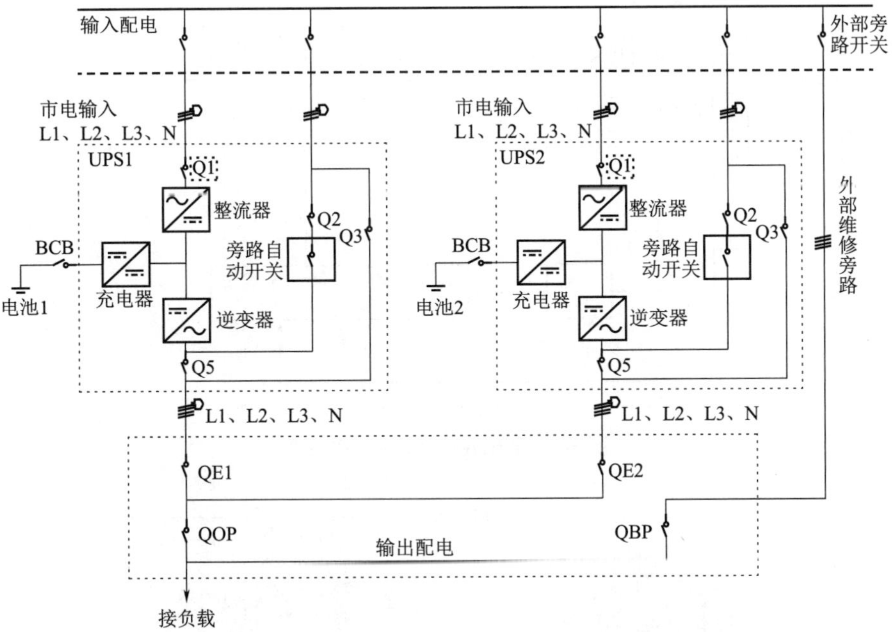

图 8-4 UPS 电源设备电路

静态开关电路:用于保护负载和 UPS,并实现逆变器供电和市电旁路供电的转换。当市电正常,UPS 过载情况下,为了保护逆变器,UPS 通过静态开关将输出由逆变器供电切换到市电供电;当逆变器出现故障时,为了保证负载不断电,也可以通过静态开关将输出切换到市电供电。由于 UPS 内部一般都有同步锁相电路,且静态开关转换时间较短,因此在转换过程中不会出现供电间断。大中型 UPS 采用反向并联的快速晶闸管作静态开关,小型 UPS 采用快速继电器作静态开关。

锁相电路:可以检测不同路交流电的相位差,然后将它变成一个电压信号来控制逆变的输出电压的相位和频率,从而确保逆变器的输出电压和交流市电电压的同步运行。该电路由压控振荡器、低通滤波器和鉴相器组成。

控制、监测、显示、告警及保护电路:UPS 输出电压的精度、波形失真度及工作可靠性均由控制电路进行控制。控制电路主要由同步锁相电路、闭环调压电路、SPWM 产生电路等组成。为了使 UPS 工作可靠,还应具有较完整的保护电路。一般的 UPS 中都有逆变器输出过载或短路自动保护电路、逆变器过压自动保护电路、电池电压过低自动保护电路、市电电压过高自动保护电路和 UPS 延迟启动自动保护电路。UPS 中还设有监测电路、显示电路及报警电路,以便随时掌握和了解 UPS 的工作状态和运行情况。

通信用 UPS 的工作原理如图 8-5 所示。

3. 蓄电池组

固定型阀控式铅酸蓄电池是铁路通信电源目前主要的蓄电池组,采用稀硫酸或胶体做电解液,用二氧化铅和绒状铅分别作为电池的正极和负极,如图 8-6 所示。该蓄电池主要由正、负极极板,隔板,极群组和其他一些附属部件组成,蓄电池剖面如图 8-7 所示。

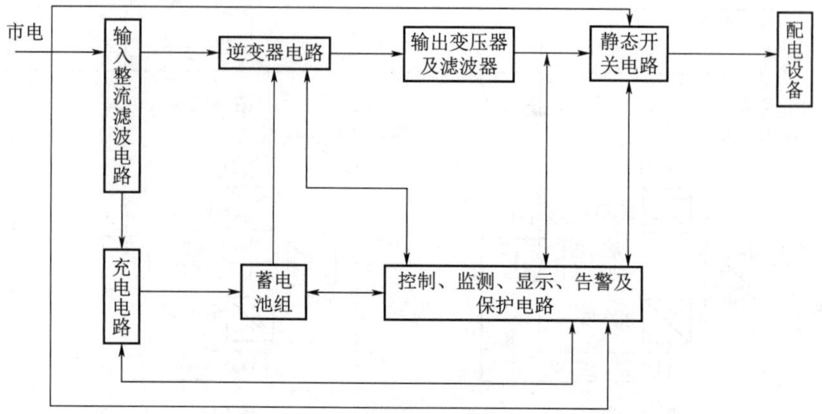

图 8-5　通信用 UPS 的工作原理

图 8-6　铁路通信蓄电池组设备

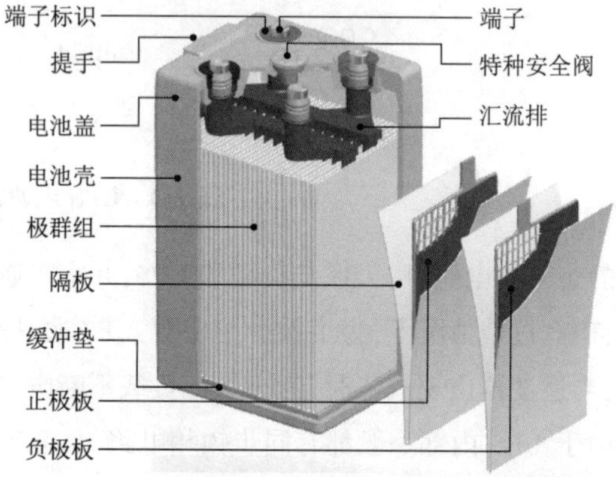

图 8-7　蓄电池剖面

4. 发电机组

正常情况下,通信设备的市电电源由供电部门提供的市电供给,它是机房空调和设备运行的动力来源。但市电有故障停电和例行检修的可能性,在市电较长停电期间,必须依靠通信部门自己的发电设备提供动力。因此,油机发电机组是通信电源系统的重要组成部分,其功能是保证通信设备安全、可靠地运行,确保通信的畅通。

发电机组通常由柴油机、同步发电机、燃油油箱及自动控制屏等组成,它除了具有自动启动、自动加载、自动停机等功能外,还配置有完整的保护和故障告警装置,并能够通过通信接口被监控系统监管,实现遥测、遥控和遥信,以便实现柴油发电机组的无人值守。

5. 防雷及接地装置

通信机房和基站的设备、设施遭受雷害的原因有很多,因此分析和研究雷的形式很重要。从雷电作用形式上,分为雷电流或雷电的高频电磁脉冲;从雷电危害的途径上,分为直接雷或感应雷(感应雷又分为静电感应和电磁感应)。通信机房雷电危害产生的原因有通过各种线缆引入,以及地电位反击等。不论何种原因,雷电产生的高电压是损坏通信设备的直接原因。

(1) 防雷的基本原则

防雷的基本途径就是提供一条使雷电(包括雷电电磁脉冲辐射)对地泄放的合理低阻抗

路径，而不能让其随机性选择放电通道，其含义就是要控制雷电能量的泄放与转换。防雷的基本原则有整体保护、分区保护和多级保护。

(2)防雷的六种基本方法

①均压连接法：通过把各种金属物用粗导线焊接或把它们直接焊接起来，从而确保它们等电位。

②接闪法：用避雷针、避雷网、避雷带、避雷线等装置，把闪电的强大电流传递给大地。

③分流法：将一切从室外来的导线(包括电力电源线、信号线、天线的馈线等)与接地装置或接地线之间并联一种适当的避雷设备。

④联合接地法：将保护地、防雷地和工作地组成一个联合接地网，然后将机房内各类接地线接入地汇集排或接地网。

⑤躲避法：在雷雨来临时，关掉设备，拔掉一切电源插头，将天线的馈线连接到接地装置。

⑥屏蔽法：用网、箔、壳或管子等导体把需要保护的对象包围起来，将闪电的电磁脉冲从空间入侵的通道全部截断。

现场测评

1. 画出高频开关电源的工作原理图。

2. 写出锁相电路的组成和作用。

任务评价

项目	评价内容	掌握程度		
		未掌握	基本掌握	熟练掌握
通信电源设备的认识	通信电源设备的组成			
	高频开关电源的组成及各组成部分的功能			
	UPS 设备的组成及各部分的功能			
	蓄电池组的作用			
	发电机组的作用			
	防雷及接地装置的作用			
	防雷的六种基本方法			
学习体会				

任务二　通信电源设备维护作业

知识目标

1. 掌握高频开关电源日常检修作业项目及步骤。
2. 掌握蓄电池日常检修项目及步骤。
3. 掌握蓄电池核对性放电试验检修作业项目及步骤。
4. 掌握蓄电池容量测试检修作业项目及步骤。
5. 了解电源设备故障处理的思路。

能力目标

1. 能准确掌握高频开关电源日常检修作业项目、步骤和相关参数。
2. 能准确掌握蓄电池日常检修项目、步骤和相关参数。
3. 能准确掌握蓄电池核对性放电试验检修作业项目、步骤和相关要点。
4. 能掌握蓄电池容量测试检修作业项目、步骤和注意事项。
5. 具备分析故障的基本思路。

任务描述

参观实训室，学习通信电源设备的日常使用和维护作业，掌握通信电源系统的计表维护和基本故障处理。

知识准备

一、风险提示

在电源设备维护管理过程中，作业人员的人身安全必须非常严格防护，使用的作业工器具绝缘不良或防护用品穿戴不规范都会导致人身伤害事故，目前人身安全风险是主要的风险。

1. 搬运重物造成伤害

简要原因：

①安排不合理，人员准备不足。

②工具使用不当或性能不良。

③搬运方法不合理。

防控措施：

①合理安排作业人员，扛抬笨重物品时，每人负重一般小于 50 kg。

②作业前认真检查作业工具，确保工具性能良好。

③制定合理的搬运方案和安全防控措施。

2. 蓄电池更换作业过程中造成设备伤害或人员伤害

简要原因：

①绝缘不良的工具导致短路。

②电池极柱未紧固或接反正负极导致设备伤害。

③防护不到位、未正确使用防护用品,造成作业人员触电伤害。

防控措施:

①需做好金属工具的绝缘措施。

②应将电池与高频开关系统的连线接端子做好绝缘处理,防止误碰触机架、柜门等金属部位造成影响。

③连接作业及装卸设备时须穿戴绝缘手套、使用绝缘工具,防止短路、电击,确保人身、设备安全。

④作业人员严禁佩戴手表、戒指或携带钥匙等金属物品。

⑤安装及接入系统前,应双人检查,测量系统电压,以确保正负极连接正确。

⑥不同规格、型号、设计寿命、出厂日期的蓄电池禁止在同一直流供电系统中使用。

⑦作业时蓄电池极柱接触面无脏污,连接螺栓必须使用扭力扳手扭到合适的位置。

⑧防止具有应力的线缆及拆除的金属构件脱落造成电源系统的短路。

⑨防止搬运蓄电池过程中造成碰伤、砸伤等人身伤害。

3. 电气伤害风险

简要原因:

①作业区域附近有安全距离不足的其他带电设备未进行接地试验。

②作业未设置防护人员,或设置了防护员,但防护员未及时提醒作业人员与带电设备保持安全距离。

③接地装置未定期进行维护,无完整的测试记录。

防控措施:

①在可能来电的停电设备检修前,应进行验电,并进行接地。

②作业区域附近有安全距离不足的其他带电设备,应进行验电,并进行接地。

③对带有 220 V 及其以上电压的设备作业时,一般应切断电源,并确保双人作业,一人作业,一人进行安全盯控。

二、维护作业

1. 电源设备日常检修及集中检修

日常检修和集中检修是电源设备维护作业的两种方式,具体项目及步骤如下。

(1)日常检修

①运行情况巡查:检查指示灯、输出电压电流、告警信息等。

具体步骤为:

a. 外观检查,运行灯常亮,故障灯熄灭。

b. 对电源柜的整体进行查看,是否有异声、异味等;查看监控模块有无告警显示,检查监控模块的时钟显示是否正确,风扇通风是否顺畅;检查整流模块运行指示灯(正常情况电源指示灯常亮,告警灯灭);查看监控模块直流输出电压、负载电流的数值,并做记录。

②表面清扫及防尘滤网清洁。

具体步骤为:

a. 检查机柜内有无灰尘及异物,力度要适中,用绝缘毛刷自上而下对设备表面积尘清扫干净,不能影响设备的正常运行。

b. 检查整流模块防尘滤网洁净度，如有积尘，须取出整流模块，并清理干净。

③检查运行情况，记录输出电压、电流。

具体步骤为：

a. 电源输出电压测试，选择数字万用表前，先确认表笔的万用表侧置于 VΩ 孔和 com 孔，挡位置于直流电压挡（常用直流 200 V 挡位），用表笔测量汇流排-48 V 和工作地 GND 排，测试电压值在-53.52~-56.4 V 范围内，并记录。

b. 电源输出电流测试，拔下表笔，打开钳形表，选择设置直流电流挡位 DCA（20 A 或 100 A），将其互感器尽可能垂直卡在负极线（排）上，对输出负载电流测试，并记录。

④转换开关、熔断器、断路器、接触器、防雷保护单元、风扇等元件外观及状态检查。

具体步骤为：

a. 检查电源防雷模块指示灯是否处于正常状况（正常指示为绿色，失效指示为红色）。

b. 检查避雷模块的断路空开是否断开（如断开，则将空开合上）。

c. 检查转换开关、熔断器、断路器、接触器、风扇外观及状态是否正常（如整流模块风扇是否转动正常，转换开关、接触器、断路器等有无异声、异状、异味）。

⑤输出电压、电流测试。并与设备监控单元、电源及机房环境监控系统显示数据核对。

⑥时间检查校对。

具体步骤为：

在监控单元主菜单界面，操作“上”或“下”键移动手指光标到“系统参数设定”菜单项，按 ENT 键，弹出输入操作密码界面，在进入设置界面后选择基本参数菜单，操作“上”或“下”键移动至时间位置，操作“增加”或“减少”键设置正确日期和时间。

⑦各整流模块并机工作均分负载性能检查。

具体步骤为：

整流模块以 $N+1$ 方式并联供电，应做到均分总负载电流值。当整流模块平均负担电流在单模块额定电流值的 50%~100% 范围内，模块并联均分负载不平衡度≤5%。

⑧交流停电告警试验。

具体步骤为：

交流停电告警试验前，先将监控模块直流输出电压调低至 48 V，通过查看高频开关电源系统（或使用电流钳表测量）确认蓄电池组放电电流及电压变化是否持续缓慢变化，观察交流配电屏停电告警指示灯是否点亮，或检查电源监控模块是否有停电告警信息并伴有声光告警。确认蓄电池能独立带载后，将监控模块的直流输出电压调回至 53.5 V。

⑨两路交流电源转换功能试验。

具体步骤为：先进行核对性放电试验，确保电池能够正常放电；然后关闭主用交流输入电源空开，观察是否切换到备用电源，最后开启主用交流输入电源空开，自动切换至主用交流输入电源。

（2）集中检修

①风扇清洁。在确保整流模块足够的情况下，依次切断对应整流模块的交流输入开关，清扫完毕后合上其空开，观察整流模块工作是否恢复正常；待其正常后，进行下一个模块的风扇清洁。

②各连接处强度检查、配线整理、标签核对检查。

③直流工作地线、保护地线外观及连接强度检查。

④限流功能试验。

⑤直流负载电流测试及熔断器容量核对检查。使用电流钳表对每路负载进行电流测试并记录。

⑥直流供电回路全程压降测试。结合电池核对性放电试验,测量蓄电池组输出端电压值,减去用电设备输入端电压值,这两处需要同时进行测量,全程压降≤3.2 V。

⑦系统参数设置值检查核对。

⑧告警功能试验。通过设置直流输出欠压告警进行试验。

2. 蓄电池日常检修及集中检修

(1)日常检修

①蓄电池组表面清扫。

②检查外壳是否有膨胀变形或破裂。

③检查是否有渗漏电解液或极柱周围爬酸现象。

④检查连接有无松动。

⑤蓄电池组浮充总电压测试。

⑥蓄电池组浮充电流测试。

⑦全组各蓄电池单体浮充电压及温度测试。

⑧蓄电池组均衡充电。

(2)集中检修

①连接排压降测试(压降标准≤5 mV)。

②核对性放电试验。

a. 测试前先检查交流输入电源、高频开关电源设备运行是否正常,检查有无告警现象。特别检查蓄电池熔断器、蓄电池全直流屏直流放电回路是否连接牢固可靠。核对性放电试验包括蓄电池核对性放电试验前的均充、蓄电池核对性放电测试、蓄电池容量测试后的均充、蓄电池核对性放电试验结果分析。在高频开关设置为均充模式,使高频开关对蓄电池均充,依次选择“主界面”>“控制输出”>“均浮充控制”>“均充”。

b. 均充转为浮充 24 h,可以开始蓄电池容量测试。

c. 蓄电池组核对性放电试验。使用放电测试仪进行测试,放电前先检查交流输入电源、高频开关电源设备运行是否正常,检查有无告警现象。特别检查蓄电池熔断器,是否正常,蓄电池至直流屏直流放电回路连接是否牢固可靠。进行核对性放电试验(只放出30%~40%容量),放电结束终止电压为48 V。

d. 用数字万用表测量蓄电池总电压、放电电流、单体蓄电池端电压,放电初期每隔 1 h 测量一次,2 h 后,每隔 0.5 h 测量一次,并详细记录在检修记录本中。现场实时查看电源监控模块放电电压、电流值的变化,掌握蓄电池放电容量变化。在放电状态下测量,如果在连续 3 次放电循环中测试蓄电池组之间的端电压差大于 0.2 V(2 V)、0.6 V(12 V),且该蓄电池均是最低的,就可将其判为该组中的落后电池(单体端电压下降明显,端电压较低)。

e. 核对监控模块是否有蓄电池放电告警,并与动环网管进行告警核对。

f. 当蓄电池组放电至终止电压 48 V 或者整组电池中有一只电池端电压到达放电终止电压值时(2 V 电池单体终止电压为 1. 8 V,12 V 电池单体终止电压为 10. 8 V),停止放电,调高浮充电压至 53. 5 V,并对电池组进行均充。

g. 蓄电池组充电。蓄电池组放电完成后,应在 24 h 内利用高频开关的均充功能完成蓄电池组的充电工作。

h. 蓄电池核对性放电测试结果分析。根据此次试验负载电流 I、蓄电组总容量 C,由 I/C 的值 A,在蓄电池各倍率速查表中找到与 A 接近的项估算放电小时率及满容量放电时间。

本次试验放出蓄电池全部容量为 30%,根据估算的放电小时率确定满容量放电时记为 T_1,实际测试时放电时间记为 T_2,如果 $T_2/(T_1\times30\%)$ 的值即为蓄电池的容量,若容量大于 80% 判定为该组蓄电池容量合格。若发现不合格,应组织进行容量测试(离线),确定蓄电池容量具体情况。2 V 蓄电池组投入运行的第 6 年起、12 V 蓄电池组投入运行的第 3 年起执行容量测。

(3) 容量测试

容量测试适用于两组及以上蓄电池组情况。

①蓄电池组容量测试前的均充,在高频开关设置为均充模式,使高频开关对蓄电池均充,依次选择“主界面”>“控制输出”>“均浮充控制”>“均充”。

②测试第 1 组蓄电池。

做好高频开关蓄电池熔断器附近绝缘防护,使用载容器将第 1 组蓄电池熔断器拔出,确认断开的熔断器是第 1 组蓄电池的,使用万用表测量电池两端电压,电压明显下降的电池组为熔断器已拔出的电池组,拆除电池组与高频开关连接电缆,按先拆负极后拆正极的顺序拆除,并分别做好线缆绝缘包封。使用蓄电池放电测试仪测试,常见品牌电池的分时放电电压参考其说明书。

③第 1 组蓄电池测试完成后开始测试第 2 组,步骤相同。

三、故障分析及处理

1. 高频开关电源故障及处理方法

(1) 监控模块故障及处理方法

①监控模块故障影响直流供电安全时,只需关掉监控模块即可。

②更换新的监控模块之前,为确保其配置参数与既有的监控模块参数一致,应将其在测试系统上按既有监控模块的配置数据进行配置和测试。

(2) 整流模块故障

保护指示灯黄色常亮:整流模块保护或温度过高。模块保护的原因是模块不均流或输出电压保护,应检查模块运行状况;模块温度过高应检查风扇运行状况。

保护指示灯黄色闪烁:模块通信中断;故障指示灯红色常亮:模块过压保护;故障指示灯红色闪烁:风扇故障。

(3) 整流模块更换

①检查新整流模块是否有明显的运输损坏。

②松开整流模块面板上的固定螺栓,如图 8-8 所示。

③将故障整流模块的滑动开关拨到上面。固定螺钉滑动开关整流模块。

图 8-8　整流模块外观

④抓住故障整流模块的把手将模块往外拉,即可将模块抽出机架。此时请尽量小心,刚刚退出工作的模块外壳表面温度还很高,注意做好防护并抓紧模块以免跌落损坏。

⑤将新整流模块的滑动开关拨到上面,抓住新整流模块把手,缓慢将模块推进机柜(不要完全推入)。

⑥继续推入整流模块,直到模块的面板与整流机柜的面板接触为止,确保输入、输出插座连接良好。将滑动开关拨到下面。

⑦拧紧把手上的螺栓,将模块固定在机柜上。

⑧模块运行指示灯经过短时延迟后会点亮,风扇开始运转。检查新的整流模块工作是否正常,包括监控模块是否能识别新整流模块,是否和其他整流模块均流。

2. UPS 故障及处理方法

(1)不逆变及处理方法

①不逆变是指 UPS 用市电能正常工作,但市电中断时蓄电池直流电压不能转变为 220 V 交流电压。

②应首先测量蓄电池组电压,因为若蓄电池组电压过低,控制电路检测到蓄电池电压过低信号后,就会中断逆变电路工作;其次检查辅助电源是否正常及逆变管和驱动管有无损坏;最后检查输出保护电路。一般情况下,通过上述步骤即可检查到故障点,并予以排除。

(2)不稳压及处理方法

①对于非在线式 UPS,不稳压分为交流输入时输出不稳压和逆变输出不稳压两种情况。当市电输入时,输出稳压过程是通过调压电路控制继电器与变压器的不同抽头进行连接来实现的,逆变输出电压的稳压过程是通过检测逆变器反馈电压高低来控制方波信号的脉冲宽度而实现的。

②检查相应的调压控制电路。

(3)不充电及处理方法

①该故障在市电不经常中断的环境里比较难发现,但它的危害很大,很可能使蓄电池因长期得不到充电而提前报废。

②断开充电电路与蓄电池的连接,通过测量充电电路的空载电压即可判断。正常时,单块 12 V 的蓄电池空载电压为 13.5 V,串联的两块蓄电池空载电压为 27 V。若此电压不正常,应检查充电电路及相应控制电路,特别是与此相关的控制电路。当市电电压过低或中断时,充电电路在控制电路的作用下会停止工作。若相应控制电路有故障而误动作,也会使充电电路不工作。

(4)不能用市电及处理方法

①逆变输出正常,用市电输入时无输出。

②应首先检查市电检测电路,因为当市电检测电路检测出市电电压低于 170 V 或高于

260 V 时，就会发出相应信号给控制电路，使控制电路发出控制脉冲，切断市电输入通路，并使 UPS 处于逆变状态。当检测电路正常后，检查继电器转换电路。

(5) UPS 不能正常启动及处理方法

①在正常情况下，后备机 UPS 只要合上输入开关，UPS 便自动工作在旁路供电方式，这时负载由市电直接提供电源。当 UPS 开始启动，一段时间后自动由旁路供电转为逆变器供电（正常工作方式）。若不能正常启动，说明电池或逆变器有问题。

②UPS 不能正常启动的原因除机器内部的因素外，首先应检查输入电压是否正常，对于三相输入的 UPS，还要检查是否"缺相"。因为在 UPS 内部有一个检测电路对输入电压进行实时监视，若存在"缺相"，输入电压的三相平均值必然低于正常值的下限，检测电路便发出信号停止 UPS 的启动；若检查输入电压正常，UPS 仍未启动，则对于单相输入的 UPS 要检查输入电压的火线与零线接线是否接反；对于三相输入的 UPS，则要检查其输入电压的相序是否正确。

(6) UPS 在运行中频繁地转换到旁路供电及处理方法

UPS 正常工作转到旁路状态通常有 3 种原因：

①UPS 本身出现故障。

②UPS 暂时过载。

③过热。

如当 UPS 本来负载就比较大，再启动其他的负载，UPS 就因"过载"而转到旁路，等负载的冲击电流经过后，UPS 又自动转换到正常工作方式，这种情况的频繁出现对 UPS 的稳定工作是不利的，应做相应处理。

3. 蓄电池故障及处理方法

①绘制（或拍照）蓄电池组摆放方式。

②使用工具（载容器）断开高频开关电源系统第 1 组电池组的熔断器。拔插时须双人双岗，熔断器与周围机柜金属部分须做好绝缘防护措施，防止熔断器掉落或拆卸熔断器时工具与机壳短路，如图 8-9、图 8-10 所示。

图 8-9　熔断器周边绝缘防护

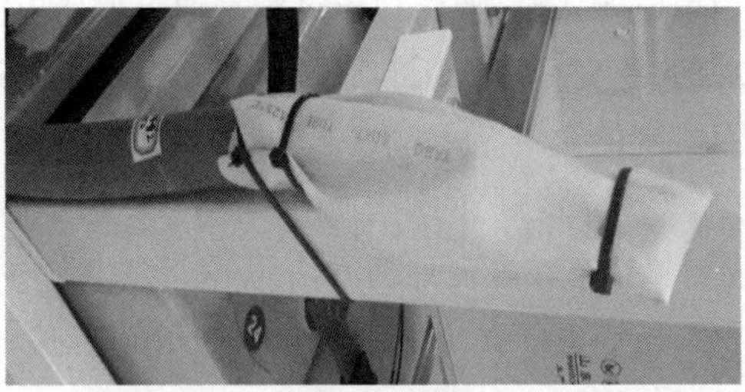

图 8-10　电缆金属连接头绝缘防护

③将第 1 组蓄电池组的正负极与高频开关电源的线缆（含动环、蓄电池均衡系统等监测线）连接拆除。先拆正极，后拆负极，拆除后立即逐一对每根电缆金属连接头做好绝缘措施（可使用热缩管套封并绑扎好）。

④（如需要）拆除并更换高频开关电源系统熔断器（负极）、正极与蓄电池组的连接电缆。布放的新线缆金属连接头须做好绝缘处理，杜绝发生短路等安全隐患。

⑤依次拆除第 1 组蓄电池间的连接线缆（或铜排）及蓄电池监测模块线缆（如有），将拆除

的线缆(或铜排)、监测模块(如有)集中放置。将蓄电池逐一从机柜或机架中移除。

⑥将新蓄电池依次摆放至机柜或机架中,注意蓄电池的摆放应与原方式一致,蓄电池间距应≥10 mm,并做好蓄电池编号,编号时应从负极的第一节电池开始。

⑦使用连接缆(或铜排)以正负(或负正)依次连接好蓄电池组及监测模块(如有)。连接时须注意各单体电池极柱无反接现象。如电池组分层放置,需安装好各层的电池连接线后,再连接层与层间的连线。

⑧连接电池组与高频开关间的连接线缆时,注意要先连负极再连正极。

⑨双人检查确认连接正常,测量并调整高频开关输出电压,确保高频开关输出电压与蓄电池组压差在 0.5 V 以内,以免插回熔丝时产生火花。

⑩使用工具(载容器)恢复高频开关电源系统第 1 组电池组的熔断器。

⑪检查确认(如有充电电流)蓄电池组连接正常,根据新蓄电池组容量等重新核查并修正高频开关电源系统蓄电池组相关参数(如容量、限流等)。

⑫如系统有第 2 组蓄电池组,参照上述第 1 至第 11 步完成第 2 组蓄电池组的更换工作。

⑬放电试验:可通过调低整流模块输出电压或启用电池测试模式确认蓄电池组放电正常(可独立向负载供电)。

⑭对蓄电池组进行充均:观察高频开关电源工作状态,如系统电压稳定在浮充电压(53.52~54.48 V)则启动手动均充功能,对蓄电池组进行均衡充电;如系统电压稳定在均充电压(55.2~56.4 V)则说明系统正在对蓄电池组进行均衡充分,不需作人工干预。

⑮检查修正高频开关电源系统运用正常且参数(如浮充电压,浮充电压设置须根据该蓄电池组特性并考虑环境温度进行设置,蓄电池组未作要求的参照《铁路通信维护规则》设置为 54.0 V±温度补偿值为好)设置正常。

⑯清理工具、清洁卫生。

四、检修记录

根据学习内容填写通信电源设备检修记录本,见表 8-1、表 8-2。

表 8-1　高频开关电源检修记录

设备名称:××高频开关设备　　　　年　　月　　日

类别	序号	项目与内容	周期	完成情况
日常检修	1	运行情况巡检:检查指示灯、输出电压电流、告警信息等	日	
	2	表面清扫及防尘过滤网清洁	月	
	3	检查运行情况,记录输出电压、电流		
	4	转换开关、熔断器、断路器、接触器、防雷保护单元、风扇等元件外观及状态检查		
	5	输出电压、电流测试	季	
	6	时间检查校对		
	7	各整流模块并机工作均分负载性能检查		
	8	交流停电告警试验		
	9	两路交流电源转换功能试验		

续上表

类别	序号	项目与内容	周期	完成情况
集中检修	1	风扇清洁	半年	
	2	各连接处强度检查、配线整理、标签核对检查		
	3	直流工作地线、保护地线外观及连接强度检查	年	
	4	限流功能试验		
	5	直流负载电流测试及熔丝容量核对检查		
	6	直流供电回路全程压降测试		
	7	系统参数设置值检查核对		
	8	告警功能试验		
重点整修	1	输出杂音电压测试	根据需要	
	2	更换老化模块、元器件		
	3	更换老化配线		
备注				
执表人		检查人		

表 8-2　阀控式密封铅酸蓄电池检修记录

设备名称：××阀控式铅酸蓄电池　　　　年　月　日

类别	序号	项目与内容	周期	作业情况
日常检修	1	电池组表面清扫	月	
	2	检查外壳是否有膨胀变形或破裂		
	3	检查是否有渗漏电解液或极柱周围爬酸现象		
	4	检查连接有无松动		
	5	电池组浮充总电压测试		
	6	电池组浮充电流测试		
	7	全组各电池单体浮充电压及温度测试		
	8	电池组均衡充电	季	
集中检修	1	连接排电压降测试	年	
	2	核对性放电试验		
	3	容量测试		
重点整修	1	淘汰电池处理	根据需要	
备注				
执表人		检查人		

现场测评

1. 简述高频开关电源集中修的内容。

2. 简述阀控式密封铅酸蓄电池的日常检修的内容。

任务评价

项目	评价内容	掌握程度		
		未掌握	基本掌握	熟练掌握
高频开关电源检修维护作业	作业步骤			
	作业标准			
蓄电池日常检修	作业步骤			
	作业标准			
蓄电池核对性放电试验	作业步骤			
	作业标准			
蓄电池容量测试	作业步骤			
	作业标准			
故障案例分析	原因分析			
	解决措施			
学习体会				

任务三　通信电源设备组网及发展方向

知识目标

1. 掌握UPS供电系统蓄电池容量计算能力。
2. 掌握高频开关电源蓄电池容量计算能力。
3. 掌握直流线路压降的计算能力。

4. 了解通信电源系统的未来发展方向。

能力目标

1. 能根据需求,给 UPS 配置容量合适的蓄电池。
2. 能根据需求,给高频开关电源配置容量合适的蓄电池。
3. 能根据负载电流和供电线的长度,配置线径合适的电源线。
4. 能根据机房的供电情况,规划负载的电源配置。
5. 能根据机房的面积配置合适的蓄电池组。

任务描述

1. 通过学习不同的通信电源系统组网图,能够识别出 UPS、高频开关电源的蓄电池的容量配置是否合适,电缆的线径配置是否合理。

2. 通过学习高压直流供电技术和磷酸铁锂电池技术,能够根据机房的供电情况,规划负载的电源配置,根据机房的面积配置合适的蓄电池组。

知识准备

一、组网能力

通信电源系统的组网设计不仅是相关设计人员应掌握的技能,也是使用与维护工作者应该了解的重要知识。本节结合电源工程设计案例,讲述如何设计和计算电源系统的各个组成部分,包括系统的配置与优化原则、蓄电池容量计算方法、线路载流量的合理分配、各级配电级差保护及熔断器和断路器的选取等内容,为通信电源的设计者提供了例证,也为使用及维护人员提供了更深层次的知识。

1. UPS 供电系统蓄电池容量计算

在计算 UPS 电池总容量时,应根据 UPS 容量,按式 $I=S\cos\varphi/(\mu V)$ 估算出蓄电池的计算放电电流 I。其中 S 为 UPS 视在功率;$\cos\varphi$ 为 UPS 输出功率因数;I 为蓄电池的计算放电电流;μ 为逆变器效率;V 为蓄电池放电时逆变器的输入电压。

根据式 $Q\geqslant KIT/\{\eta[1+\alpha(t-25)]\}$ 计算出蓄电池总容量。其中 Q 为蓄电池的额定容量;K 为安全系数,取 1.25;I 为负荷电流;T 为设备放电小时数;α 为电池温度系数;t 为蓄电池所在地最低环境温度;η 为放电容量系数。

2. 高频开关电源蓄电池容量计算

蓄电池容量需根据规范要求的放电时间进行计算,每套直流系统配置的蓄电池宜多组并联,但最多并联组数不应超过 4 组。在给定了放电时间后,蓄电池的容量可依据式 $Q\geqslant KIT/\eta[1+\alpha(t-25)]$ 计算出蓄电池总容量。其中 Q 为蓄电池的额定容量;K 为安全系数,取 1.25;I 为负荷电流;T 为设备放电小时数;α 为电池温度系数;t 为蓄电池所在地最低环境温度;η 为放电容量系数。

3. 直流线路压降计算

对于-48 V 电源系统的主设备,对应其电源输入端的允许范围为-40~-57 V,直流供电系统必须保证加在设备端的电压范围在上述要求之内,而直流供电回路是存在压降的(主要是电缆和端子上的压降),其中可以控制的主要是电缆上的压降,即控制电缆截面积来保证压降处于合适的范围内。

根据我国通信行业标准,对于−48 V 电源的直流放电回路(即从蓄电池组两端到通信设备受电两端)的全程压降应不大于 3.2 V。直流配电屏内放电回路(即开关电源系统内从连接蓄电池组的两端到各直流输出分路两端)压降应小于或等于 500 mV。因此,应先将允许全程压降减去 0.5 V,再适当分配蓄电池组至开关电源的导线允许压降(以不超过 0.5 V 为宜)和开关电源输出端至通信设备受电端的导线允许压降,然后计算确定相应直流导线的截面积。

导线截面限额选择在确定了压降之后可按下式计算:$S = IL/\Delta Uv$。其中 S 为导体截面积;I 为流过导线的最大电流;L 为导线长度;ΔU 为导线上的允许压降;v 为导体的电导率。

二、发展方向

1. 高压直流供电技术

由于铁路通信设备涉及所有承载网,同时还有接入网、无线网、电报电话、防灾、视频、会议等多个业务网,所以需要在一个通信机房内安装多种不同供电需求的通信设备。因此,对通信电源设备和系统不断提出了新的和更高的要求。而通信机房中最大的用电需求特点和存在的问题就是交流、直流混合供电(包括−48 V 直流供电、交流单相 220 V 或三相 380 V 供电)。

通信机房交、直流混合使用会带来以下问题。

①机房安全存在很大隐患。

②供电可靠性达不到期望值。

③增加机房基础设施的建设成本。

④机房维护管理和防掉电难度增大。

目前机房存在着 DC −48 V 和 AC 220 V 混合供电的情况,可以采用将 240 V 直流供电系统代替交流 UPS 供电系统,使机房网络设备统一由直流供电,从而避免交直流混合供电情况。

在直流供电系统中,蓄电池组直接连接到通信设备,不需要经过 DC/AC 逆变环节,大大提高了供电的可靠性。

2. 通信用磷酸铁锂电池技术

随着通信行业的不断发展,光网络、分布式站点、户外站点的建设日益增多,通信设备也在不断趋于集成化、密集化、小型化。

在有限的空间内,传统的铅酸电池因占地面积大、环境温度要求高等原因,难以满足小型机房或机柜的要求,而磷酸铁锂电池由于体积小、高温性能好的优点,正好能解决传统铅酸蓄电池面临的问题。

现场测评

1. 写出导线截面积的计算公式,并注明各参数的含义。

2. 讲述机房交、直流混合使用存在的问题。

任务评价

项目	评价内容	掌握程度		
		未掌握	基本掌握	熟练掌握
通信电源系统的组网能力	UPS 供电系统蓄电池容量计算			
	高频开关电源蓄电池容量计算			
	直流线路压降计算			
通信电源系统的未来发展方向	机房交、直流混合使用存在的问题			
	机房供电的选择方案			
	蓄电池未来发展方向			
学习体会				

同步练习

一、填空题

1. 铁路通信电源系统由________供电系统、________供电系统、________系统、________系统等部分组成。

2. 铁路通信电源系统在整个通信网络中虽然属于________设施，但该系统却起到“________”和“________”的作用。

3. 铁路通信的组网方式是沿________组网，在通信资源不足的站点，电源系统的故障会导致全站数据的“________”，直接影响行车秩序。

4. 高频开关电源通常由________、________、蓄电池组、直流配电屏四个部分组成。

5. 蓄电池组与整流器________工作，是整个通信直流电源系统________的能量源。

6. 直流配电屏内装有________、接触器、________以及电工仪表、告警保护等元器件。

7. 按直流供电馈电线配线方式不同，直流屏又可分为________直流配电屏和________直流配电屏。

8. UPS 的英文全称是________________________________。

9. 铁路通信机房的 UPS 电源均________配置。

10. 输入整流滤波电路：把交流电能转换为直流电能的电路，并对市电________。

二、选择题

1. UPS 通常由输入整流滤波电路、功率因数校正电路、蓄电池组、充电电路、逆变电路、静态开关电路、(　　)电路、保护电路八个部分组成。

A. 锁频　　B. 锁相　　C. 锁压

2. 基站机房多数采用单机(　　)总线供电。

A. 双　　B. 单　　C. 三

3. 充电电路一般有两个反馈回路，一个作(　　)反馈，另一个作(　　)反馈。

A. 电流、电阻　　B. 电压、电阻　　C. 电流、电压

4. 在后备式 UPS 中,逆变器输出电压波形一般为(　　)。
   A. 方波　　B. 准方波　　C. 正弦脉宽调制波
5. 在线式 UPS 中,逆变器输出电压波形多为(　　)。
   A. 方波　　B. 准方波　　C. 正弦脉宽调制波
6. 在逆变器电路中,经 LC 滤波器滤波后,可得到(　　)。
   A. 标准正弦波　　B. 准方波　　C. 正弦脉宽调制波
7. (　　)电路是保护 UPS 和负载,并实现市电旁路供电和逆变器供电的转换。
   A. 静态　　B. 动态开关　　C. 静态开关
8. 小型 UPS 一般采用(　　)作为静态开关。
   A. 继电器　　B. 快速晶闸管　　C. 快速继电器
9. 大中型 UPS 则采用反向并联的(　　)作静态开关。
   A. 继电器　　B. 快速晶闸管　　C. 快速继电器
10. 锁相电路可以检测两路交流电的相位差,然后将它变成一个(　　)信号来控制逆变的输出电压相位和频率,从而确保逆变器和交流电源的同步运行。
   A. 电压　　B. 电流　　C. 相位

三、简答题

1. 简述固定型阀控式铅酸蓄电池的组成部件。

2. 简述发电机组的组成部分。

3. 简述防雷的基本原则。

模块九　通信电源及机房环境监控系统

通信电源及机房环境监控系统（以下简称动环监控系统）是一个分布式计算机控制系统，通过计算机网络系统实时监测、记录监控范围设备运行状态，及时监测故障并通知维护人员处理，提高维护管理水平，实现机房少人或者无人值守，解放劳动力，降低运维成本。

动环监控系统主要用于对铁路车站、基站、直放站、牵引变电所等机房内的电源设备、空调设备、机房环境进行遥测、遥信、遥控，实时监控机房环境和设备运行状态，传送告警信息，记录和处理相关数据。

任务一　动环监控系统设备认知

知识目标

1. 了解动环监控系统的监控对象。
2. 掌握动环监控系统的组成单位及功能作用。
3. 掌握动环监控系统的组网方式。

能力目标

1. 能识别动环监控系统的监控对象。
2. 能识别动环监控系统各组成单位。
3. 掌握动环监控系统组网方式。

任务描述

参观实训室，观察监控系统的设备工作状态，能够识别监控系统各组成部分，并对中心数据处理设备、前端采集设备、承载网络和网管终端的功能作用进行分组讨论，认知动环监控系统设备组成的多样性、复杂性。

知识准备

动环监控系统由中心数据处理系统、前端采集设备（RTU）、传输网络和监控终端组成，如图 9-1 所示。

动环监控系统本质上是一个集中监控和集中维护的计算机控制系统，包括数据采集硬件、数据处理软件，传输网络系统，要做好日常维护工作，首先需要具备一定的计算机软硬件和网络知识，其次是对行业内相关技术标准有一定的了解。目前动环监控系统主要由世纪瑞尔、河南辉煌、维谛等厂家集成。部分设备如图 9-2 所示。

各厂家设备虽前端硬件选择和组网方式上存在细微的差异，但监控监测系统整体架构大同小异，即前端采集设备 RTU（基于嵌入式计算机平台开发）、中心应用服务器（使用 Windows Server 操作系统运行服务端程序及 SQL 数据库）、应用软件（平台向运维人员提供桌面或 Web 客户端）、系统间交互接口（集成北向接口可实时与上层网管系统同步告警信息）。

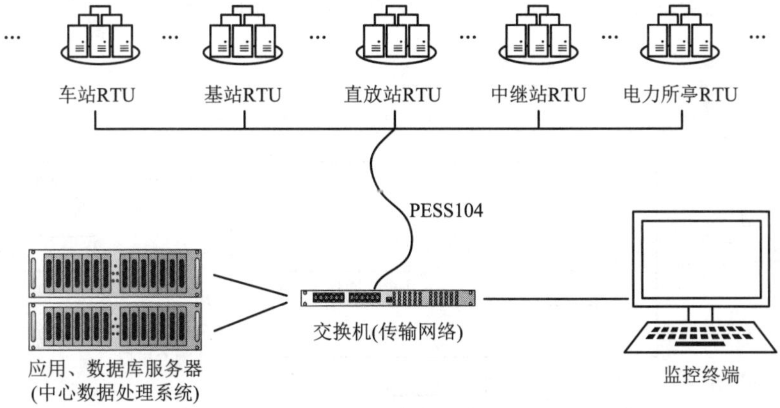

图 9-1　动环监控系统构成

图 9-2　RTU(左)及中心数据处理设备(右)

1. 行业术语及接口定义

现场监控采集单元：RTU，具有数据采集、存储、控制输出和通信等功能，能够接收远程计算机的操作指令并控制末端的执行单元动作。

A 接口：监控站中监控单元与监控模块分设时，监控单元与监控模块之间采用 RS-485、以太网等接口。监控系统采用 A 接口通信协议。

B 接口：现场监控采集单元与监控中心之间的通信接口。

C 接口：监控中心接入通信综合网管系统采用以太网接口，接口数据通信协议应符合 YD/T 1363.2—2005 中 C 接口协议的规定。

D 接口：监控中心与综合监控系统的互联仅为了实现告警联动时，接口数据通信协议可采用 YD/T1363.2 中的 D 接口协议。

E 接口：监控中心与监控终端之间应采用以太网接口，采用 E 接口通信协议（E 接口通信协议未作规定）。

F 接口：监控中心与时间同步系统之间采用以太网接口，采用 F 接口通信协议，该协议应符合 NTP 协议的规定。监控中心具备与时间同步系统时间同步的功能。

动环监控系统接口分类图例如图 9-3 所示,各接口的应用如图 9-4 所示。

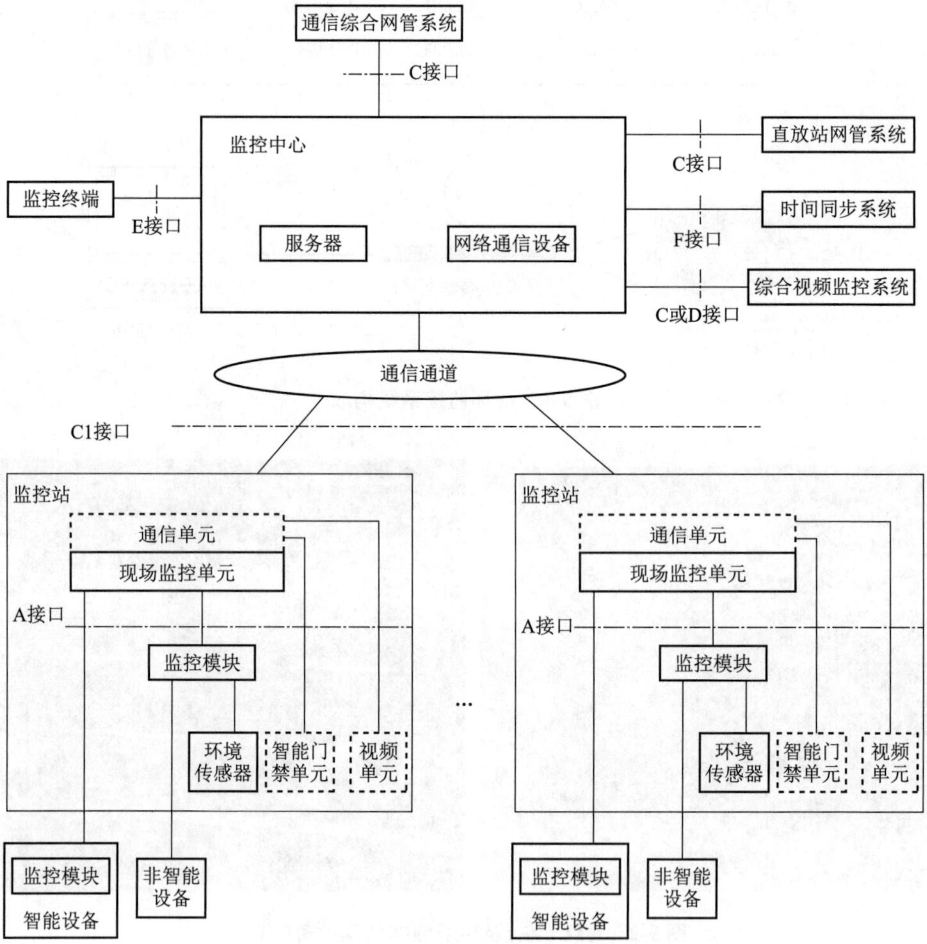

图 9-3　动环监控系统接口分类图例

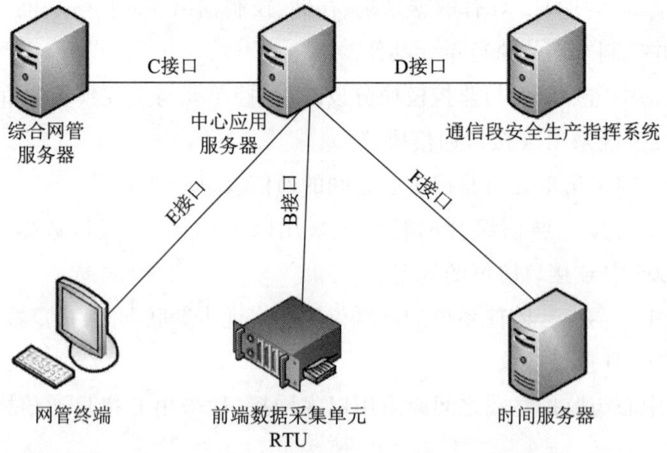

图 9-4　动环监控系统各接口的应用

2. 现场监控采集设备 RTU

动环监控系统的核心设备之一是现场监控采集设备 RTU,其监控和管理设备主要分为传感器、变送器、智能设备三大类,如图 9-5 所示。

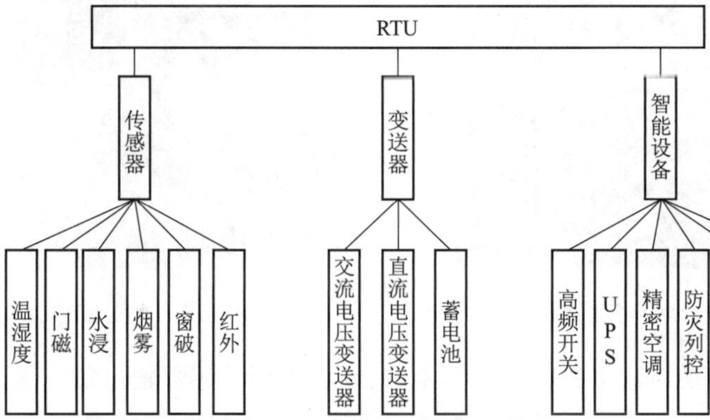

图 9-5 RTU 监控和管理设备示意

传感器:温湿度传感器、烟感探测器、红外传感器、水浸传感器、门磁传感器、玻璃破碎传感器、照明联动继电器等。

动环监控系统中环境传感器主要有门磁传感器、温湿度传感器、水浸传感器、烟雾探测器、红外双鉴探测器、玻璃破碎探测器等。传感器安装位置如图 9-6 所示。

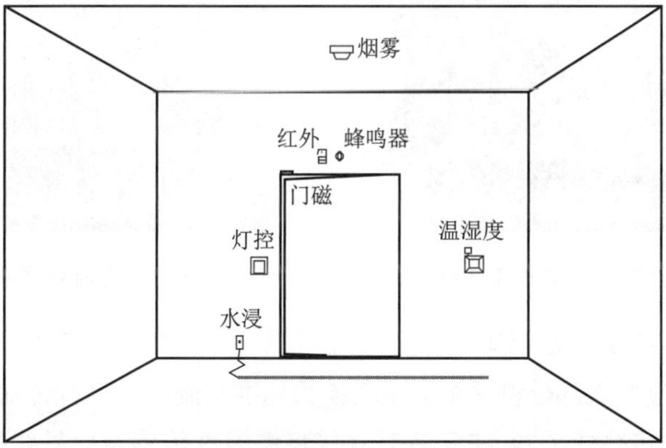

图 9-6 传感器安装位置示意

各种传感器实物如图 9-7~图 9-10 所示。

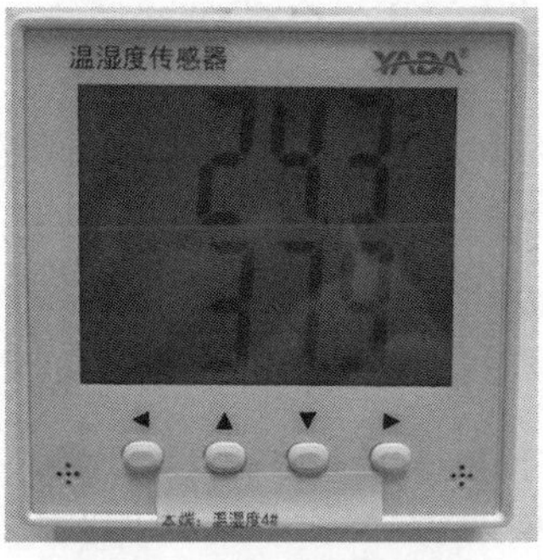

图 9-7 温湿度传感器

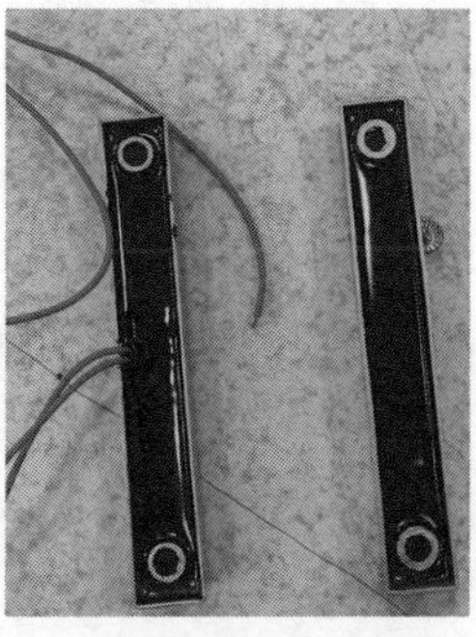

图 9-8 门磁传感器

图 9-9　烟雾传感器

图 9-10　水浸传感器

变送器：传感器转换后输出的电源各有不同，须将不同传感器输出的电量变换为标准的直流信号，具有这样的功能的器件就是变送器，常见的变送器如图 9-11、图 9-12 所示。

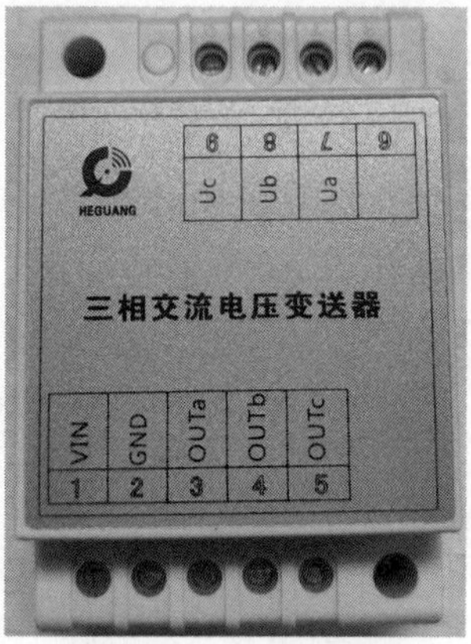

图 9-11　交流变送器

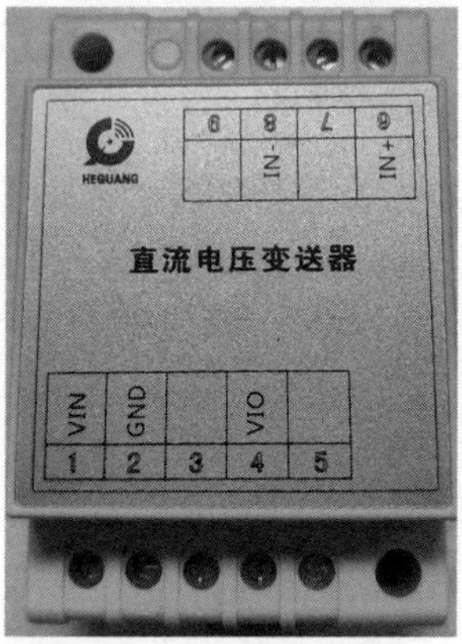

图 9-12　直流变送器

此外还有一种传感变送器，实际上是传感器和变送器的结合，即先通过传感部分将非电量变换为电量，再通过变送部分将这个电量变换为标准直流信号进行传输。如图 9-7 所示，温湿度传感器就是一种传感变送器，在安装时直接将温湿度传感器信号线接入 RTU，而不需要再额外安装变送器。

智能设备：具有 RS-485、RS-422 等接口的设备，如高频开关电源，UPS，精密空调，高铁防灾设备等，如图 9-13 ~ 图 9-17 所示。电源类设备主要以串口为主，少数高端产品同时提供以太网接口。电源类设备常用的监控和管理接口如图 9-18 所示。

从 RTU 硬件接口上分类：环境传感器外部接口一般为数字量 IO（高低电平）、模拟量（电压、电流）、智能通信接口（RS-232、RS-485、RS-422），RTU 的硬件接口示意图如图 9-19 所示，实物图如图 9-20 所示；从 RTU 受电情况分为直流 RTU、交流 RTU。

现网在用 RTU 设备中，大多数基于 Linux 平台二次开发，另有部分基于 Windows 平台和单片机平台；主流方向是逐渐迁移到 Linux 平台，其稳定性、可拓展性显著，软件层面也已实现通过组态配置方式添加新设备，同时支持 Http、Telnet、SSH、FTP 等多种协议，远程配置维护管理极为便捷，但同时也存在学习门槛高等问题。

图 9-13　高频开关电源

图 9-14　蓄电池组单体电压监控
（UPS 设备的组成部分）

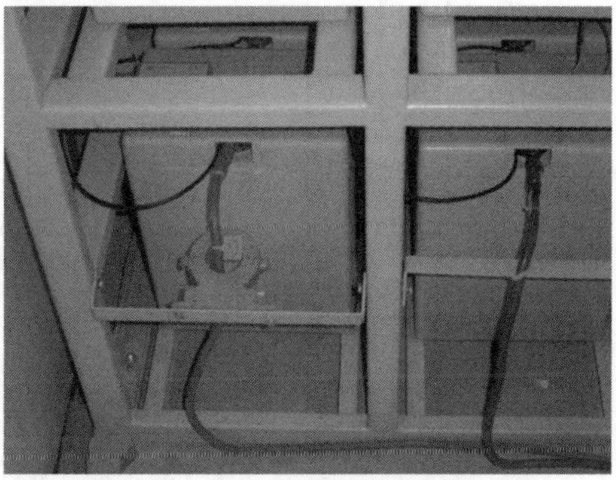

图 9-15　蓄电池组电流监控
（UPS 设备的组成部分）

图 9-16　精密空调

图 9-17　高铁防灾列控输出电压监控

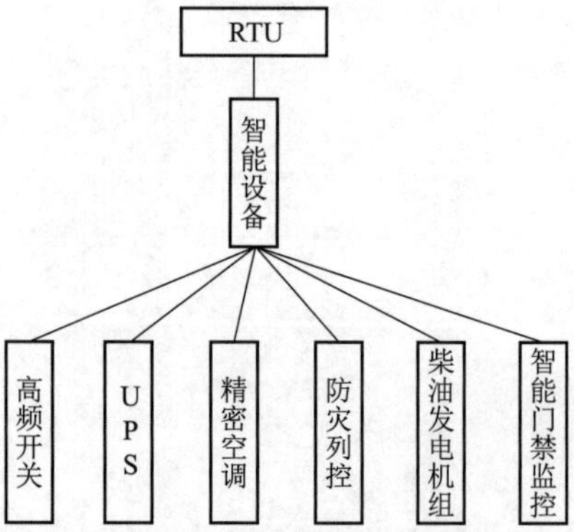

图 9-18　电源类设备常用的监控和管理接口

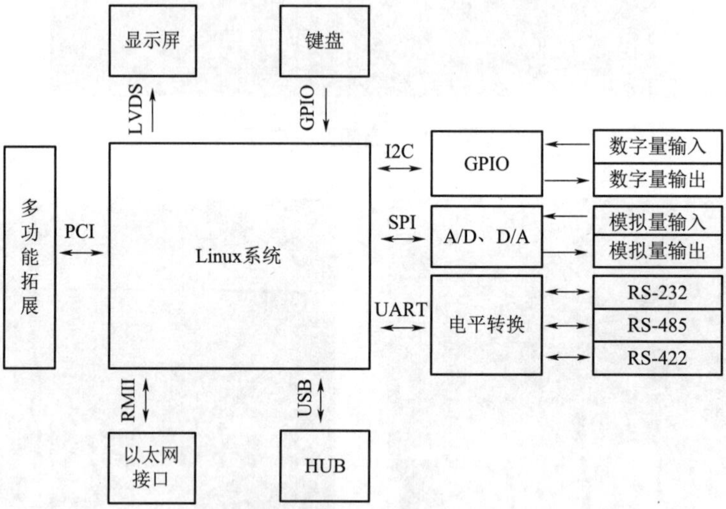

图 9-19　RTU 的硬件接口示意

图 9-20　RTU 硬件接口实物

实际应用中,首先需要根据安装站点实际设备特点合理选择 RTU 类型,同时掌握常用硬件接口及其电气参数标准,其次是了解软件层面如何关联物理端口、参数配置流程,两者相辅相成。

3. 中心数据处理系统

中心数据处理系统是动环监控系统的核心之一,主要包括服务器(应用服务器、数据存储服务器)、分析处理监控数据的应用程序软件、网络交换机等,如图 9-21 所示。

网络交换机一般采用管理型三层交换机,向本系统中心数据处理设备、各级网管终端、其他系统接入提供物理端口,并可根据需要配置相应隔离策略,避免网络风暴,保障网络的稳定性和数据转发效率。

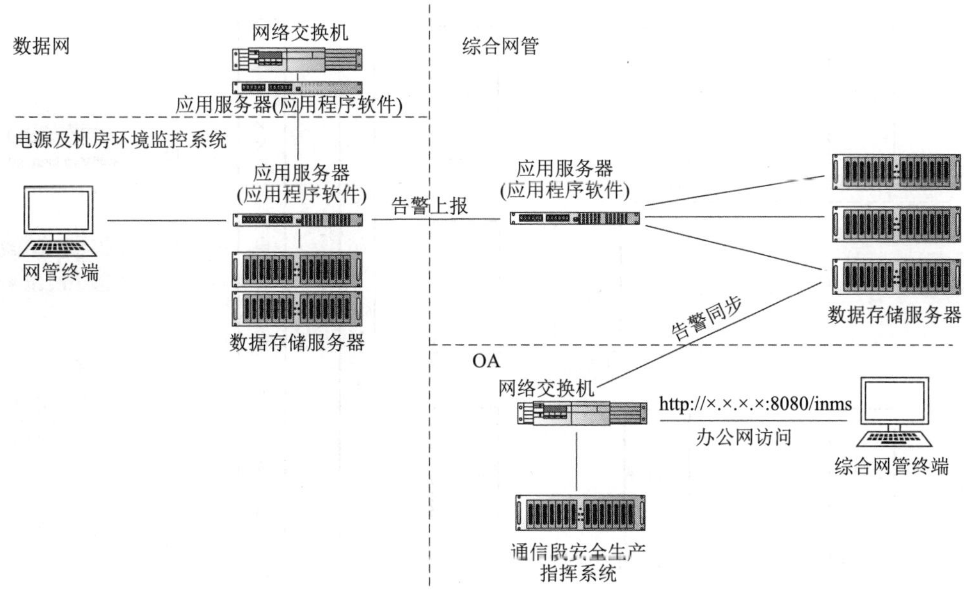

图 9-21　中心数据处理系统

应用服务器通过计算机网络系统与前端采集设备(RTU)使用 B 接口协议进行数据交互,实时接收和处理前端采集设备上报的运行状态、性能数据及其他维护信息,将收集到的监控数据经过应用服务器上的监控数据处理应用软件将设备信息分发至各网管终端。

数据存储库的主要作用是为本系统提供资源信息、配置参数、告警事件、性能数据、终端用户信息的存储和查询功能,同时具备受约束的外部互联接口,支持其他系统通过规范的途径实现查询和报表生成功能。

中心数据处理系统维护时需树立全程全网的概念,具备完善的操作系统、通信网络、数据库相关知识和操作技能。

4. 动环监控系统组网方式

随着高速铁路的建设与发展,铁路数据网作为铁路综合信息的承载平台,电源及机房环境监控系统也依托数据网的承载平台实现各监控站点与中心数据服务器数据交互;动环监控系统前端采集设备一般使用 SDH 专线,业务承载经由各车站汇聚后,通过 MPLS VPN 方式接入铁路数据网,实现跨区域互联互通。区间 RTU 及中心设备组网图如图 9-22 所示。

如图 9-23 所示,动环监控系统组网层次分明,主要分为两层,即接入层和汇聚层。接入层中前端采集设备 RTU 经过接口协议的转换将采集的数据通过区间 SDH 传输网络、区间数据网络传输至应用服务器,经过数据处理软件分析加工后将监控信息分发到各监控网管终端,经过的途径和涉及的接口转换参考传输网络与数据网接口介绍。

动环监控系统的组网方式较为灵活,可轻松实现横向和纵向拓展,长远来看满足未来 4G、5G、6G 等承载技术混合组网,同时引入物联网、云计算、大数据等技术,以此为平台,依托海量传感器和通信网络,通过合适的算法和恰当的参数标准,可实现对事件信息的自动化识别、故障发生的精准定位、事件处理进度的实时跟踪、事件生命周期管理,服务铁路运输行业,保障行车安全。

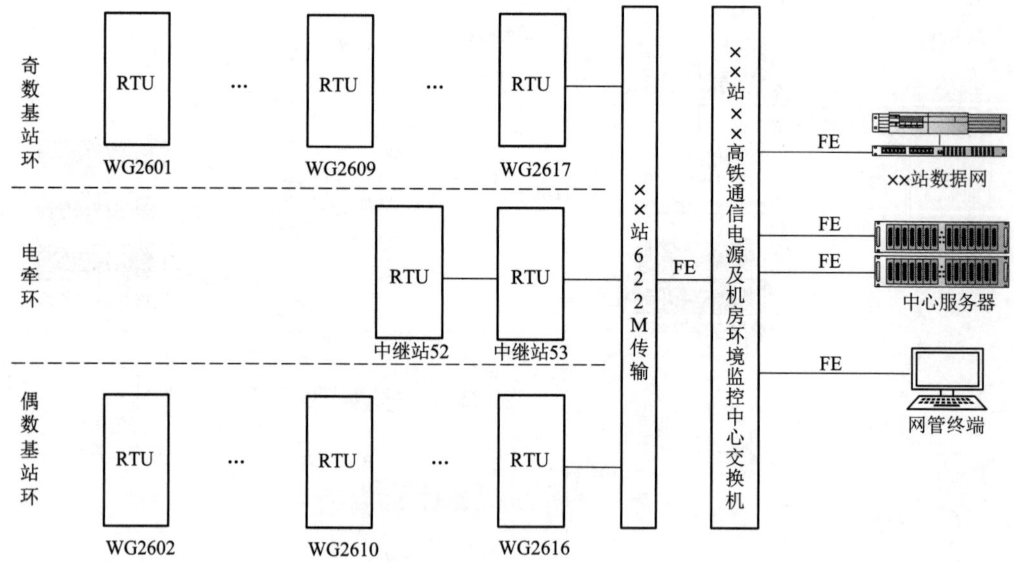

图 9-22　区间 RTU 及中心设备组网

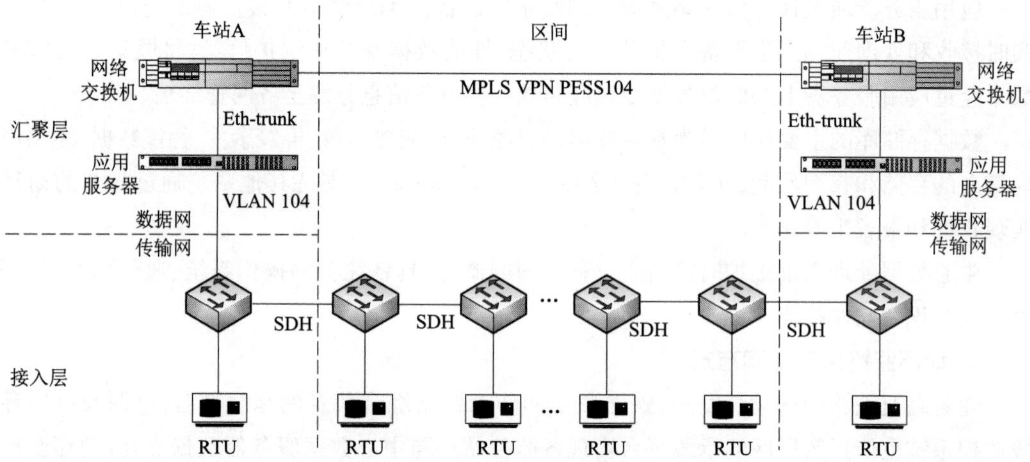

图 9-23　站间 RTU 接入数据网示意

现场测评

1. 简述动环监控系统组成部分及功能。

2. 使用 Visio 软件画出区间 RTU 及中心设备组网图示意图。

任务评价

项目	评价内容	掌握程度		
		未掌握	基本掌握	熟练掌握
动环监控系统设备认知	动环监控系统的监控对象			
	动环监控系统的组成单位以及功能作用			
	动环监控系统的组网方式			
学习体会				

任务二 动环监控设备维护作业

知识目标

1. 掌握维护作业安全作业风险。
2. 掌握维护作业标准化作业流程。
3. 了解动环监控系统典型故障处理。

能力目标

在保证自身安全和设备安全的前提下完成各项维护作业。

任务描述

到实训室按照标准化作业流程进行作业。

知识准备

一、安全风险提示

1. 现场设备维护人身安全风险

(1)严禁带电作业。

(2)检修工具需做绝缘处理。

(3)严禁使用湿抹布擦拭设备内部。

(4)严禁电流互感器的二次侧开路。

(5)严禁电压互感器的二次侧短路。

(6)电源线拆装前必须先检查地线。

2. 中心数据处理设备维护及数据管理风险

(1)定期检查服务器、数据库性能。

(2)定期巡视查看相关电源、磁盘运行指示灯。

(3)定期进行设备冗余、主备网络通道倒换实验。

(4)设备接线、网络拓扑变更后及时更新图纸。

(5)程序下载、配置数据实行版本管理。

(6)定期进行配置数据备份,多介质存储。

(7)数据修改前先进行备份,并做好记录。

(8)数据配置过程实行一人操作,一人复核。

(9)严格执行密码管理制度,定期进行修改。

(10)登录密码错误时严禁多次尝试,避免锁死。

二、作业前准备

在作业前,首先应学习动环系统维护作业指导书,严格执行作业标准,对标、落标是设备维护作业的基础,作业过程中涉及风险的步骤,一定要执行“双人双岗”“一人作业、一人防护”的安全卡控制度,计表执行结果也应标准化、规范化填写。

(1)工长(或作业负责人)召开班前布置会、检查作业人员有无不适合作业情况(如饮酒、发烧)、确认调整人员后填发派工单;作业人员检查、试验仪器仪表,确认维修工具准备齐全(图 9-24),并携带常用板件和维修材料;需上道作业的人员按规定穿戴防护用品,携带防护用具。

(a) 万用表　　(b) 螺丝刀　　(c) 绝缘毛刷

图 9-24　维修工具及仪表

(2)作业人员记录好设备运行状态及当前告警,并检查、试验仪表和通信工具良好。

(3)网管人员应检查网管主机、显示器、键盘、鼠标、线路有无损坏。

(4)网管人员应核对历史告警记录,对重要告警及特殊情况进行书面记录并确认。

三、登记联系

(1)检修作业前需与网管联系,向网管汇报单位、部门、姓名、作业内容,网管同意后方可进行作业。

(2)由现场作业人员填写“入室登记本”。

四、检修作业操作流程

1. 现场工区检修流程

(1)查看设备运行情况:各指示灯是否正常,并且无异声、异状、异味等情况。

(2)查看门磁告警:进入机房后,与网管联系,询问是否有门禁告警信息。

(3)查看烟感运行情况:是否有告警情况产生(若有告警,指示灯红色闪烁),或电源指示不亮现象。

(4)查看温湿度传感器:查看机房温度,并与网管中心核对是否一致,确认温度误差在±1 ℃内,湿度误差在5%内。

(5)使用毛刷或拧干的湿抹布清洁RTU箱表面灰尘;用毛刷清扫带电及开关部位,并注意力度,谨防误操作开关。

(6)检查动环监控系统各设备的配线,对配线标签、标识检查并核对,发现错误时,现场使用标签打印机制作统一的新标签、标识,更换并记录。

(7)对存在历史告警或设备隐患的站点进行现场功能测试。使用洁净水源、烟源等对水浸、烟感等设备进行试验,并联系网管对试验结果进行总结记录。

(8)在天窗点内,将动环设备与传输设备理线器端的RJ-45连线从主用通道更换至备用通道,并联系网管查看告警信息(此项为点内项目)。

(9)对设备接地线及防雷单元进行检查,对防雷片进行外观核对,发现损坏现场更换(注意禁止在雷雨天气下操作)。

(10)电器隔离方面:对于与强电有交叉的部分重点检查,发现有强电干扰等安全隐患现场整改。

(11)核对RTU箱内配线,及时进行整理并更新台账,对RTU与传输ODF架配线整理。

2. 网管工区检修流程

(1)要求每隔3 h对动环终端巡视1次,发现问题及时记录并通知相应现场工区。

(2)对交流电压、温度、直流供电电压、整流模块输出电压、蓄电池总电压、单体蓄电池的端电压、机房环境监控系统运行状况进行查看,要求展开树形图中各项具体参数值,对存在告警的参数进行记录分析,并将告警现象告知相应工区跟踪处理。

(3)配合现场工区进行现场功能性试验并记录。

(4)查看历史操作记录,对剩余的历史告警跟踪处理,网管工区协调现场工区跟踪处理。

(5)每月定时对管内动环设备进行设备分析、历史告警记录整理分析,并将表格核对完成后上报管理部门。

(6)对动环系统参数进行选择性校对调整,将重要告警及典型性告警数据备份于本地硬盘。

(7)抽查电源及机房环境监控系统的功能、性能指标,展开电源及机房环境监控的系统监控性能区段,核对告警门限值是否正常。

(8)对电源及机房环境监控系统被监控对象相关告警信息和日常数据进行备份,重要的告警信息使用安全无毒的存储设备导出并妥善保存。

(9)对监控系统数据上传通道进行抽查,在主用和备用通道中切换并观察。

(10)汇编EXCEL表格,对全年数据记录分类整理并使用WORD撰写总结报告。

五、检修记录

根据学习内容填写动环监控系统检修记录本,见表9-1~表9-4。

表 9-1 监控系统月度、季度检修记录

设备处所: 设备名称:监控系统 年 月 日

类别	项目与内容	标准	周期	完成情况
日常检修	1. 系统时间同步检查并校准	以北京时间校对,误差应≤10 s	月	
	2. 查看系统日志是否有违规操作和错误发生	检查网管系统告警日志,并分析		
	3. 整理分析告警数据和重要监测数据	每日分析告警数据,整理无效告警及重要告警,月末整理汇总		
	1. 日常数据备份	备份正常	季	
	2. 设备标签及线缆标签检查	设备标签,线缆标签准确无误		
	3. 设备表面清扫检查	清洁无尘		
备注				
执表人		检查人		

表 9-2 监控系统年度检修记录

设备处所: 设备名称:监控系统 年 月 日

类别	项目与内容	标准	周期	完成情况
集中检修	1. 监控功能验证及监测数据校对	监控功能验证:汇总设备计表里面的告警察试验项目。 监测数据校对:比较设备面板值,网管监控值,设备实际测量值	年	
	2. 监控系统管理功能校验	检查账户权限是否正常		
	3. 整理分析全年的告警数据和重要监测数据	整理汇总每月分析的告警数据		
	4. 系统参数校对、调整及数据备份	检查网管日志,检查有无异常操作		
	5. 电路(链路)测试	ping 各个链路的 IP(时延≤400 ms)		
备注				
执表人		检查人		

表 9-3 监控功能验证及监测数据校对

设备名称:直流屏 年度: 年

序号	局点	设备	面板显示数值	实际测量数值	网管记录数值	执表人、执表日期
1	××机房	直流配电屏Ⅰ(输出 V)				
2		直流配电屏Ⅱ(输出 V)				
3	××机房	直流配电屏Ⅶ(输出 V)				
4		直流配电屏Ⅵ(输出 V)				

续上表

序号	局点	设备	面板显示数值	实际测量数值	网管记录数值	执表人、执表日期
5	××机房	直流列头框 电压/电流输出/(主用)				
6		直流列头框 电压/电流输出/(备用)				
7		直流列头框 电压/电流输出/(主用)				
8		直流列头框 电压/电流输出/(备用)				
9		直流列头框 电压/电流输出/(主用)				
10		直流列头框 电压/电流输出/(备用)				
11		直流列头框 电压/电流输出/(主用)				
12		直流列头框 电压/电流输出/(备用)				

表 9-4　遥信设备功能验证

设备名称:遥信设备　　年度:　　年

序号	局点	设备	网管告警	现场设备状态检查	执表人	执表日期
1	××机房	水浸告警				
2		烟雾告警				
3		门磁告警				
4		温度高告警				
5		湿度高告警				
6	××机房	水浸告警				
7		烟雾告警				
8		门磁告警				
9		温度高告警				
10		湿度高告警				
11	××机房	水浸告警				
12		烟雾告警				
13		门磁告警				
14		温度高告警				
15		湿度高告警				
16	××机房	水浸告警				
17		烟雾告警				
18		门磁告警				
19		温度高告警				
20		湿度高告警				

六、典型故障处理

在日常维护和故障处理中,不同线路和工程,各类环境传感器和电源设备选型不一,但按照以下思路:“弄清原理,先硬件后软件,逐步深入”,即可快速解决大部分问题。

1. 数字 IO 电路分析及故障处理

在动环监控系统中,机房门门禁、灯控功能是通过 RTU 数字量输入输出拓展模块及配套传感器实现的。其主要电路如图 9-25 所示,在实际检修中灵活使用万用表即可快速定位故障点。

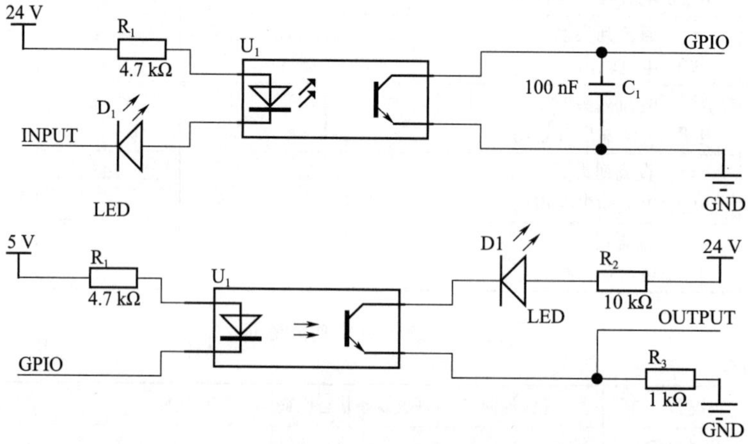

图 9-25　使用光耦隔离的数字量输出电路

(1) 非法入侵告警处理

非法入侵告警即机房在未撤防状态下,RTU 通过门磁传感器断开状态来检测机房门被打开,其安装位置如图 9-26 所示。

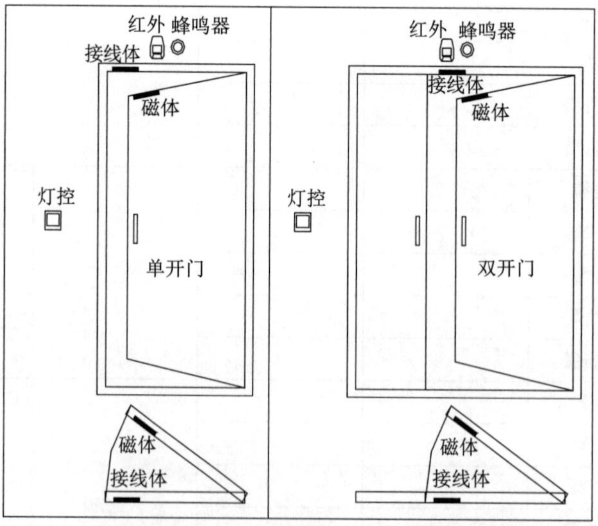

图 9-26　门禁传感器安装位置示意

门磁传感器接线体本质上就是一个干簧管，即磁铁靠近时导通，远离时断开；在故障处理时使用万用表、小磁铁即可判断故障位置。

具体处理流程如下：

①检查门体与框架是否间隙过大，如有异常，适当调整合页间隙。

②检查磁体是否脱落或损坏、接线体内干簧管是否导通，如有异常，更换即可。

③检查接线体至 RTU 配线是否老化、折断，如有异常，更换配线即可。

④检查 RTU 内数字量输入通道是否正常，如有异常，调整输入通道或更换数字量输入板。

(2)照明联动异常处理

照明联动即机房门打开时室内照明灯自动打开，机房门关闭时照明灯自动关闭，其原理是照明开关触点上并联一组回路到继电器，RTU 根据门磁传感器状态来控制继电器吸合和断开。照明联动安装位置如图 9-27 所示。

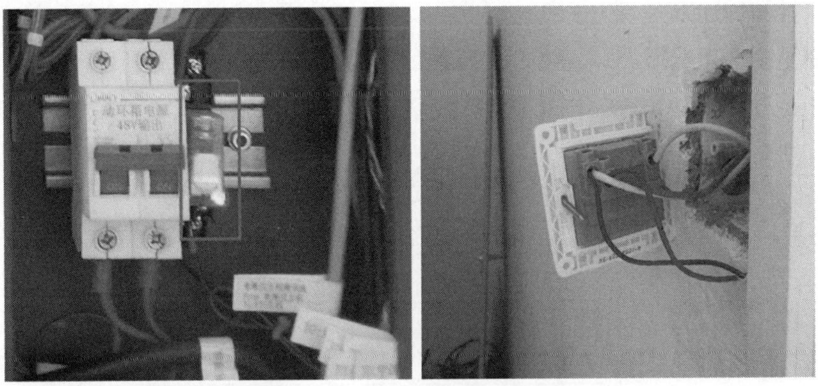

图 9-27　照明联动安装位置示意

具体处理流程如下：

①手动控制开关检查照明开关、灯管、供电回路状态，若有损坏，更换即可。

②检查继电器线圈、输出触点导通状态，若有损坏，更换继电器。

③检查 RTU 内数字量输出板通道状态，若有损坏，调整输出通道或更换数字量输出板。

2. 模拟量采集计算及故障处理

在动环监控系统中，温湿度、烟雾、水浸、蓄电池组监控、配电箱监控、防灾列控电压监控等功能的末端传感器、变送器均是通过模拟量采集技术来实现的。

模拟量采集即将被测端输出的模拟电压、电流转换为数字量，如图 9-28 所示串联分压电路，V_{in} = 输入电压，V_{out} = 输出电压。

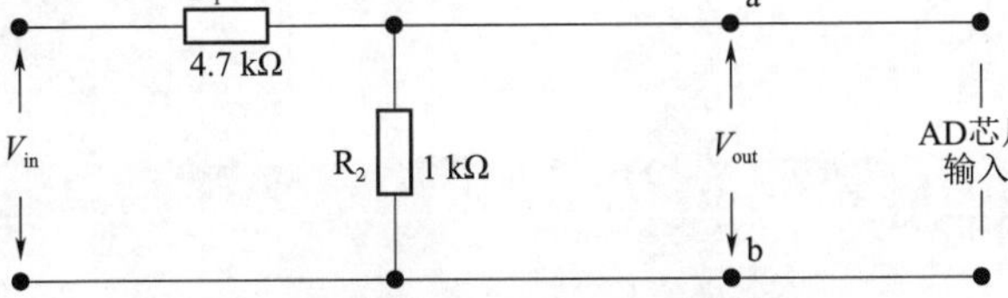

图 9-28　常见的电阻分压电路

若输入电压 $V_{in}=24$ V，串联电阻 $R_1=4.7$ kΩ，并联电阻 $R_2=1$ kΩ；通过欧姆定律计算可以得到，输出电压 $V_{out}=4.211$ V。

假设 AD 芯片的输入范围 0~10 V，分辨率为 16 位，即 0 V 对应 0，10 V 对应 $2^{16}-1=65\ 535$，其采集精度约为 0.153 mV。

铁路通信、信号、电力行业常用的仪表、传感器、变送器输出信号有电压型和电流型两种，既 0~10 V 电压信号、4~20 mA 电流信号，在实际使用中可根据需要添加相应的转换、隔离模块进行相互转换。

在实际运用中，模拟量采集电路易因器件老化产生采集误差，需重新计算和配置软件参数进行补偿校准。

(1)温湿度传感器监控值误差校准

参数配置流程如下。

①将调试笔记本连接 RTU，IP 地址设置为 RTU 相同网段，打开浏览器输入 RTU 的 IP 地址登录到 RTU 配置页面。

②在网页中依次选择“对象属性”>“遥测量”>“温度 1”，如图 9-29 所示。

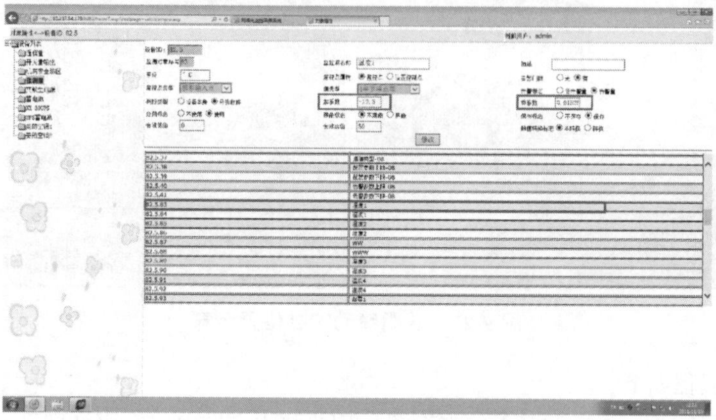

图 9-29　RTU 温湿度校准页面

③根据实际温度与监测温度的差值，填写“加系数”选项值。

(2)RTU 电源模块老化，带载性能不良故障案例

网管系统报某机房 RTU 下挂智能设备频繁脱管，工作人员到机房查看发现 RTU 电源指示灯正常，测量 RTU 输入电压正常，测量 RTU 输出电压约为 10 V，明显偏低（RTU 标准输出电压 12 V），更换 RTU 电源部分后故障恢复正常，RTU 输出端口如图 9-30 所示。

图 9-30　RTU 输出端口

3. 其他常见故障现象及排除方法

常见故障现象及排除方法见表 9-5。

表 9-5　常见故障现象及排除方法

故障现象	原　因　分　析	排　除　方　法
以太网通信故障	1. IP 地址设置错误。 2. 子网掩码设置错误。 3. 网关设置错误。 4. 网线接触不良。 5. 网络通道故障	1. 检查网线连接状态。 2. 检测网络通道。 3. 检查并设置相关网络配置
无法检测到电池组	1. 检测模块通信失败。 2. 单体监控模块故障	1. 检查通信电缆。 2. 查看监控模块指示灯，测量监控线缆端电压，更换监控模块
电池内阻过大	1. 电池已经老化。 2. 电池与检测模块的连接电阻过大	1. 更换电池。 2. 检查检测模块与电池的连接
电池模块报警延时过大	电池模块参数设置不合理或参数错误	1. 按实际电池模块数量设置相关参数。 2. 合理设置中断深度、通信超时、通信重试次数等参数
检测电池组电压为 0 V	1. 电压传感器连接不良或接线错误。 2. 电压传感器失效	1. 检查电压传感器接线及供电。 2. 更换电压传感器
检测电池组电流为 0 V	1. 电流传感器连接不良或接线错误。 2. 电流传感器失效	1. 检查电流传感器接线及供电。 2. 更换电流传感器
模拟量输入检测不到	1. 传感器连接不良或接线错误。 2. 传感器失效。 3. 接口配置错误	1. 检查传感器接线及供电。 2. 更换传感器。 3. 检查接口配置及传感器供电模式
开关输入检测不到	1. 开关量输入模块配置错误。 2. 开关输入量的接线类型错误。 3. 传感器失效	1. 检查并确认开关输入量的连接类型及接线。 2. 检查开关量输入模块的跳线配置。 3. 查看监控模块指示灯，测量监控线缆端电压，更换监控模块
设备通电后无显示	电源连接不正常	1. 检查电源连接极性（设备具有防反接保护，电源极性错误将不对设备供电）。 2. 检查供电电压，确保供电电压在设备适用范围之内
外接智能设备无法识别	1. 智能设备与监测平台的连接不符合要求。 2. 通信协议配置不正确。 3. 智能设备通信板故障	1. 检查智能设备与监测平台的连接是否符合要求（接口类型、接口电平、连接是否可靠）。 2. 检查通信协议是否配置正确。 3. 利用调试软件查看智能设备是否正常收发数据
外接空调无法控制	红外通信故障	1. 检测设备与红外发送器的连接。 2. 将红外发送器与空调的距离及角度调整为最佳位置

现场测评

简述动环监控设备维护作业的安全作业风险及标准化作业流程。

任务评价

项目	评价内容	掌握程度		
		未掌握	基本掌握	熟练掌握
动环监控设备维护作业	作业风险			
	作业标准化流程			
	作业检修记录			
	典型故障分析及处理			
	常见故障现象及排除方法			
学习体会				

同步练习

一、选择题

1. RTU 是指(　　)。

A. 现场监控采集单元　　B. 中心应用服务器

C. 承载网络　　D. 烟雾探测器

2. 下列接口定义正确的是(　　)。

A. B 接口:现场监控采集单元与监控中心之间的通信接口

B. C 接口:监控中心与上级监控中心之间的通信接口

C. D 接口:监控中心与上级监控系统或其他业务系统之间的通信接口

D. 以上均正确

3. 下列属于动环监控系统监控的电源类设备的选项是(　　)。

A. 高频开关电源、烟雾探测器　　B. 精密空调、门磁传感器

C. UPS、蓄电池组监控　　D. 蜂鸣器、配电箱监控

4. 下列说法错误的是(　　)。

A. 动环监控系统中心数据处理设备主要包由网络交换机、应用服务器、SQL 数据库服务器等设备组成

B. 环境传感器外部接口一般为数字 IO(高低电平)或模拟量(电压、电流)两种类型

C. 电源类设备主要以串口为主,少数高端产品同时提供以太网接口

D. 接入层是指前端采集设备 RTU 接入到区间 SDH 承载的二层网络,主要途径是数据网

二、填空题

1. 动环监控系统由________、________、________和网管终端组成。

2. 动环监控系统的日常维护工作量主要集中在前端采集设备 RTU 侧,其监控和管理设备主要分为________和________。

3. 动环监控系统中电源类设备监控主要以__________为主,少数高端产品同时提供________接口。

4. 动环监控系统组网层次分明,主要分为两层既_________和_________。汇聚层是指两

车站之间若干个 SDH 承载的二层网络业务在车站机房落地后统一接入到________。

三、简答题

1. 简述动环监控系统作用。

2. 简述照明联动异常处理流程。

模块十　铁路数字移动通信系统

铁路数字移动通信系统(以下简称GSM-R系统)主要为铁路运输生产提供移动语音通信、进路预告收发、无线列控、紧急组呼等功能。无线网络设备包括组成基站子系统(BSS)的速率适配器单元(TRAU)、基站控制器(BSC)、基站(BTS)、直放站及天馈系统等设备。本模块主要介绍GSM-R系统设备,主要为BSC、BTS、光纤直放站及天馈系统等设备的结构及其工作原理。

任务一　GSM-R系统设备认知

知识目标

1. 掌握BSC和BTS的物理结构。
2. 掌握BSC和BTS硬件组成及相关作用。
3. 掌握无线弱场覆盖采用的设备及技术。

能力目标

1. 能掌握了解BSC和BTS的硬件组成。
2. 能掌握BSC和BTS的功能作用。
3. 能够掌握光纤直放站及天馈系统的作用。

任务描述

参观实训室,观察设备工作状态,了解设备的组成结构,并对BSC、BTS、中继设备组成的类型、功能进行分组讨论,认识GSM-R系统设备组成的多样性、复杂性,以及无线设备在铁路无线通信中承担着举足轻重的作用。

知识准备

1. BSC

本任务中BSC设备以目前铁路GSM-R系统中广泛采用的华为BSC6000设备为例,介绍BSC6000设备的总体结构,详细说明BSC6000设备的硬件配置及单板功能。华为BSC6000的硬件物理结构主要由机柜、线缆、LMT计算机终端和告警箱组成,如图10-1所示。

BSC6000设备的不同机柜所提供的功能不同,机柜可分为GBCR机柜和GBSR机柜。GBCR机柜实现BSC的核心业务与操作维护功能,BSC固定配置1个;GBSR机柜主要实现BSC的各项基本业务,根据业务量的需要进行配置,可以配置0~3个。BSC线缆包括网线、光纤、中继电缆等各类线缆,配置数目根据实际情况确定。BSC6000机框前面板如图10-2所示。

LMT计算机终端指安装了“华为本地维护终端”软件组并与网元的实际操作维护网络连通的操作维护终端,为BSC必配设备。告警箱以声、光的形式上报告警,为BSC选配设备。

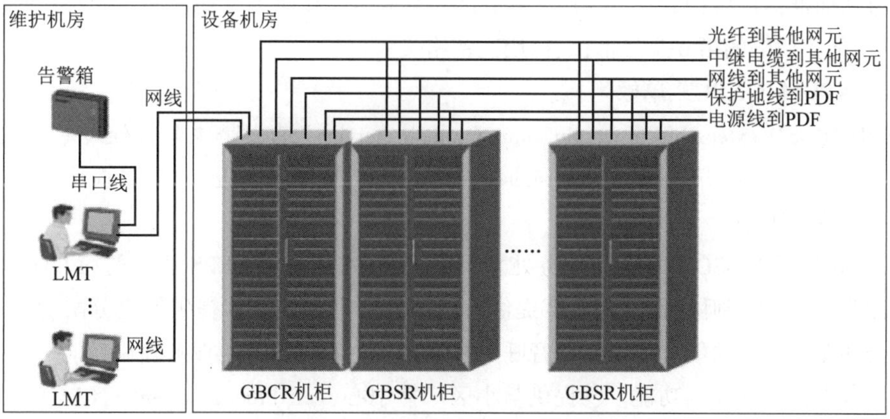

图 10-1　BSC6000 硬件物理结构

图 10-2　BSC6000 机框前面板

BSC6000 硬件配置中包含如下三种类型的插框：GMPS 插框、GEPS 插框和 GTCS 插框。通常会把 GMPS 插框和 GEPS 插框统称为 BM 框，GTCS 插框称为 TC 框。

BSC6000 单板是在物理单板上加载不同的软件形成的逻辑单板，以下对 BSC6000 各子系统重要单板的功能进行详细介绍。

(1) GTNU 单板

GTNU(GSM TDM switching network unit)单板是 TDM 交换网络单元，物理单板为 TNUa。GTNU 单板为 BSC6000 TDM 的交换单元，完成 128 K×128 K TDM 交换功能，是整个系统的 TDM 交换中心。其固定配置在 GMPS/GEPS/GTCS 插框的第 4、5 号槽位，构成主备用关系，负责 TDM 网络资源分配，以及搭网和拆网功能。

(2) GSCU 单板

GSCU(GSM switching and control unit)单板是 GE 交换网络单元，物理单板为 SCUa，GSCU

单板为所在插框提供维护管理和 GE 交换平台。为本插框其他单板提供同步时钟和时间同步信息,固定配置插框的第 6、7 号槽位,构成主备用关系。

(3)GXPUM/GXPUT 单板

GXPUM(GSM extensible processing unit for main service)单板是主业务处理单元,GXPUT(GSMe xtensible processing unit for transmission)单板是传输处理单元,物理单板均为 XPUa,内置 4 个 CPU 处理单元。

GXPUM 单板为 BSC6000 的主业务处理单元,配置在 GMPS/GEPS 插框的第 0、1 号槽位,主要功能为:①提供寻呼控制功能。②提供系统消息管理功能。③提供信道分配功能。④提供基站公共业务管理功能。⑤提供语音呼叫控制功能。⑥提供分组业务控制功能。⑦提供切换功能。⑧提供功率控制功能。⑨提供与小区广播中心(cell broadcast center,CBC)之间接口功能。⑩提供小区广播消息存储功能。支持按小区广播信道(cell broadcast channel,CBCH)调度小区广播消息。提供 LAPD(link access procedure on the Dchannel)协议处理功能。

GXPUT 单板为 BSC6000 GSM 传输处理单元,配置在 GMPS/GEPS 插框的第 2、3 号槽位,主要功能为:① 提供 LAPD 协议处理功能。② 提供 SS7 MTP3 协议处理功能。

(4)GOMU 单板

GOMU(GSM operation and maintenance unit)单板是操作维护单元,物理单板为 OMUb,GOMU 单板为 BSC6000 服务器单板,固定配置在 GMPS/GEPS 插框的第 20~23 号槽位,具有高速计算和海量数据处理的能力,是操作维护终端与 BSC6000 其他单板通信的桥梁,主要功能为:①为 BSC6000 提供性能管理、故障管理、配置管理、安全管理和加载管理等功能。②向 LMT/M2000 提供 BSC6000 的操作维护接口,实现 LMT/M2000 和 BSC6000 之间的通信控制。③作为 BSC6000 的操作维护处理中心,是操作维护终端与 BSC6000 其他单板通信的桥梁。

(5)GDPUP 单板

GDPUP(GSM data processing unit for PS service)单板是分组业务处理单元,物理单板为 DPUd,根据需求可配置在 GMPS 插框的 08~11 号槽位,GEPS 插框的 08~13 号槽位,实现分组域业务处理功能,主要功能为:①提供 1 024 条同时激活的 MCS-9 速率的 PDCH 信道分组业务处理功能。②提供 1 024 条 MCS-9 PDCH 处理功能。③提供分组链路处理功能。④提供分组故障自检测功能。

(6)GDPUX/GDPUC 单板

GDPUX(GSM data processing unit for extensible service)单板是电路业务扩展处理单元,物理单板为 DPUc。GDPUC(GSM data processing unit for CS service)单板是电路业务处理单元,物理单板为 DPUa。它们是 BSC6000 的电路业务处理单元,配置在 GTCS 插框的 00~03、08~13 号槽位,实现电路域业务处理功能,实现语音编解码功能,以资源池方式工作,主要功能为:①提供语音业务编解码功能。②提供数据业务速率适配功能。③提供 TFO 功能。④提供语音增强功能。⑤提供语音故障自检测功能。

(7)GEIU 单板

GEIU(GSM E1/T1 interface unit)单板是 E1/T1 接口单元,物理单板为 EIUa,GEIU 接口板包括:GEIUB 为 abis 接口电路,GEIUT 为 ater 接口电路,GEIUA 为 A 接口电路。主要功能为:①提供 SS7 MTP2 协议处理功能。②提供 LAPD 协议处理功能。③提供 GTCS 框拉远时的维护链路功能。④提供板级 TPS(支路保护倒换)功能。

(8)GGCU 单板

GGCU(GSM general clock unit)单板是通用时钟单元,物理单板为 GCUa,固定配置在 GMPS 插框的第 12、13 号槽位,两块互为主备用关系。GGCU 板为 GMPS 和 GEPS 提供系统同步所需要的同步时钟信号。主要功能为:①同步时钟的产生和保持功能。②提供 GGCU 主备板输出同步信息一致性的功能。

2. BTS

BTS 设备设立在铁路沿线的各个通信机房内,为铁路线路提供无线接入功能,本任务主要以华为 BTS3900 设备为例进行学习。

BTS3900 是华为公司开发的第四代室内宏基站,相对于以往传统基站,其容量更大但体积更小、性能更好且运维成本更低、集成度更高且模块更小。

BTS3900 基于分布式安装的先进理念,采用了模块化设计,包括仅有的两种基本功能模块:基带控制单元 BBU3900 和射频拉远单元 RRU(remote radio unit)。BBU3900 与 RRU 之间通过 CPRI(common public radio interface)接口光纤进行通信,使得模块的远距离分散安装成为可能。BBU3900 是基带控制单元,主要功能包括:实现基站与 BSC 之间的信号交互;提供系统时钟;集中管理整个基站系统,包括操作维护和信令处理;提供与 LMT 或网管连接的维护通道。RRU3004 主要完成基带信号和射频信号的调制解调、数据处理、合分路等功能。

BBU3900 采用盒式结构,所有对外接口均位于盒体的前面板上。BBU3900 的单板包括:UEIU(环境接口板)、GTMU(GSM 主控传输板)、UELP(通用 E1/T1 防雷保护单元)、USCU(时钟单元)和 UPEU(电源与环境监控单元)。BBU3900 的模块包括:UBFA(风扇单元)。其中,GTMU、UBFA 和 UPEU 是必配单板。GTMU 最大配置数量为 1,只能配置在 Slot5 和 Slot6 两个槽位;UBFA 最大配置数量为 1,只能配置在 FAN 槽位;UPEU 最大配置数量为 2,可以配置在 PWR1 和 PWR2 槽位,单个 UPEU,优先配置在 PWR2 槽位;UELP、UEIU 和 USCU 为选配单板。BBU3900 典型配置如图 10-3 所示。

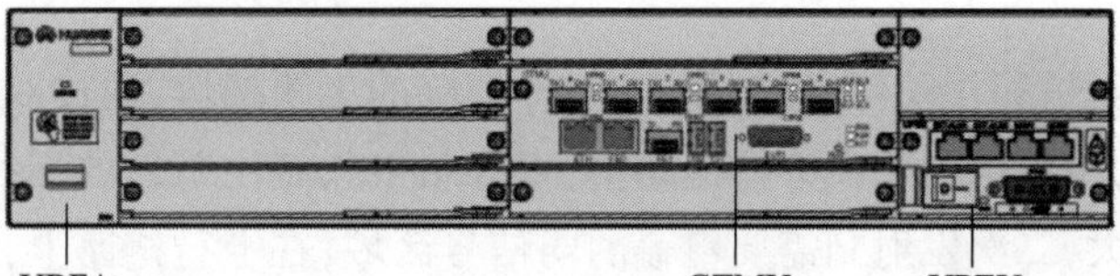

图 10-3　BBU3900 典型配置

RRU3004 是射频远端单元,主要完成基带信号及射频信号的处理。RRU3004 的主要功能包括:①在发射通道采用直接变频技术,将信号调制到 GSM-R 发射频段,经滤波放大或合并后,由射频前端单元的双工滤波器送往天线发射。②通过天馈接收射频信号,将接收信号下变频至中频信号,并进行放大处理、模数转换、数字下变频、匹配滤波、AGC(automatic gain control)后发送给 BBU3900 进行处理。③功率控制和驻波检测。④频率合成和环路测试。⑤CPRI 接口时钟电路产生、恢复及告警检测等功能,完成 CPRI 接口驱动。

每个 RRU 模块包含:高速接口模块、信号处理单元、PA(power amplifier)、双工器、LNA(low noise amplifier)。RRU3004 模块的系统组成如图 10-4 所示。

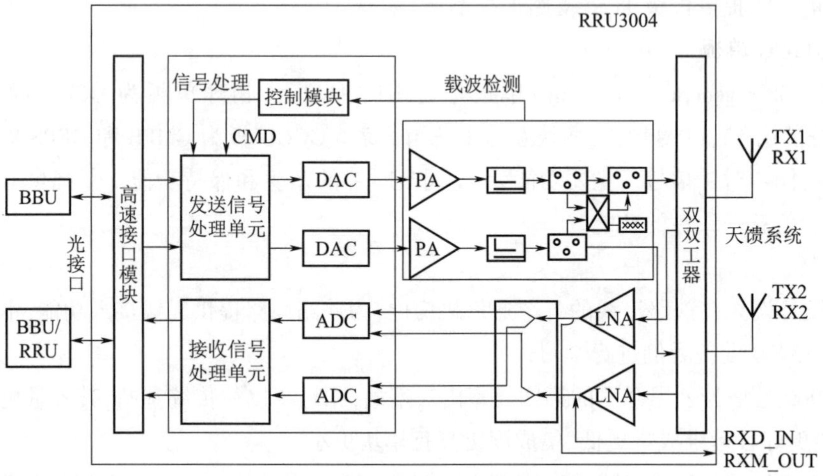

图 10-4　RRU3004 模块的系统组成

RRU 模块面板分为配线腔面板、底部面板和指示灯区域。配线腔面板提供电源接线柱（RTN +、NEG-）、东西向光/电接口（TX RX CPRI_E/W）、告警接口（MON/EXT_ALM）、复位按钮（RST）、驻波测试按钮（TST VSWR）和 CPRI 接口测试按钮（TST CPRI）。底部面分为 DC RRU 底部面板和 AC RRU 底部面板。DC RRU 底部面板提供射频互联接口（RX_IN/OUT）、电调天线通信接口（RET），以及发送/接收射频接口 A 和 B（ANT_TX/ RXA/B）。AC RRU 底部面板除了 DC RRU 底部面板提供的接口，还有交直流电源线接口（AC-in、DC-out）。RRU 模块有 6 个指示灯，用于指示 RRU 模块的运行状态。

3. 光纤直放站

在 GSM-R 无线网络中，受电波传播衰减和复杂无线环境的影响，不可避免地存在一些基站的无线电波覆盖范围出现弱场区或盲区的地方。由于 GSM-R 无线网络建设成本和现场条件的限制，不可能在所有的弱覆盖区域建设基站，因此可以在这些地区设置直放站，以增强无线电波的覆盖效果。

直放站工作在基站和移动台之间，是 GSM-R 系统的无线接口，通过双向中继放大射频信号，延伸基站信号的覆盖范围。在下行链路中，直放站接收施主基站的无线信号，然后通过功放进行射频功率放大，二次发射到需要覆盖的弱信号区域；在上行链路上，直放站将覆盖区域内的移动台发射的信号，通过低噪声放大器进行放大，转发给施主基站。

光纤直放系统由近端机、光端机及附属设备组成。

上行信号传输过程为：移动台信号通过远端天线输入到远端机，将移动台信号放大后送到光端机，转换为光信号通过光纤传送到近端机，然后耦合到基站。

下行信号传输过程为：通过耦合器把车站台分出很微小的信号给近端机（图 10-5），通过双功器，送到光端机，转换为光信号通过光纤传送到远端机（图 10-6）。远端机把光端机输入的信号进行功率放大，通过天线或漏缆把下行信号覆盖到弱场区。

4. 天馈系统

天馈系统是指基站主设备与天线之间（含天线）用以实现移动信号覆盖的设备。它是 GSM-R 无线网络的重要组成部分，其性能优劣对移动通信质量整体的影响至关重要。下面将从天馈系统的结构与功能、天馈系统主要设备、典型的天馈系统等方面简单介绍天馈系统。基站天馈系统结构如图 10-7 所示。

图 10-5　近端机

图 10-6　远端机

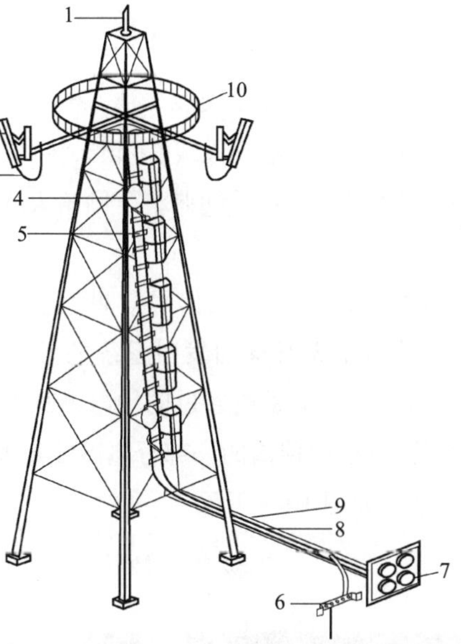

1—避雷针；2—定向天线；3—跳线；4—馈线接地夹；5—馈线固定夹；6—室外接地排；
7—馈线密封窗；8—馈线；9—室外走线架；10—铁塔平台护栏。

图 10-7　基站天馈系统结构

天馈系统的功能如下：①天线主要用来接收用户设备发射过来的上行信号和发射基站输出的下行信号。其中电调天线具备遥控功能，可以远程控制无线电下倾角。②天馈系统对基站有一定的雷电保护作用（感应雷）。天馈系统中的避雷针把非常大的雷电电流导通到地，从而大大减小了到达基站的雷电电流。

天馈系统主要设备包括天线、漏泄电缆、馈线和跳线等。

（1）天线

天线的基本功能是辐射和接收无线电波。无线电发射机输出的射频信号，通过馈线输送到天线，由天线以电磁波形式辐射出去；电磁波到达接收地点后，由天线接收，并通过馈线传送到无线电接收机。

天线按不同的标准可分为4类,常见的天线如图10-8所示。

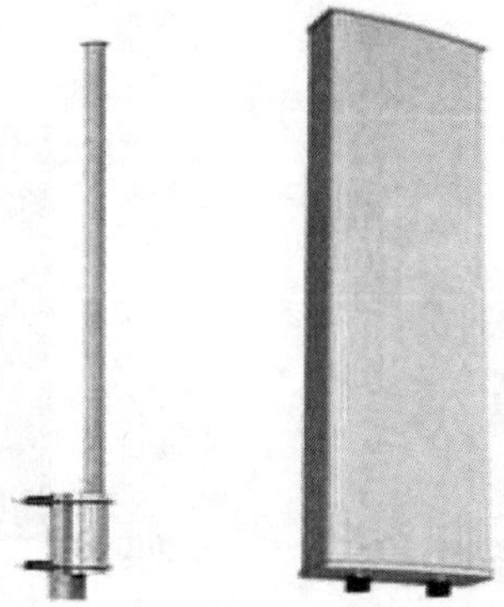

(a) 全向天线　　(b) 定向天线

图10-8　常见天线

a. 按辐射方向划分:全向天线、定向天线。

b. 按极化方式划分:单极化天线、双极化天线。

c. 按工作频段数量划分:单频天线、双频天线、多频天线。

d. 按下倾方式划分:固定下倾角天线、手动调节下倾角天线、远程控制下倾角天线。

(2)漏泄电缆

在隧道等环境中,利用普通天线传送无线信号效果不佳,这种情况下漏泄电缆(简称漏缆)有着极其广泛的应用。随着新型无线移动发射系统的发展,新型漏泄元件能以较低的衰减转发900 MHz波段内的信号。横向电磁波通过同轴电缆从发射端传至电缆的另一端,通过同轴电缆外导体上所开的槽孔,电缆内传输的一部分电磁能量发送至外界环境。同样,外界能量也能传入电缆内部。漏缆结构如图10-9所示。

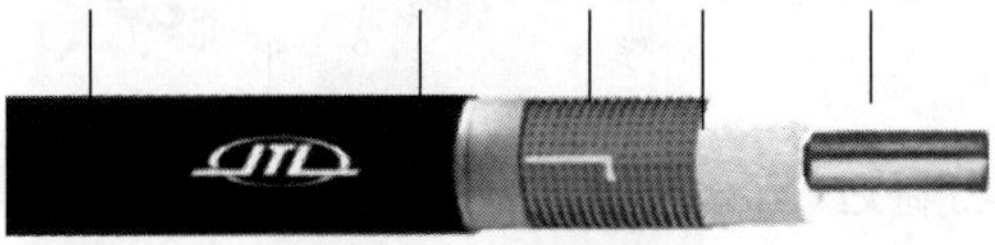

图10-9　漏缆结构

漏缆电性能的主要指标有纵向衰减常数和耦合损耗。

①纵向衰减常数

纵向衰减常数是考核电磁波在电缆内部传输能量损失的重要指标。漏缆内部的信号在一定频率下,随着传输距离增加而减弱。衰减性能主要取决于绝缘层的类型、电缆的大小及外导体槽孔的排列方式。

②耦合损耗

耦合损耗是指一定距离下,被外界天线接收的能量与漏缆中传输的能量之比。耦合损耗受电缆槽孔形式及外界环境对信号的干扰或反射影响。宽频范围内,辐射越强则耦合损耗越低。

③馈线和跳线

馈线和跳线是连接天线与基站主设备之间的线缆，主要任务是有效地传输信号能量，将天线接收的信号以最小的损耗传送到接收机输入端，或将发射机发出的信号以最小的损耗传送到发射天线的输入端，其外形图如图 10-10 所示。

图 10-10　馈线和跳线外形

现场测评

根据学习内容，写出主要无线通信设备的类型。

任务评价

<table>
<tr><th rowspan="2">项目</th><th rowspan="2">评价内容</th><th colspan="3">掌握程度</th></tr>
<tr><th>未掌握</th><th>基本掌握</th><th>熟练掌握</th></tr>
<tr><td rowspan="4">GSM-R
设备认知</td><td>BSC 设备组成及功能</td><td></td><td></td><td></td></tr>
<tr><td>BTS 设备组成及功能</td><td></td><td></td><td></td></tr>
<tr><td>光纤直放站设备组成及功能</td><td></td><td></td><td></td></tr>
<tr><td>天馈系统组成及功能</td><td></td><td></td><td></td></tr>
<tr><td>学习体会</td><td colspan="4"></td></tr>
</table>

任务二　GSM-R 设备维护作业

知识目标

1. 掌握 GSM-R 设备日常维护作业过程中安全风险。
2. 熟悉 GSM-R 设备日常维护作业项目。
3. 掌握 GSM-R 设备维护作业具体内容。

4. 熟知 GSM-R 设备维护检修作业标准。

5. 了解 GSM-R 系统典型故障处理。

能力目标

1. 能口述 GSM-R 设备维护作业标准。

2. 能独立完成不同的无线设备维护检修作业。

任务描述

到实训室按照标准化作业流程进行 GSM-R 设备维护作业。

知识准备

一、安全风险提示

1. 设备安全风险

对使用中的设备进行维护检修作业应注意以下事项。

①工器具、毛刷金属部位需使用绝缘胶带包裹。

②潮湿抹布不能清扫机柜内部及板件。

③使用毛刷清扫设备机框浮灰时,依照由上而下的原则,注意清扫力度和幅度,严禁碰撞机框配线、波特开关,改变波特开关状态。

④爬高和用电时注意人身安全。

⑤严禁带电进行 BTS 机柜背板的更换、插拔配线的操作。

⑥进行板件更换,严格做好防静电措施,防止静电对板件电子元件造成软击穿、硬击穿,形成设备隐患。

⑦佩戴牢固防静电手环。

⑧熟悉设备运用状态、施工程序、任务分工、应急预案,做好重要数据的备份、记录工作。

2. 人身安全风险

(1)交通安全

外出作业需注意道路交通安全,驾驶车辆要遵守交通规则,横过马路确认来往车辆。

(2)雷雨、暴风天气作业伤害

外出作业应注意加强对雷雨、暴风天气的关注,尽可能规避雷击及高处坠落的伤害。

二、维护作业

1. 维护作业准备工作

(1)作业前准备

①申请要点,由作业负责人召开班前布置会、检查作业人员有无不适合作业情况(如饮酒、疾病)、确认人员分工后填发派工单和天窗点外(内)作业计划单等。

②检查、清点维修工具及仪器仪表(图 10-11),材料,备品备件,通信及防护工具,院落及机房钥匙,携带安装有 LMT 的笔记本电脑,并确保所有用电器电量充足,能良好使用。

③有影响外单位业务的,需提前联系外单位调度,在得到对方允许的情况下方可进行。

(2)登记联系

①按规定设置防护员、联络员,联络员必须在规定时间内到岗,并及时在运统 46 上登记,

(a) 工具箱

(b) 绝缘毛刷

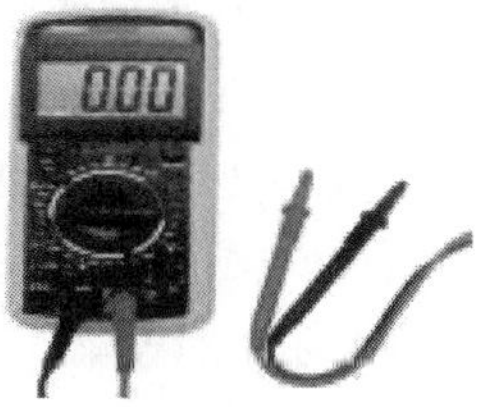

(c) 万用表

图 10-11　维修工具及仪表

调度命令下达后由联络员通知现场防护员,现场方可开始作业。

②检修作业前需与网管联系,向网管汇报单位、部门、姓名、作业内容、调度命令号,网管同意后方可进行作业。

③如实填写“入室登记本”。

④作业人员记录好设备运行状态以及当前告警情况。

2. **季度检修**

(1)设备运行状况巡视检查

打开机柜门,佩戴防静电手环,观察设备面板指示灯状态,如有告警信息,参照单板指示灯显示状态,联系网管确认告警信息后及时处理。

(2)接头、连接线检查

①检查各馈线头是否松动,检查 BTS 内部跳线是否松动、老化,如图 10-12 所示。

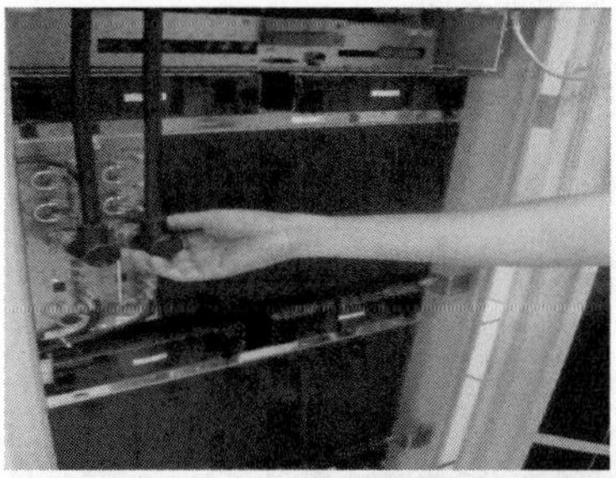

图 10-12　BTS 跳线检查

②核对线缆标签是否与技术台账相符,如果有变化,及时核实并修改台账、标签,如图 10-13 所示。

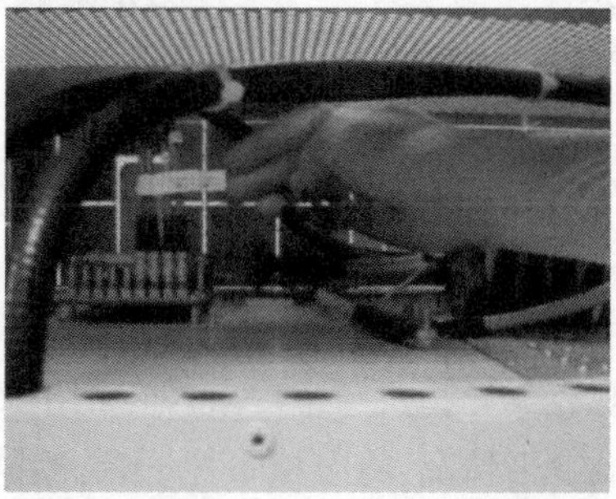

图 10-13　BTS 台账、标签检查

(3)风扇检查、清理防尘网

①该项作业内容需准备专用大扳手,卸下合路器上的馈线接头才能取出风扇0。

打开机柜门,佩戴防静电手环,观察风扇转速,倾听风扇声音是否异常,联系网管或自带安装有LMT的便携电脑,逐个锁闭风扇,取出风扇,用毛刷清洁后,再插回风扇。LMT风扇检查界面如图10-14所示。对于第一个风扇(风扇0),需将合路器板件及风扇锁闭,才能取出风扇。

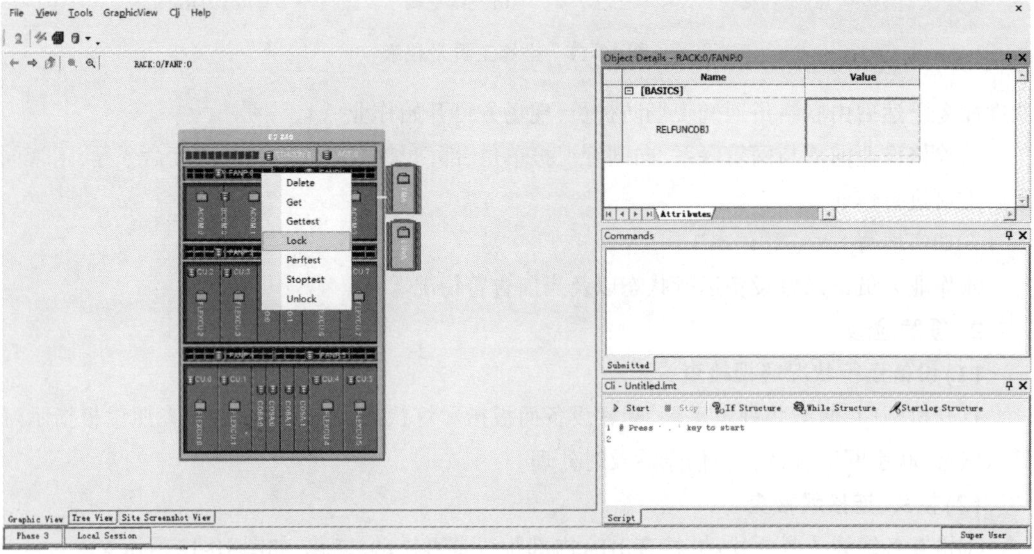

图10-14 风扇检查界面

②取出和装入防尘网时,特别注意严禁触碰旁边板件、线缆等。

取出防尘过滤网用毛刷仔细清理,有施工或防尘不佳的防尘网,需在机房外用水清洗、并于阴凉处晾干,清理后将防尘过滤网装回机框,如图10-15所示。

图10-15 防尘网清洁

(4)设备清扫

①清扫时,严禁用力过猛、拉扯配线。

清扫设备表面浮灰,使用干毛刷自上而下(顺着配线方向)清扫,清扫配线(2M线)和端口时力度要轻,同时查看设备外观有无异物及异常现象,如图10-16所示。

②检查机柜外观有无异物、变形情况,将湿抹布拧干后,擦拭机柜外围部分,用干毛巾或毛刷清扫机柜门内部。

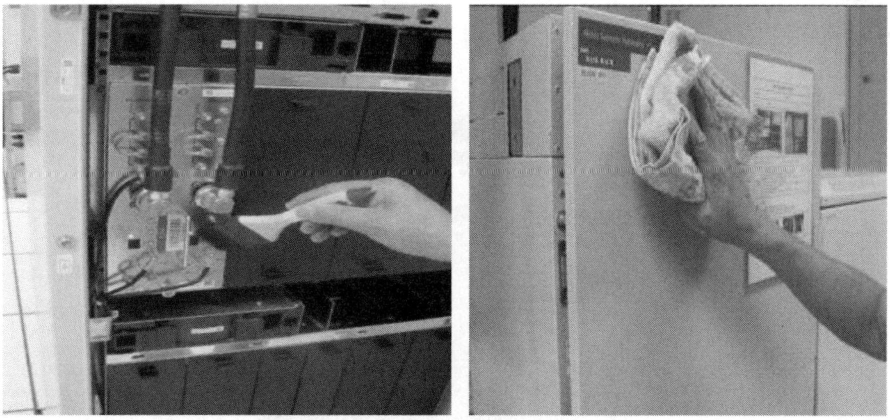

图 10-16　设备清扫

(5)基本业务测试(现场测试语音呼叫、智能网、GPRS 业务)

现场测试语音呼叫:联系网管,用 GSM-R 手机呼叫 GSM-R 手机、铁路固话或测试 FAS 用户。呼叫过程中由网管查看该基站 TRX 占用情况,确保 TRX0 和 TRX1 均能被占用,此过程需连续拨测数次。

智能网业务试验:用 GSM-R 手机注册测试车次功能号,试验完成后需进行车次功能号的注销。

GPRS 业务测试:使用含有 ping 测功能的测试手机,安装有 GPRS 数据功能的 SIM 卡,进行 GSM-R 网络 GPRS 传输指标测试,ping 测地面服务器 IP 地址:10. 14. 63. 250,ping 通即可。

全部作业完成后,和网管核对设备状态是否正常,观察半小时无异常后,如实填写检修记录本,方可离开。

3. BTS 年度检修(通用)

BTS 年度检修项目见表 10-1。

表 10-1　BTS 年度检修项目

类别	序号	项目与内容	周期	备　注
集中检修	1	基站环倒换	年	
	2	主控板切换	2 年	
	3	发射机平均频率误差测试	3 年	1. 从设备投入运用第 2 年开始进行测试,3 年之内完成所有基站设备的性能测试。 2. 使用基站综合测试仪测试。 3. 其中带 * 号的项目可根据需要选择测试
	4	发射机均方根相位误差测试		
	5	发射机峰值相位误差测试		
	6	发射机 RF 载波平均发射功率测试		
	7	发射机 RF 载波发射功率时间包络测试		
	8	发射机邻道功率测试		
	9	接收机静态参考灵敏度电平测试		
	10	接收机阻塞特性及杂散响应测试 *		
	11	接收机互调特性测试		

(1)主控板切换(点内项目)

①打开机柜门,佩戴防静电手环,对主用主控板进行拔插,执行物理硬倒换,如图 10-17 所示。

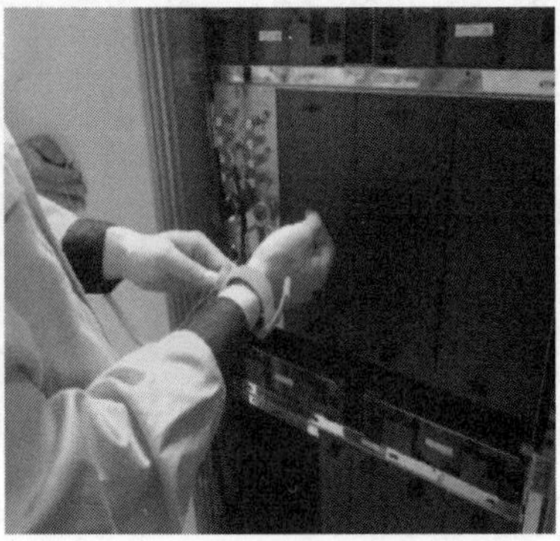

图 10-17　主控板物理倒换

②基站环倒换

a. 在 BSC 侧对当前基站环或现场对单个基站进行测试。

b. 在 DDF 架上先断掉 BPORT:0 传输,查看基站状态是否掉站。

c. 如不正常需检查传输是否存在鸳鸯线(线缆相互交叉,没有正确连接)。

d. 如基站状态正常,则进行基本业务测试[现场测试语音呼叫、智能网业务测试、GPRS 业务测试,详见季度检修步骤(5)]。

e. 恢复 BPORT:0 传输,用同样方法判断 BPORT:1 传输是否能支持基站正常工作。

③主控板切换试验

a. 观察主控板(COBA/DTMU)主备用情况,使用绝缘器件按下主用主控板复位键,如图 10-18 所示。

图 10-18　主控板复位切换

b. 联系网管观察主控板是否完成切换,告警是否消除。

c. 使用相同方法试验另一块(COBA/DTMU),主控板切换试验需冗余携带一块备用 COBA 或 DTMU,主控板切换试验时,有可能出现板件因服役年限过长,切换后便无法使用的情况。

d. 倒换过程中应进行基本业务测试(现场测试语音呼叫、智能网、GPRS 业务,详见季度检修步骤 5)。

(2) BTS 发射机测试(点内项目)

①联系网管锁闭 CU0/DTRU0 载频、ANT0 合路器/DDPU 单元。

②断开锁闭侧合路器/DDPU0 与天馈线的连接。

③将射频功率计或基站综合测试仪接至合路器 ANT0 侧。

④联系网管解锁 CU0/DTRU0 载频、ANT0 合路器/DDPU 单元,设置仪表参数,正确读出功率值,并填写记录本,如图 10-19 所示。

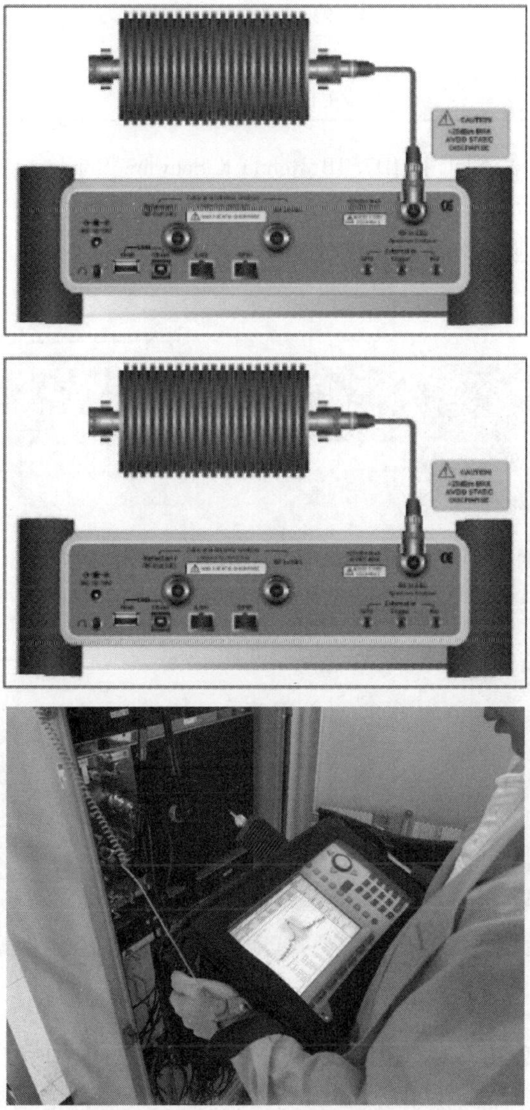

图 10-19　BTS 发射机测试

⑤联系网管锁闭 CU0/DTRU0 载频、ANT0 合路器单元。

⑥拆除仪表,恢复连接配线。

⑦重复上述步骤,测试基站的每一个发射机(测试时需输入测量信号标准,铁路为 E-GSM,以及正确的信道号或中心频率),按照实际测量结果填写数值。

⑧将基站恢复至正常状态。

发射机 RF 载波平均发射功率=所设置的衰减+合路器插损+仪表偏置+仪表读值=发射机所设置的输出功率。

发射机测试项目及相关标准见表 10-2。

表 10-2　发射机测试项目及相关标准

序号	测试项目	标　准
1	发射机平均频率误差	$\leqslant 5\times10^{-8}$
2	发射机相位误差峰值	$\leqslant 20°$
3	发射机相位误差均方根值	$\leqslant 5°$

现场工区配备的仪表不同,有 JD754B、Rohde & Schwarz、Rohde & Schwarz C50、JDSU、安利 8212E、安利 S331、MS2711E、马可尼、安捷伦 n9330a、伊诺 ds8000b 等数种不同厂家、不同型号的仪表,使用仪表时,参照厂家提供的使用说明书,其中常见的基站综合测试仪安利 8212E 测试界面如图 10-20 所示。

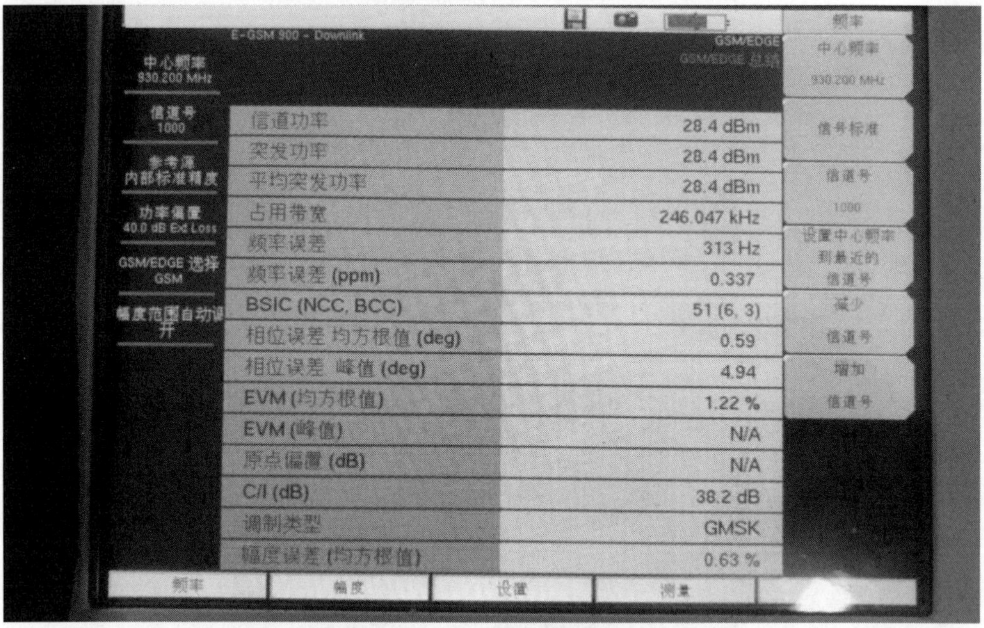

图 10-20　基站综合测试仪测试界面

发射机 RF 载波发射功率时间包络测试:正常突发脉冲的功率时间包络如图 10-21 所示。

以常见的基站综合测试仪 JD754B 为例,其测量实发脉冲的功率时间包络如图 10-22 所示。

发射机邻道功率测试:调制、带宽噪声和功率切换产生的频谱可能对 GSM-R 基站中心频率及相邻频率产生明显的干扰,发射机邻道功率以两个单独的测试项目分别测试两种不同原因的领道辐射,见表 10-3。

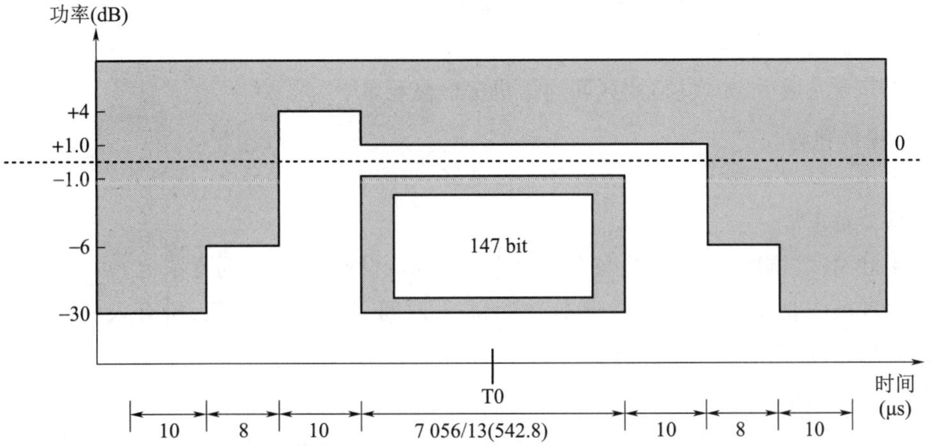

147 bit≈542.8 μs≈7 056/13 μs
1 时隙=156.25 bit≈576.9 μs
注：0 dB参考等于功率P_{max}或P_{min}

图 10-21 正常突发脉冲的功率时间包络

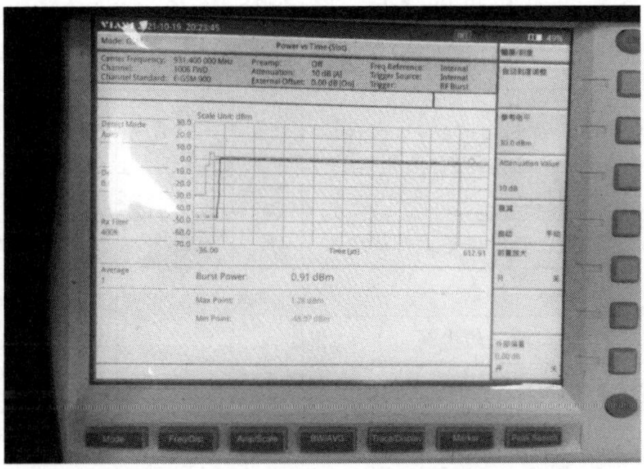

图 10-22 测量突发脉冲的功率时间包络

表 10-3 连续调制频谱功率测试限值标准

功率电平/dBm	在规定频偏处的最大相对电平/dB，以规定测量(滤波器)带宽/kHz 测量							
	100 kHz	200 kHz	250 kHz	400 kHz	600~1 200 kHz	1 200~1 800 kHz	1 800~6 000 kHz	6 000 kHz
	测量带宽 30 kHz						测量带宽 100 kHz	
≥43	+0.5	−30	−33	−60	−70	−73	−75	−80
41	+0.5	−30	−33	−60	−68	−71	−73	−80
39	+0.5	−30	−33	−60	−66	−69	−71	−80
37	+0.5	−30	−33	−60	−64	−67	−69	−80
35	+0.5	−30	−33	−60	−62	−65	−67	−80
≤33	+0.5	−30	−33	−60	−60	−63	−65	−80

该项测试主要考核发射机对带宽 200 kHz 波 GMSK 调制方式的调制能力，是否会对邻道造成杂散干扰，测量带宽 30 kHz。

全部作业完成后，如实填写“区间通信机房检修记录本”。

(3)销记确认

①由作业负责人确认所有作业设备运行良好，与网管确认无异常，现场观察等待 30 min，再次确认设备正常。

②由驻站(驻调度所)联络员与车站值班人员确认设备正常后，同意销记。

③由现场作业人员在“入室登记本”登记离开时间，与网管确认后，所有人员、机具、材料全部撤离后，方可在运统 46 上销记。

(4)记录总结

①作业负责人员对当次施工(天窗)作业质量标准、安全措施执行、联络防护等情况进行完工小结、点评。

②作业负责人总结注意事项，相关资料归档。

4. 作业项目、周期及维修类型

根据学习内容完成 GSM-R 设备检修记录本，见表 10-4。

表 10-4 BTS 设备维修项目与周期

修程	工作内容	序号	项目与内容	周期	完成情况	备注
预防修、一级修	日常检修	1	告警实时监控	实时		网管监控；发现问题及时处理
		2	设备巡视、查看设备运行状态	月		网管巡检
		3	接头、连接线检查	季		现场巡检，封闭线路结合天窗修进行；有施工或防尘不佳的机房要增加防尘网清理次数
		4	风扇检查、清理防尘网			
		5	设备清扫			
		6	基本业务测试			现场测试，语音呼叫、智能网业务等
二级修	集中检修	1	基站环倒换	年		
		2	主控板切换	年		
		3	发射机平均频率误差测试	3 年		1. 从设备投入运用第 2 年开始进行测试，3 年之内完成所有基站设备的性能测试。 2. 使用基站综合测试仪测试。 3. 其中带 * 号的项目可根据需要选择测试
		4	发射机均方根相位误差测试			
		5	发射机峰值相位误差测试			
		6	发射机 RF 载波平均发射功率测试			
		7	发射机 RF 载波发射功率时间包络测试			
		8	发射机邻道功率测试			
		9	接收机静态参考灵敏度电平测试			
		10	接收机阻塞特性及杂散响应测试 *			
		11	接收机互调特性测试			

续上表

修程	工作内容	序号	项目与内容	周期	完成情况	备注
三级修	重点整修	1	隐患整治	根据需要		
		2	问题板件整修,更换配件			
		3	版本升级			
		4	其他项目整治			

三、故障处理流程

1. 安全提示

(1)不得携带无关物品,并注意安全防护。

(2)穿戴好劳动防护用品。

2. 作业前

(1)询问网管故障的原因和现象并分析故障。

(2)根据故障准备工具、仪表、防静电袋、备品备件、通信工具、机房钥匙、应急灯具等工具材料。

(3)核对相应备件的型号(软硬件版本)等信息。

(4)将核实无误的备件装入防静电袋。

(5)联系网管刷新告警,确认无误后出发。

3. 作业中

(1)进机房前联系网管并获得同意。

(2)进入机房后进行动环撤防。

(3)在机房"入室登记本"上登记。

(4)查看设备告警,并与网管进行仔细确认。

(5)戴上防静电手环。

(6)做好线缆标记,对线缆盖上防尘帽。

(7)正确拔出故障板件。

(8)将拔出的故障模块与备件材料核对型号。

(9)将拔出的故障模块放入防静电袋中妥善保管。

(10)仔细检查备件,确认正常后进行更换。

(11)按线缆顺序进行恢复。

(12)判断新模块工作状态,核实指示灯是否恢复正常,联系网管对业务进行确认。

4. 作业后

(1)完成故障模块更换后,确认设备运行恢复正常。

(2)恢复正常后等待30 min,并向网管回复设备运行正常,准备撤离。

(3)在机房"入室登记本"进行销记。

(4)关上机房门后,电话联系网管,经网管确认一切正常后,人员撤离。

四、典型案例

1. 典型案例一——BS240 单板硬件告警

告警“DULNAP:1 LNA:RX alarm LOW”,如图 10-23 所示,其处理过程如下。

BSS:1/BTSEP:19/RACKP:0/DULNAP:1	equ	04:47:48+00:00 2017-07-02	366						Receiver Failure	CLEARED(5)	LNA: RX alarm LOW (53430)
BSS:1/BTSEP:19/RACKP:0/DULNAP:1	equ	04:47:51+00:00 2017-07-02	394			589	H'6(	01	Receiver Failure	MINOR(3)	LNA: RX alarm LOW (53430)
BSS:1/BTSEP:19/RACKP:0/DULNAP:1	equ	04:47:51+00:00 2017-07-02	394			589	H'6(	01	Receiver Failure	MINOR(3)	LNA: RX alarm LOW (53430)
BSS:1/BTSEP:19/RACKP:0	envi	23:52:57+00:00 2017-07-04	400			588	H'6(	01	Enclosure Door Open	MINOR(3)	RACK: door open (53277)
BSS:1/BTSEP:19/RACKP:0	envi	23:52:57+00:00 2017-07-04	400			588	H'6(	01	Enclosure Door Open	MINOR(3)	RACK: door open (53277)
BSS:1/BTSEP:19/RACKP:0/DULNAP:1	equ	23:58:42+00:00 2017-07-04	412			589	H'6(	01	Receiver Failure	MINOR(3)	LNA: RX alarm LOW (53430)
BSS:1/BTSEP:19/RACKP:0/DULNAP:1	equ	23:58:42+00:00 2017-07-04	410						Receiver Failure	CLEARED(5)	LNA: RX alarm LOW (53430)
BSS:1/BTSM:19/BTS:0	qua	23:59:48+00:00 2017-07-04	168			470	H'0(	0:	Underlying Resource Ur	CRITICAL(1)	Functionality Lost (247)
BSS:1/BTSM:19/LPDLM:0	com	23:59:48+00:00 2017-07-04	168			480	H'0:	0:	Link Failure	MAJOR(2)	Link Down (269)
BSS:1/BTSM:19	qua	23:59:48+00:00 2017-07-04	168			470	H'0:	0:	Underlying Resource Ur	CRITICAL(1)	Unavailable STSLB Threshold Critic
BSS:1/BTSM:19/BTS:0/PTPPKF:0	qua	23:59:50+00:00 2017-07-04	168			495	H'al	0:	Underlying Resource Ur	MAJOR(2)	Functionality Lost (247)
BSS:1/BTSM:19	qua	00:00:13+00:00 2017-07-05	168			470	H'0:	0:	Underlying Resource Ur	CLEARED(5)	Unavailable STSLB Threshold Critic
BSS:1/BTSM:19	qua	00:00:13+00:00 2017-07-05	168			0	H'0(	0:	Underlying Resource Ur	CLEARED(5)	Unavailable STSLB Threshold Critic
BSS:1/BTSM:19/LPDLM:0	com	00:00:13+00:00 2017-07-05	168			480	H'0:	0:	Link Failure	CLEARED(5)	Link Down (269)

图 10-23　网管告警

(1)告警分析

基站合路器 1 侧接收低告警,04:49:55 网管人员为了保障行车安全,锁闭 DULNAP:1 和 DUVSWRP:1,基站业务短暂中断后恢复,由原来的双载频工作模式变为单载频工作模式,部分 BTS 的 TRX 业务信道不可用。这种告警情况为合路器故障,直接更换合路器即可,但是一定要注意单板射频跳线正确连接。

(2)处理步骤

①在 LMT 或 RC 网管上锁闭告警模块。

②更换模块,正确连接射频跳线。

③测试模块,观察模块状态(或者删除该模块数据后重新创建)。

④解锁更换后的模块,状态正常,拨测试验。

具体案例如下。

××高铁基站 0 出现合路器硬件告警。

处理过程:到达现场,联系网管,进入机房,查看设备运行状态,在天窗时间联系网管对告警合路器进行测试,告警未恢复;联系网管锁闭告警合路器,更换合路器,更换完成后解锁合路器,告警未恢复,联系网管对刚更换的合路器进行测试(perftest 操作),测试后告警恢复,进行拨打测试,通话正常且能占用该站两个 CU,故障处理完毕。联系网管查看该站设备运行状态,一切正常,清点人员材料、工器具、仪器仪表、备品备件,销点,撤离。

注:在更换板件的过程中要做好标签。

2. 典型案例二——BS240 DUAMCO 硬件丢失告警

BS240 DUAMCO 硬件丢失告警处理步骤如下。

(1)告警分析

发现合路器中 DULNAP 和 DUVSWRP 都出现板件丢失,导致小区退服。

(2)处理步骤

①在 LMT 或 RC 上测试合路器模块,如果进行测试能够使其状态正常,可以确定告警是由合路器模块故障引起;如果测试后状态仍然异常,说明合路器模块本身故障或者连接到 COBA 板件路由硬件出现问题。

②在 LMT 或 RC 网管上锁闭告警模块。

③更换模块，正确连接射频跳线。

④测试模块，观察模块状态（或者删除该模块数据后重新创建），若测试不通过，说明合路器背板或 CAN-BUS 总线故障，更换合路器背板或 CAN-BUS 总线后测试，观察模块状态。

⑤解锁更换后的模块，状态正常，拨测试验。

3. 典型案例三——驻波比告警处理

驻波比告警处理步骤如下。

①准备工具、备件（驻波表、1/2 跳线、馈线头、功分器、合路器等）。

②BTS LOG 提取、分析。

③对合路器进行测试（查看合路器的状态是否正常）。

④在 LMT 或者网管上锁闭合路器。

⑤校准驻波表。

⑥使用天馈测试仪对故障侧天馈进行驻波比测试，查看驻波比数值是否在标准范围内。

⑦注意如是驻波闪告，驻波比表测试时不一定能够测试出故障点，需要对各个关键点进行验证（1/2 跳线、耦合器接头、避雷器接头、塔顶 1/2 跳线接头、功分器接头）。

⑧定位故障点，排除故障（如天馈部分排查后仍然没有找到故障点，建议更换合路器进行观察）。

⑨解锁合路器，进行拨打测试，拨打测试过程中驻波比故障是否再次出现。

具体案例如下。

①××高铁基站 1 0 侧驻波告警

处理过程：到达现场，联系网管，观察馈缆径路有无异常；进入机房，查看设备运行状态；在天窗调度命令已下达后，联系网管锁闭告警合路器；拆下馈线与合路器的接头，用天馈线测试仪测试该侧驻波，发现该侧电压驻波比 VSWR 为 1.52；使用故障点定位，测得 5 m 处驻波比为 1.8，检查发现该处为衰减器；更换衰减器，测得该侧驻波比为 1.12，将馈线接上合路器，联系网管解锁合路器并测试，网管回复告警已消除；现场进行拨打测试，通话正常。故障处理完毕，联系网管查看现场所有设备运行状态，一切正常，等待 30 min 再次确认设备正常后，收拾工器具，销点，撤离。

②××高铁基站 2 0 侧驻波告警

处理过程：到达现场，联系网管，观察馈缆径路有无异常；进入机房，查看设备运行状态；在天窗调度命令已下达后，联系网管锁闭告警合路器；用天馈线测试仪测试该侧驻波，发现该侧电压驻波比 VSWR 为 1.45；使用故障点定位，测得 20 m 处驻波比为 1.61；检查判断发现该处为铁塔底部，发现该处已包封；联系网管查看该站施工记录，发现告警当天有铁路综合视频监控系统的施工，且施工内容为铁塔顶部摄像头安装及布线，初步判断为视频施工不规范伤及旁边馈缆。回复网管现场情况，汇报车间后，恢复现场，联系网管查看现场所有设备运行状态，一切正常，收拾工器具，销点，撤离。等待车间下一步安排。

天窗点更换告警侧被铁路综合视频监控系统施工所损坏的馈缆后，故障消除，现场进行拨打测试，通话正常。故障处理完毕，联系网管查看现场所有设备运行状态，一切正常，等待 30 min 再次确认设备正常后，收拾工器具，销点，撤离。

现场测评

简述基站环倒换步骤。

任务评价

项目	评价内容	掌握程度		
		未掌握	基本掌握	熟练掌握
GSM-R 系统维护作业	维护作业风险			
	BTS 维护作业季度标准化检修			
	BTS 维护作业年度标准化检修			
	BTS 设备维修项目与周期			
	GSM-R 典型故障处理			
学习体会				

同步练习

1. 光纤直放站系统的组成不包含(　　)。

A. 近端机　　B. 远端机　　C. 光端机　　D. 基站控制器

2. 近端机与远端机是通过(　　)连接。

A. 漏缆　　B. 光纤　　C. 网线　　D. 射频跳线

3. 近端机的主要功能是(　　)。

A. 将基站的射频信号转换为光信号,通过光纤传送到远端机

B. 将基站的射频信号转换为电信号,通过光纤传送到远端机

C. 将基站的射频信号转换为光信号,通过网线传送到远端机

D. 将基站的射频信号转换为电信号,通过网线传送到远端机

4. 直放站的主要作用是(　　)。

A. 弱场覆盖　　B. 改善信号质量　　C. 小区覆盖　　D. 放大信号

5. 漏缆电性能的主要指标有(　　)。

A. 横向衰减常数和插入损耗　　B. 横向衰减常数和耦合损耗

C. 纵向衰减常数和耦合损耗　　D. 纵向衰减常数和插入损耗

6. 按照辐射方向性划分,天线可分为(　　)。

A. 板状天线和帽形天线　　B. 鞭状天线和抛物面天线

C. 定向天线和全向天线　　D. 帽形天线和全向天线号

7. 维修作业修程等级不存在(　　)。

A. 一级修　B. 二级修　C. 三级修　D. 四级修

8. 天线驻波比测试指标要求驻波比不大于(　　)。

A. 1.2　B. 1.5　C. 2.0　D. 2.5

9. 漏缆驻波比测试指标要求驻波比不大于(　　)。

A. 1.2　B. 1.3　C. 1.5　D. 1.8

10. 光纤衰耗测试,必须满足以下哪一指标(　　)。

A. 光纤衰耗不大于 0.30 dB/km　B. 光纤衰耗不大于 0.40 dB/km

C. 光纤衰耗不大于 0.50 dB/km　D. 光纤衰耗不大于 0.60 dB/km

11. 对使用中的带电设备进行操作时,作业人员需要(　　)。

A. 佩戴好防静电手环　B. 带好绝缘手套

C. 穿绝缘皮鞋　D. 佩戴安全头盔

12. 清扫设备机框表面浮灰时使用的湿毛巾需进行(　　)。

A. 消毒处理　B. 拧干处理　C. 绝缘处理　D. 浸湿处理

参 考 文 献

[1] 中国铁路总公司. 铁路通信维护规则:TG/TX 106—2014[S]. 北京:中国铁道出版社,2014.
[2] 《铁路有线通信设备维护》编委会. 铁路有线通信设备维护[M]. 北京:中国铁道出版社有限公司,2023.
[3] 《铁路无线通信设备维护》编委会. 铁路无线通信设备维护[M]. 北京:中国铁道出版社有限公司,2023.
[4] 中华人民共和国工业和信息化部. 光缆型号命名方法:YD/T 908—2020[S]. 北京:人民邮电出版社有限公司,2020.
[5] 周流平. 铁路通信线路施工与维护[M]. 北京:中国铁道出版社有限公司,2023.
[6] 杨静,戴俊勉. GSM-R 系统应用与维护[M]. 成都:西南交通大学出版社,2022.